존 템플턴의 가치 투자 전략

The McGraw·Hill Companies

Investing the Templeton Way:
The Market-Beating Strategies of Value Investing's Legendary Bargain Hunter

Korean Language Edition Copyright ⓒ 2009 by McGraw-Hill Korea, Inc.
All rights reserved.
No part of this publication may be reproduced or distributed in any form or by any means, or stored in a database or retrieval system, without prior written permission of the publisher.

1 2 3 4 5 6 7 8 9 10 The Business Books Publishing 09

Original : Investing the Templeton Way:
The Market-Beating Strategies of Value Investing's Legendary Bargain Hunter
by Lauren C. Templeton and Scott Phillips
ISBN 978-0-07-154563-1

This book is exclusively distributed by The Business Books Publishing.

When ordering this title, please use ISBN 978-89-91204-47-8

Printed in Korea

금세기 최고의 바겐 헌터가 전하는 불패의 역발상 투자 법칙

존 템플턴의 가치 투자 전략

로렌 템플턴 · 스콧 필립스 지음 | 존 템플턴 추천 | 김기준 옮김

존 템플턴의 가치 투자 전략

1판 11쇄 발행 2009년 1월 15일
1판 32쇄 발행 2025년 1월 14일

지은이 | 로렌 템플턴 · 스콧 필립스
옮긴이 | 김기준
발행인 | 홍영태
편집인 | 김미란
발행처 | (주)비즈니스북스
등 록 | 제2000-000225호(2000년 2월 28일)
주 소 | 03991 서울시 마포구 월드컵북로6길 3 이노베이스빌딩 7층
전 화 | (02)338-9449
팩 스 | (02)338-6543
대표메일 | bb@businessbooks.co.kr
홈페이지 | http://www.businessbooks.co.kr
블로그 | http://blog.naver.com/biz_books
페이스북 | thebizbooks
인스타그램 | bizbooks_kr
ISBN 978-89-91204-47-8 13320

* 잘못된 책은 구입하신 서점에서 바꾸어 드립니다.
* 책값은 뒤표지에 있습니다.
* 비즈니스북스에 대한 더 많은 정보가 필요하신 분은 홈페이지를 방문해 주시기 바랍니다.

비즈니스북스는 독자 여러분의 소중한 아이디어와 원고 투고를 기다리고 있습니다.
원고가 있으신 분은 ms1@businessbooks.co.kr로 간단한 개요와 취지, 연락처 등을 보내 주세요.

| 한국의 독자들에게 |

위대한 투자자,
존 템플턴이 마지막 남긴 투자 조언

존 템플턴은 투자와 자선 사업을 포함해 그가 손을 댄 모든 분야에서 혁신적인 역할을 수행했다. 투자 세계에서 존 템플턴의 영향력은 아직도 대단하다. 존 템플턴이 월 스트리트에서 활동하기 전만 하더라도 대다수 미국인은 해외 주식 투자에 대해서 알지 못했을 뿐만 아니라 알 필요도 없다고 생각했다. 하지만 존 템플턴은 저가 주식을 매수할 수만 있다면 그곳이 전 세계 어디든 상관없다는 시각을 견지했다.

실제로 주식은 가장 쌀 때 사야 한다. 오늘날 이것은 명백한 사실로 드러났다. 특히 투자 청사진을 그릴 때 분명하게 드러난다. 그럼에도 불구하고 주식을 싸게 매수하는 것은 다른 투자자가 주식을 사지 않거나 필사적으로 투매하려고 할 때 비로소 가능하다.

주식의 가격 하락 원인에는 여러 가지 요인이 있지만 가장 일반적인 이유는 그 주식이 시장에서 매력을 잃었거나 투자자들이 단기적인 우려로 보유를 꺼리기 때문이다. 이 말은 주식을 싸게 매수하려면 시장의 흐름과는 반대로 다른 투자자들이 관심을 두지 않거나 투매하는 주식을 매수해야 한다는 것을 알려 준다.

시장 매매 가격보다 내재 가치가 훨씬 더 큰 기업의 주식을 매수하는 것이 장기적으로 투자에 성공하는 가장 좋은 비결이다. 다른 투자자들에게 인기가 있는 주식을 사면 결코 높은 투자 수익을 기대하기 어렵다. 이런 사실은 역사를 통해 되풀이해서 나타났다. 존 템플턴의 투자 인생을 살펴보더라도 대다수 투자자와 다르게 행동해야 수익을 극대화할 수 있다는 사실을 잘 알 수 있다. 그렇게 하려면 무엇보다도 부단한 노력이 뒷받침되어야 한다.

'월 스트리트의 전설'인 존 템플턴 경은 최근 2008년 7월 8일 세상을 떠났다. 이 책의 집필 목표 중 하나는 그가 지난 50여 년간 보여 준 가치 투자 전략과 가르침을 소중히 보존하고 모든 투자자와 그 내용을 공유하는 데 있다.

우리는 이 책이 모든 투자자들이 투자 지침서로 삼을 만큼 가치 있는 정보를 담고 있다고 확신한다. 그리고 존 템플턴이 이 세상을 좀 더 투자하기 좋은 곳으로 만들어 놓고서 떠났다고 믿고 있다. 우리는 이 책을 통해 투자자들에게 성공적인 투자를 위한 존 템플턴의 메시지와 현명한 조언을 전하고자 한다.

존 템플턴이 남긴 필생의 메시지 중 하나는 '다른 사람에게 봉사하라'는 것이었다. 이런 의미에서 투자에 대해 좀 더 많은 것을 알고자 하는 개인 투자자들에게 이 책이 큰 도움이 되기를 바란다.

우리는 이 책에서 1930년대부터 현재에 이르기까지 존 템플턴의 투자 활동에 대한 모든 것을 다루고자 했다. 그렇게 함으로써 그가 장기간에 걸친 주식 투자에서 어떻게 '바겐 헌팅' 전략을 통해 성공적으로 투자를 해왔는지 알리고 싶었다. 이 책의 독자라면 증시가 주기적으로 투자자들에게 엄청난 기회를 제공한다는 사실을 알 수 있을 것이다. 또한 수십 년에 걸친 존 템플턴의 투자 인생을 살펴보면서 그의 투자 원칙을 배우고 증시에서의 위기는 곧 엄청난 수익을 올릴 기회를 제공한다는 사실을 알게 될 것이다.

강세장이 아니라 약세장에서 더 큰 수익을 창출할 수 있다는 사실을 기억하라! 대부분의 사람들은 강세장에서 작은 수익을 챙기는 것에 만족한다. 하지만 아무도 사지 않을 때 매수할 수 있는 용기를 가진 자만이 큰 수익을 올릴 수 있다는 것을 명심하라.

이 책은 존 템플턴이 50여 년에 걸쳐 직접 경험한 증시 환경에 대한 정보를 제공한다. 닷컴 버블(dotcom bubble)의 와중에 공매도한 것, 닷컴 버블의 붕괴를 예상하고 재무부 채권을 매입한 것 그리고 수년 전 중국 주식을 매수한 것과 같은 존 템플턴의 최근 투자 활동에 대해 언급한 부분은 펀드매니저인 내게 존 템플턴이 직접 자신의 실제 경험과 매매 정보를 조언해 준 내용이다. 그리고 이보다 더 이전에 있었던 존 템플턴의 초기 투자에 대한 정보는 그와의 통화, 서신 교환, 인터뷰, 언론 보도 등을 참고했으며, 내 아버지이자 투자자인 핸들리 템플턴(Handly Templeton)과 존 템플턴과의 대화를 통해 입수했다.

자료를 수집하고 정리하는 과정은 내게도 무척이나 즐겁고 유익한 도전이었다. 덧붙여 이 책이 출판되기까지 여러모로 도움을 주신 《시장의 마법사들》(Market Wizards)의 저자 잭 슈웨거(Jack Schwager), 하버드 대학교수 존 쇼트(John Schott), 매튜스 펀드(Matthews Funds)의 폴 매튜스(Paul Matthews) 그리고 존 템플턴의 조력자 메리 워커(Mary Walker)에게 특별히 감사의 말을 전하고 싶다.

  이 책을 통해 독자들이 값진 투자 정보를 입수하고 훌륭한 '바겐 헌터'가 될 수 있기를 희망한다.

테네시 주 채터누가에서

로렌 템플턴

| 추천의 글 |

비관론이 극에 달할 때가 바로 매수 시점이다

　95세 생일을 앞두고 나는 그 어느 때보다 행복한 시간을 보내고 있다. 우리가 이처럼 풍요로운 삶을 살아가고 있음에 마땅히 감사해야 할 것이다. 뮤추얼 펀드 운영에서 공식 은퇴하고서 나는 현재 템플턴 재단(John Templeton Foundation)에서 하는 자선 활동에 전념하고 있다. 하지만 지금도 투자에 대한 조언을 듣길 원하거나 세계 경제에 관해 우려를 표하는 투자자들에게서 편지를 받곤 한다.

　역사가 말해 주듯 인간은 지금까지 위기가 투자와 삶에 제공하는 기회에 대해 지나치게 무관심했다. 인간은 20세기에 놀랄 만한 성과를 이루어 냈으며, 21세기는 큰 희망과 찬란한 약속, 즉 투자를 위한 최고의 기회를 제공했다.

　이 책은 내 투자 인생을 간단명료하게 소개한 책이다. 사랑하는 종손녀

로렌 템플턴과 손녀사위 스콧 필립스는 '바겐 헌터'(bargain hunter)의 투자 심리를 잘 묘사하고 있다. 투자 방법에는 여러 가지가 있지만 그중 매수하고자 하는 주식을 그 주식의 내재 가치보다 훨씬 낮은 가격에 매입할 때 비로소 가장 성공적인 투자라 할 수 있다. 주식 투자에 뛰어든 이래 지금까지 나는 가장 싼 주식을 찾으려고 전 세계를 돌아다녔다. 한 연구에 따르면 주식을 장기 보유할 때 전 세계를 무대로 한 주식 투자 포트폴리오가 단일 국가의 주식으로 구성된 포트폴리오보다 더 높은 수익을 가져다준다고 한다. 즉 '분산'이 투자의 기본이라 할 수 있다.

'비관론이 팽배할 때 투자하라'는 것은 나는 첫 번째 투자 원칙이다. 바꿔 말하면 가장 훌륭한 투자 기회는 비관론이 극에 달할 때라 할 수 있다. 이 책에는 주식, 산업 그리고 국가 경제의 비관적 시점이 언제인지를 확인하기 위해 내가 사용한 다양한 방법이 소개되어 있다.

보통 사람들은 전망이 가장 밝을 때 투자를 한다. 그들은 전망이 밝다고 검증받은 산업에서 직업을 찾거나 전망이 가장 좋은 분야에 투자한다. 하지만 증시에서 투자 대상을 선정할 때는 그 반대로 해야 성공할 수 있다. 당신은 아마도 기업의 가치와 비교하여 가장 싼 주식을 사고자 할 것이다. 하지만 주식이 낮은 가격에 매매되는 것은 단 한 가지 이유뿐이다. 즉 투자자가 주식을 내다 팔기 때문이다. 다른 이유는 없다. 따라서 투자자들이 비관적이 될 때 비로소 낮은 가격에 주식을 살 수 있다.

미래의 수익을 겨냥하여 저가 주식에 투자해야만 현명한 투자라고 할 수 있다. 이를 위해서는 남들이 팔 때 주식을 매수할 수 있는 용기가 필요하다. 많은 투자자가 종종 이 개념 때문에 고심한다. 이론적으로는 알지만 현실적으로 다수 의견을 거스르기가 쉽지 않기 때문이다. 여기에 내

평생의 투자 원칙을 소개하면 다음과 같다.

다른 투자자들이 낙담하여 주식을 팔 때 매수하고 탐욕스럽게 살 때 매도하기 위해서는 강인한 정신력이 필요하다. 그렇게 할 수 있을 때 비로소 엄청난 수익을 올릴 수 있다.

이 책을 읽은 투자자들이 좀 더 확신을 가지고 저가에 사서 고가에 파는 투자의 기술을 익힐 수 있기를 바란다. 그러려면 다수에 편승하지 않는 '뚝심'이 필요하다. 다음과 같은 조언을 항상 기억함으로써 투자에 도움이 되기를 바란다.

강세장은 비관 속에서 태어나 회의 속에서 자라며 낙관 속에서 성숙해 행복 속에서 죽는다. 최고로 비관적일 때가 가장 좋은 매수 시점이고 최고로 낙관적일 때가 가장 좋은 매도 시점이다.

존 템플턴

C·O·N·T·E·N·T·S

한국의 독자들에게 _ 위대한 투자자, 존 템플턴이 마지막 남긴 투자 조언 | 5
추천의 글 _ 비관론이 극에 달할 때가 바로 매수 시점이다 | 9

제1장 위대한 바겐 헌터의 탄생

위대한 투자자, 존 템플턴의 어린 시절 | 21
현명한 투자자들의 공통점, 바겐 헌팅 | 24
전설적인 투자의 시작 | 27
이로운 일을 하면서 성공한다 | 29
해결책 없는 문제는 없다 | 31
여행이 준 선물, 전 세계를 살피는 폭넓은 안목 | 33
전망이 가장 좋지 않은 주식에 투자하라 | 36
포커와 주식 투자는 확률 게임이다 | 39
중요한 결정을 내릴 때는 자신의 직관에 따라라 | 41
존 템플턴의 가치 투자 전략 | 44

제2장 최고로 비관적일 때 투자하라

기업의 주가와 기업의 가치는 다르다 | 49
가장 매력 없는 주식이 가장 매력적인 사냥감이다 | 54
'감정적인 매도자'들이 제공하는 기회를 최대한 이용하라 | 57
증시의 역사를 보면 현명한 투자의 길이 보인다 | 61
비가 올 때 사고 해가 뜰 때 팔아라 | 69
모든 계란을 한 바구니에 담지 마라 | 72
고수익을 올릴 최고의 기회를 잡아라 | 75
주식, 언제 사고 언제 팔아야 하는가? | 80
존 템플턴의 가치 투자 전략 | 83

제3장 글로벌 시대, 해외 시장을 개척하다

분산 투자의 기회를 극대화하려면 해외 시장으로 눈을 돌려라 | 87
저가 매수 전략과 분산 투자 전략의 환상적 결합 | 91
정보 부족으로 창출된 투자 기회를 이용하라 | 100
주가 수익률로 현재의 주가가 합당한지 확인하라 | 104
투자 리스크를 최소화하는 법 | 106
존 템플턴의 가치 투자 전략 | 112

제4장 떠오르는 태양을 가장 먼저 발견하라

모두가 부정적인 견해를 보일 때 투자의 기회를 찾아라 | 118
최소 비용으로 투자하려면 소외주에 주목하라 | 125
기업의 숨은 가치를 찾아라 | 131
미래 예상 수익 성장률을 계산하라 | 134
비교 매수법을 적극 활용하라 | 137
존 템플턴의 가치 투자 전략 | 144

제5장 증시의 붕괴인가, 강세장의 출현인가?

'주식의 죽음', 위험한 농담 | 149
소문보다는 주가 수익률을 확인하라 | 154
저가 주식을 매수하기 위한 여러 가지 가치 척도 | 156
진정한 가치 투자자로 명성을 얻다 | 168
존 템플턴의 가치 투자 전략 | 171

제6장 주식 시장, 그 광기의 역사

증시의 역사는 반복된다 | 176
닷컴 산업의 버블 | 185
주식 공모주, 위험한 파티에 쉽게 동참하지 마라 | 193
적절한 매수 타이밍 분석법 | 198
존 템플턴의 가치 투자 전략 | 211

제7장 주식, 언제 매수해야 하는가?

증시에 투매 현상이 나타날 때가 매수 기회다 | 215
복리의 마법에 주목하라 | 217
장기적인 수익을 극대화하라 | 220
약세장에서 승부를 걸어라 | 225
효과적인 기업 분석법 | 227
역발상 투자, 투자자가 완전히 무시하는 주식을 사라 | 235
존 템플턴의 가치 투자 전략 | 241

제8장 역사의 리듬을 익혀라

아시아의 기적, 금융 위기를 맞다 | 245
한국은 기회의 땅, 기회를 잡다 | 248
뮤추얼 펀드 투자의 기본 | 260
저가 주식 비교 매수법으로 글로벌 시장을 개척하다 | 267
존 템플턴의 가치 투자 전략 | 270

제9장 채권으로 수익 올리는 비법

채권, 또 다른 투자 상품 | 276
금융 시장에서 가치 있는 상품을 지속적으로 찾아라 | 281
주식이 하락할 때 채권을 사라 | 285
투자 이익은 극대화하고 위험은 최소화하는 방법 | 289
존 템플턴의 가치 투자 전략 | 293

제10장 신대륙, 중국 시장을 공략하라

잠자던 용 깨어나다 | 298
투자 전에 반드시 알아야 할 지표 | 303
중국 투자, 바겐 헌터로서 원칙을 지키다 | 309
해외 시장에서 100퍼센트 통하는 주식 선정 기준 | 310
향후 10년간의 주당 순이익을 예측하라 | 315
주식 투자 어떻게 할 것인가? | 316
존 템플턴의 가치 투자 전략 | 319

이 책을 마치며 | 320
찾아보기 | 322

INVESTING THE

TEMPLETON WAY

제 **1** 장

위대한 바겐 헌터의 탄생

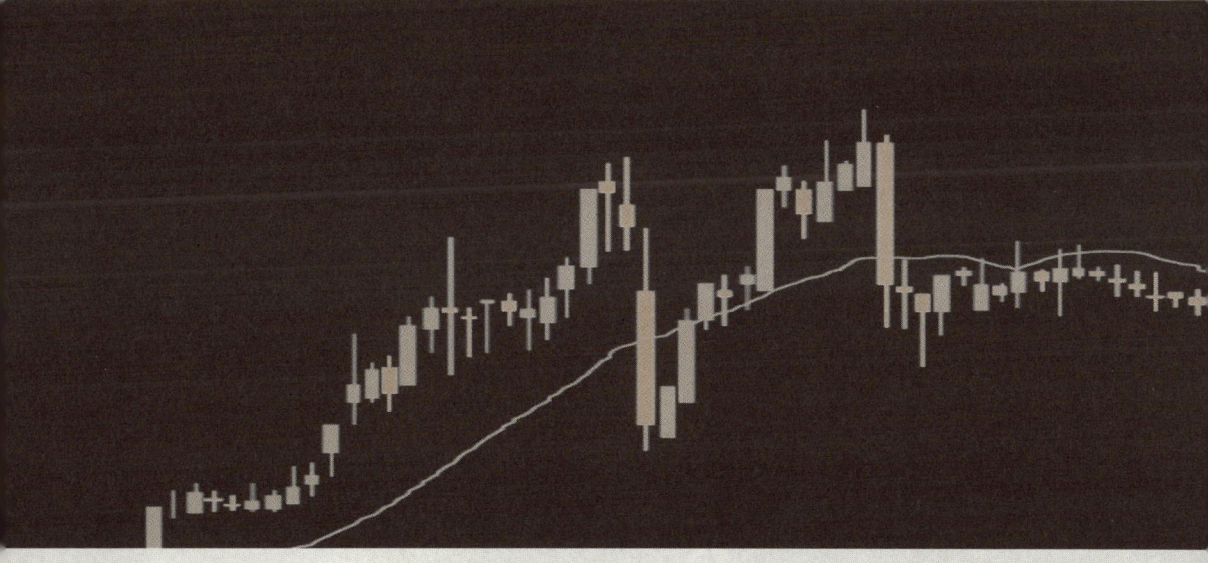

내가 대학교 2학년이 되자
아버지는 앞으로 내 교육에 단돈 1달러도 쓸 수 없다고 선언하셨다.
당시에는 암담했지만 지금 돌이켜 보면 정말 다행스런 일이 아닐 수 없다.
– 존 템플턴

인간의 됨됨이는 주로 어린 시절에 결정된다. 나의 작은할아버지인 존 템플턴 경(Sir John Templeton)의 인생관과 투자 원칙, 봉사 정신도 어린 시절에 형성되었다. 테네시 주의 윈체스터(Winchester)라는 작은 도시에서 자란 존 템플턴은 아버지 하비 맥스웰 템플턴(Harvey Maxwell Templeton)과 어머니 벨라 핸들리 템플턴(Vella Handly Templeton)에게서 중요한 가치관을 물려받았다. 이 가치관 덕분에 그는 환경이나 상황이 어떠하든 언제나 올바른 길을 걸을 수 있었다.

존 템플턴은 어릴 때부터 검소하고 근면하며 호기심 많고 자신감이 넘치는 사람이었다. 그의 성격을 한마디로 말하면 '언제나 낙천적'이었다. 이와 같은 존 템플턴의 개인적 성향은 부모의 자유방임적인 사고방식과 10대 후반과 20대 초반에 겪은 다양한 경험에 의해 형성되었다. 이 시기는 미국에 경제 대공황이 불어 닥친 시점과 일치한다. 중요한 사실은 존 템플턴의 가치관과 집약된 경험이야말로 그가 세계적으로 가장 성공한 투자자 중 한 사람이 되는 데 초석이 되었다는 것이다.

투자 방법으로 분류할 때 존 템플턴은 흔히 가치 투자자(value investor)로 불린다. '가치 투자자'라는 용어는 《증권 분석》(Security Analysis)을 쓴 투자의 귀재, 벤저민 그레이엄(Benjamin Graham)을 떠올리게 한다. 그는 세계적인 투자자 워렌 버핏(Warren Buffett)에게 조언을 해주었을 뿐만 아니라 투자 방식에도 큰 영향을 미쳤다. 간단히 말해 존 템플턴이 투자 초기에 그레이엄의 투자 방식을 자신의 투자 방식에 접목시켰다는 사실은 의심의 여지가 없다. 하지만 거기에 머물지 않고 그는 그레이엄의 가치 투자 전략을 좀 더 깊게 파헤치고 구체적으로 설명하는 데까지 나아갔다.

여기서는 벤저민 그레이엄의 투자 원칙을 상세하게 소개하기보다는 '가치 투자자'라는 개념을 정확히 짚고 넘어가려고 한다. 가치 투자자란 자산이나 상품을 그것의 진정한 가치보다 더 낮은 가격에 매수하는 투자자를 가리킨다. 이 정의의 핵심에는 '자산이나 상품의 가격이 그것의 진정한 가치와 다를 수 있다'는 단순하지만 아주 중요한 가정이 내재되어 있다.

> 진정한 가치 투자자란 자산이나 상품을 그것의 진정한 가치보다 더 낮은 가격에 매수하는 투자자를 가리킨다.

벤저민 그레이엄의 투자 원칙을 따르는 가치 투자자가 많았다는 사실로 미루어 보면 존 템플턴도 벤저민 그레이엄의 《증권 분석》을 읽고 그의 투자 방식을 적극 활용한 것으로 판단된다. 하지만 전적으로 그런 것만은 아닐 것이다. 존 템플턴이 그 책을 읽었던 1930년대에 이미 그는 가치 투자자로서 투자 상담을 하고 있었기 때문이다.

위대한 투자자, 존 템플턴의 어린 시절

존 템플턴이 어렸을 때 아버지 하비 템플턴은 윈체스터에서 변호사로 일했다. 그의 사무실은 시가지 광장에 자리 잡고 있었고 사무실 창문 너머로 자주 드나들던 법원이 내려다 보였다.

1920년대 중반과 후반 사이 그리고 대공황 때 아버지 하비 템플턴은 변호사 업무를 하면서 틈틈이 재산을 축적하는 방법을 연구했다. 그중에는 조면기(繰綿機, 목화의 씨를 빼거나 솜을 트는 기계-옮긴이) 임대 사업, 보험 판매, 주택 임대, 대지 매입 등이 포함되어 있었다.

젊은 시절 존 템플턴은 농지를 매입하면서 가치 투자에 대해 처음으로 배웠다. 1920년대에 농사로 돈을 번다는 것은 사실상 거의 불가능했다. 존 템플턴에 따르면 당시 농부들은 연평균 겨우 200달러 정도의 수입밖에 올리지 못했기 때문에 불행히도 농사짓는 것을 포기하고 저당 잡힌 농지를 경매 처분할 수밖에 없었다고 한다. 농지는 주로 윈체스터의 도심 광장에 있는 경매장에서 가장 높은 가격을 제시한 입찰자에게 넘어갔다.

하비 템플턴은 농지가 경매되는 살벌한 과정을 자신의 2층 사무실 창문을 통해 지켜보았다. 그는 적당한 낙찰자가 없을 때에는 광장으로 내려가 직접 입찰에 참여하기도 했다. 보통 이런 경우 아주 적은 돈으로 농지를 매입할 수 있었다. 이렇게 해서 그는 1920년대 중반까지 6곳에 자신의 부동산을 소유할 수 있었다. 어린 시절부터 이런 모습을 지켜본 존 템플턴은 자신의 투자 방식에 대해 많은 생각을 했을 것이다. 그 결과 존 템플턴은 '가장 비관적일 때 매수하라'는 자기 평생의 투자 원칙을 세울 수 있었다. 존 템플턴의 형인 하비 맥스웰 템플턴 주니어(Harvey Maxell

Templeton Jr.) 즉 나의 할아버지는 부동산을 실제 가치보다 훨씬 낮은 가격에 사서 수십 년 후에 상업지구나 주택지구 개발업자들에게 팔아 큰돈을 벌었다.

당시 다른 매수자들이 값싼 농지에 관심을 갖지 않았던 것은 잘 이해되지 않는 부분이다. 하지만 수십 년간 자산 관리자로서 존 템플턴의 투자 인생을 살펴보면 전 세계 증권 시장에서도 똑같은 상황이 반복되고 있다는 사실을 어렵지 않게 발견할 수 있다. 투자자로서 존 템플턴이 사용했던 투자 방식은 아버지 하비 템플턴이 농지를 살 때 적용하던 방식과 크게 다르지 않다. 그는 다른 입찰자가 없을 때 실제 농지 가치보다 훨씬 낮은 금액으로 농지를 사들였다. 경매장에 입찰자가 당신뿐이라면 싼 가격에 경매 물건을 매입할 수 있다. 운이 좋다면 거의 공짜로 손에 넣을 수도 있다. 이 상황을 증시와 비교해 보자. 증시에서도 주가가 하락할 때는 매수자가 거의 없다. 반대로 주가가 오르면 주식이 인기를 끌어 매수자가 늘어난다. 존 템플턴은 어린 시절부터 가치가 높은 농지를 단지 매입자가 없다는 이유로 낮은 가격에 매입할 수 있다는 사실을 자주 목격했다. 이런 일련의 일들은 그에게 평생 잊지 못할 강한 인상을 남겼다.

우리는 다른 사람이 성공하는 모습을 보면서 교훈을 얻는다. 하지만 현명한 사람은 어려움을 겪은 후 그 경험을 통해 다시는 같은 실수를 되풀이하지 않겠다는 교훈을 얻는다. 또한 현명한 사람은 자신의 실수를 통해 배우지만 그보다 더 현명한 사람은 다른 사람의 실수를 통해서도 배운다. 존 템플턴은 아버지 하비 템플턴에게서 중요한 교훈을 얻을 수 있었다.

> 어린 시절부터 살벌한 농지 경매의 과정을 지켜본 존 템플턴은 '가장 비관적일 때 매수하라'는 평생의 투자 원칙을 세울 수 있었다.

앞서 언급한 바와 같이 하비 템플턴은 여러 사업에 관여했다. 그는 조면기와 면직물 창고 소유주이자 운영자였으며 창고 3개 중 1개를 테네시주 프랭클린에 가지고 있었다. 당시 조면기 임대 사업은 고수익을 올릴 수 있는 업종이었다.

친척들의 증언에 따르면 하비 템플턴은 큰돈을 벌기 위해 호시탐탐 기회를 노리는 사람이었다고 한다. 목표를 달성하기 위해 그가 취한 대표적인 조치로는 뉴욕과 뉴올리언스 면직물 거래소에서 있었던 대규모 면직물 선물(先物) 투자를 들 수 있다.

이 투자에 성공한 직후 하비 템플턴은 집에 돌아와 두 아들에게 다음과 같이 말했다.

"이제 우린 부자란다. 면직물 선물 시장에서 너희가 상상도 할 수 없는 많은 돈을 벌었단다. 너희뿐만 아니라 너희 자식들 그리고 손자들까지 더 이상 돈을 벌기 위해 일할 필요가 없어졌어!"

그들은 기뻐서 소리를 질렀다. 하지만 불과 며칠 후 하비 템플턴은 두 아들에게 다음과 같이 말해야 했다.

"얘들아, 우린 가진 돈을 몽땅 날리고 말았단다. 망했단 말이야!"

존 템플턴은 이 사건을 통해 금융 시장에서 창출된 서류상의 부(富)가 얼마나 빨리 사라질 수 있는지를 목격했고, 이것의 특성과 위기관리 능력의 중요성에 대해 절감했다.

불과 며칠 사이에 천국과 지옥을 오간 이 일화는 하비 템플턴이 어떤 식으로 사업을 운영했는지 잘 보여주고 있다. 즉 충동적인 거래 관행과 저축을 하지 않는 습관으로 그는 항상 자금난에 허덕였던 것이다. 말년에는 이런 습관 때문에 두 아들에게 돈을 빌리는 지경에까지 이르렀다. 이런 모습을 가까이서 지켜본 두 아들은 절약이 돈을 버는 것만큼이나 중요하다는 사실을 뼈저리게 깨달았다.

아버지에게서 배운 이런 교훈으로 존 템플턴과 내 친할아버지는 성인이 된 후에 돈을 벌고 저축하는 데에 있어서 예술의 경지에까지 오를 수 있었다. 두 사람 모두 저축을 해야 항상 마음이 편안하다는 사실을 일찍부터 깨달았던 것이다.

현명한 투자자들의 공통점, 바겐 헌팅

결혼 직후 뉴욕으로 이사를 간 존 템플턴은 투자의 종자돈을 마련하기 위해 수입의 반을 꾸준히 저축했다. 1달러의 수입이 생기면 그중 50센트를 저축하고 그 돈으로 투자를 했다. 심지어 아내 주디스(Judith)와 누가 더 많이 저축했는지 경쟁을 하기도 했다. 처음 가구가 전혀 없는 뉴욕 아파트로 이사 왔을 때 그들은 경매로 내놓은 값싼 가구를 사기 위해 여러 신문을 뒤지곤 했다. 방 5개짜리 아파트의 가구 구매를 끝내고 계산해 보니 25달러(2006년 가치로 351달러에 해당됨)를 지출했음을 알 수 있었다. 그들은 싼 물건을 찾기 위해 친구들에게 식사 대접을 하면서 도움을 청하기도 했다. 0.5달러짜리(2006년 가치로 7.03달러에 해당됨) 식사였다.

존 템플턴과 그의 아내 주디스는 실생활에서도 완전히 '바겐 헌터'(bargain hunter, 저가 물품 매수자—옮긴이)로 살았다. 그들이 발품을 팔며 값싼 물건을 찾아다닌 것은 단지 싸다 싶은 물건이 아니라 파격으로 싼 물건을 구매하는 게 목적이었다. 존 템플턴은 200달러짜리 침대 겸용 소파(sofa bed)를 단돈 5달러에 산 적이 있었는데 그는 이런 거래를 좋아했던 것이다.

당시 경제는 대공황에서 완전히 벗어나지 못한 상태였기 때문에 두 사람은 개인 파산이나 입찰자들의 관심을 끌지 못하는 경매 등을 통해 값싼 물건을 구매할 수 있었다. 3년 후 존 템플턴과 주디스는 첫아이 잭(Jack)을 낳자마자 뉴저지 주 엥글우드에 있는 집으로 이사를 갔다. 그들은 그곳에서 현금 5,000달러를 주고 집을 매입했으며 그 집을 5년 후 1만 7,000달러를 받고 되팔았다. 5년간 거의 28퍼센트의 복리로 불어난 것이다. 존 템플턴의 주식 투자 비법에 대해 아직 구체적으로 언급하진 않았지만 이 부동산만 가지고도 꽤 괜찮은 수익을 올린 셈이다. 존 템플턴은 '이자를 내는 사람이 아니라 이자를 받는 사람이 되기' 위해 모든 것을 현금으로 지불하자는 원칙을 세웠고

> 존 템플턴은 '이자를 내는 사람이 아니라 이자를 받는 사람이 되기' 위해 모든 것을 현금으로 지불하자는 원칙을 세웠고 평생토록 그것을 철저히 지켜 나갔다.

그것을 철저히 지켜 나갔다. 이것은 그가 평생토록 지키고자 했던 중요한 원칙 중 하나였다. 그는 결코 대출을 받지 않았고 차를 사기 위해 돈을 빌리지도 않았다. 그는 예상치 못한 위기에 대비하기 위해 항상 충분한 돈을 저축해 놓았다.

존 템플턴의 '바겐 헌팅'은 비단 투자에 국한된 것만은 아니었다. 그것은 평생토록 존 템플턴이 신봉해 온 철학이었다. 경계를 짓지 않고 가능한 한 가장 이상적인 거래를 추구하는 것이 그의 투자 습성이자 라이프스타일이었다.

존 템플턴과 주디스가 값싼 물건을 찾아다니는 과정은 존 템플턴이 전 세계에 널려 있는 저가 주식을 찾아다닌 과정과 동일했다. 존 템플턴은

저가 주식을 매입하기 위해 밸류 라인 인베스트먼트 서베이(Value Line Investment Survey, 월 스트리트의 기업 분석 회사—옮긴이)의 증권 분석 보고서와 기업 관련 문서를 열심히 찾아 읽었다. 어떤 물건이든 그것의 진정한 가치보다 더 낮은 가격에 판매될 바로 그때에 매입하기 위해 그는 부단히 노력했다. 그의 이런 성향은 가구, 주택, 음식 그리고 채권 등 분야와 상관없이 나타났다.

존 템플턴이 구매하는 물건을 살펴봄으로써 우리는 그가 말하는 '저가 거래'의 의미를 정확히 이해할 수 있을 것이다. 존 템플턴이 말하는 저가 거래란 일반 사람들이 생각하는 것과는 상당히 달랐다. 그가 말하는 훌륭한 저가 거래는 실제 가치의 80퍼센트 정도 할인가에 판매되는 것을 말한다. 달리 말해서 실제 가치의 20퍼센트 정도에 판매되어야 저가 물건이라고 할 수 있었다. 물론 그 정도로 할인된 물건을 찾기는 쉽지 않지만 그 정도는 돼야 목표로 삼을 가치가 있다고 생각했다.

당신은 존 템플턴이 왜 그토록 일상생활에서 검소함을 실천하고 극단적으로 저가 물건을 찾으려고 애썼는지 궁금할 것이다. 거기에는 그럴 만한 이유가 있다. 존 템플턴의 저가 매수 원칙은 결코 이론에만 머물지 않았다. 이것은 투자 회사를 차리기 위해 필요한 돈을 마련하기 위한 계획적이고 집중된 행동이었다. 존 템플턴은 조지 타운(George Towne)이 운영하던 투자 회사를 인수하면서 결국 자신의 목표를 달성하는 데 성공했다.

전설적인 투자의 시작

존 템플턴이 5,000달러를 주고 이 투자 회사를 인수할 당시 고객은 모두 8명이었다. 그는 회사를 인수한 다음 회사명을 '타운, 템플턴 앤드 도브로우'(Towne, Templeton and Dobbrow)로 바꿨다. 몇 년 후 이 회사는 '밴스 채핀 앤드 컴퍼니'(Vance, Chapin and Company)를 합병하고 이름도 '템플턴 도브로우 앤드 밴스'(Templeton, Dobbrow and Vance)로 바꿨다. 존 템플턴은 회사 운영 초기에 회사 경비 대부분을 자신이 저축한 돈으로 충당했다. 그러다 보니 간혹 월급을 가져가지 못할 때도 있었다.

사업을 확장하여 템플턴 펀드를 운영하면서 수십만 명의 투자자들이 부를 축적하는 데 도움을 줄 수 있었던 것도 그가 일찍부터 시작한 저축 때문에 가능한 일이었다. 저축은 오늘날 존 템플턴이 전설적인 투자자로 성공할 수 있게 한 견인차 역할을 한 것이다.

존 템플턴은 일찍부터 저축의 중요성을 깨달았기 때문에 이것을 중요한 미덕으로 여겼다. 그런 믿음 속에서 존 템플턴은 다른 사람들을 돕고 저축하는 사람들에게 부를 가져다주는 것이야말로 자신이 해야 할 일이라고 확신했다. 그는 고수익을 목표로 삼지 않았다. 단지 펀드 매니저로서 자신의 성공이 '투자자가 자녀나 손자 손녀를 대학에 보내거나, 은퇴 후 편안히 살 수 있을 만큼 수익을 올려 주는 데 있다'고 믿었다. 존 템플턴은 그러한 책임을 진지하게 받아들였다.

사업에서 성공한 사람들은 대부분 자신의 목표를 고귀한 것에 두는 경향이 있다. 비록 성공한 사람들 중 일부는 돈을 좇기도 하지만 대부분의 사람들은 다른 사람을 돕기 위해 성공을 꿈꾼다. 논란의 여지가 있긴 하지만 월마트의 창립자 새뮤얼 월튼(Samuel M. Walton)의 사업 목적 중 하나는 국민을 위해 상품 가격을 낮추는 것이었다. 그렇게 하면 자유롭게 쓸 수 있는 돈이 많아지고 삶의 질이 향상될 거라고 생각했다. 헨리 포드는 당시 부유층에게만 자동차를 팔던 다른 자동차 생산업자와는 달리 서민층도 구입할 수 있는 자동차를 만들겠다고 결심했다. 네브래스카 퍼니처 마트(현재까지 가장 성공한 가구점이라 할 수 있으며 지금은 버크셔 헤서웨이가 소유하고 있음)의 원래 소유주인 로즈 블럼킨(Rose Blumkin)은 항상 자신의 목적이 고객의 삶을 개선하는 멋진 가구를 공급하는 것이라고 말하곤 했다. '이로운 일을 하면서 성공한다'는 개념은 벤저민 프랭클린(Benjamin Franklin)에 의해 일반화되었고 이후 사업에서 성공을 꿈꾸는 사람들을 위한 비법으로 알려져 왔다.

> '이로운 일을 하면서 성공한다'는 개념은 벤저민 프랭클린에 의해 일반화되었고 이후 사업에서 성공을 꿈꾸는 사람들을 위한 비법으로 알려져 왔다.

템플턴 펀드에 투자한 투자자들은 일찍부터 시작된 존 템플턴의 절약 정신과 저축 습관 덕분에 저가의 주식으로 큰돈을 벌 수 있었다. 존 템플턴의 절약 정신과 저가 주식을 찾아 그 주식의 가치를 불려 나가는 능력은 어머니 벨라 템플턴이 그에게 했던 '필요를 찾고 그것을 충족시켜라'고 하는 조언을 실천에 옮기기 위해서 꼭 필요한 것이었다. 그가 할 일은 사람들이 부를 축적하도록 도움으로써 삶의 질을 향상시키는 것이었다. 이런 필요를 충족시키는 과정에서 자신의 능력이 향상되자 존 템플턴은 자기 사업을 시작할 수 있었다. 그리고 그의 동료와 투자자들에게 도움을 주기로 결심하고 매순간 실천에 옮기곤 했다.

이로운 일을 하면서 성공한다

앞에서 아버지인 하비 템플턴이 존 템플턴의 투자 철학에 끼친 영향에 대해 간략하게 살펴보았다. 물론 어머니인 벨라 템플턴도 존 템플턴에게 큰 영향을 끼쳤다. 그녀는 다른 사람을 위해 열심히 일하는 것이 얼마나 중요한지에 대해 또 자신이 믿는 장로교의 선행에 대해 들려주었다. 무엇보다 다른 사람에게 항상 봉사하는 삶을 살아야 한다는 말은 존 템플턴의 삶 전반에 큰 영향을 끼쳤다. 존 템플턴의 다음과 같은 말에서 그런 사실을 쉽게 알 수 있다.

"사람들에게 진정으로 봉사할 수 있는 일을 하라. 그것이 성공이다. 나는 투자 상담하는 것을 좋아한다. 그리고 다른 사람들을 돕는 것을 즐긴다. 그것은 수천 달러를 주고도 결코 얻을 수 없는 즐거움을 준다."

존 템플턴을 잘 아는 사람이라면 그가 기업의 자유와 자유 의지를 얼마나 중요하게 생각했는지 잘 알 것이다. 이것은 어머니에게서 받은 영향 때문이다. 그녀는 시대를 뛰어넘는 자유로운 정신의 소유자였다. 예를 들어 존 템플턴이 소년이던 1920년대 벨라 템플턴은 100만 에이커 규모의 케네디 농장에서 가정교사로 일하기 위해 윈체스터에서 텍사스 주까지 혼자 여행을 한 적이 있다. 1900년대 초 테네시 주의 한 시골 마을에서 고등학교와 대학교를 다녔다는 것도 특이한 경력이라 할 수 있다. 물론 이런 시도도 인상적이지만 그중 가장 압권은 모금 활동을 하여 중국 선교사인 간신쿼(甘辛适)에게 기부금을 전달한 것을 들 수 있다.

어린 존 템플턴의 눈에 문화적이거나 지리적인 경계는 없었다. 이런 사고방식도 어머니에게 받은 영향이었다. 1900년대 초 보수적인 남부에서 벨라 템플턴은 독립적이고 여행을 좋아하며 교육받은 신여성으로서 당시의 낡은 관습을 타파하며 살았다. 존 템플턴과 내 친할아버지에게서도 이러한 기질을 발견할 수 있다. 그들은 어린 시절 부모에게 벌을 받은 적이 없었고 '안 된다'는 말을 들은 적도 없었다. 일부 사람들은 이것이 자녀 교육에 좋지 않다고 말할지도 모른다. 하지만 벨라 템플턴의 자유방임적인 가정교육 덕분에 그들은 호기심 많고 지혜로운 아이로 성장하여 다방면에 뛰어난 소질을 보였다.

벨라 템플턴은 어린 시절 존 템플턴이 질문을 하면 바로 답변해 주는 대신, 하루나 이틀 정도 지난 다음 그 질문에 대한 답을 찾을 수 있는 책을 책상 위에 올려놓았다. 존 템플턴과 내 친할아버지는 각각 열한 살, 열네 살 때 전기(電氣)에 호기심을 보였다. 벨라 템플턴은 그들이 자유롭게 실험을 할 수 있도록 다락방에 실험실을 만들어 주었다. 내 친할아버지의 주도로 그들은 실험에 필요한 서적을 도서관에서 빌리고 전기 코일과 공구를 마련해 집 안에서 그들의 '실험실'로 전선을 연결했다. 이후 그들은 전선을 연결하여 다락방까지 1만 볼트의 전기를 끌어들일 수 있었다고 자랑하고 다녔다. 내 친할아버지는 자신이 가진 지식을 최대한 동원하여 기술을 배운 다음, 세입자가 사는 방까지 전선을 연결해 주기도 했다.

두 사람의 행동이 유별나다고 생각할지도 모르지만 이것이 존 템플턴과 내 친할아버지의 어린 시절 모습이었다. 그들의 천재성은 내 친할아버지가 열 살 때 조립한 라디오를 통해서도 엿볼 수 있다. 늦은 오후 이웃에 사는 여러 농부들은 삼삼오오 모여 작은 '전기 상자'에서 나오는 소리에 신기해하며 두 사람이 조립한 라디오에 귀를 기울이곤 했다고 한다.

> "사람들에게 진정으로 봉사할 수 있는 일을 하라. 그것은 수천 달러를 주고도 결코 얻을 수 없는 즐거움을 준다."

두 사람의 호기심과 야망에는 끝이 없었고 어떠한 문제에 대해서도 항상 '할 수 있다'는 태도를 보였다. 그들은 결코 놀면서 시간을 헛되이 보내지 않았다. 보통 전기 실험을 하거나 라디오를 만들거나, 혹은 자동차를 분해했다가 다시 조립하면서 시간을 보냈다.

그들은 교육에 대해서도 같은 자세를 보였다. 어머니에게서 물려받은 모험심과 자립심 덕분에 존 템플턴은 고등학교에 다닐 때부터 다른 지역에 있는 대학에 다닐 결심을 했다. 내 친할아버지는 존 템플턴보다 나이가 몇 살 더 많아 먼저 조지아 공과대학(Georgia Tech)을 다니다 예일 대학교(Yale University)로 옮겼다. 덕분에 존 템플턴도 아이비리그(Ivy League, 하버드 대학교, 예일 대학교 등 미국 동북부의 오랜 전통을 가진 8개 명문 사립대학-옮긴이)에서 교육을 받기로 결심했다.

그 계기는 그들이 소년이었을 때 내 친할아버지가 윈체스터에 사는 나이든 농부에게 '미국에서 가장 훌륭한 대학이 어디냐'는 질문에 '예일 대학교'란 답변을 들은 뒤였다.

해결책 없는 문제는 없다

항상 전 과목에서 A학점을 받던 존 템플턴은 예일 대학교 입학을 떼어 놓은 당상이라고 자신했다. 하지만 윈체스터 고등학교 1학년을 마칠 무렵 입학 허가를 받는 것이 사실상 불가능하다는 것을 알게 되었다. 문제는 윈체스터 고등학교에서는 예일 대학교 입학에 필수 과목인 수학을 가르치지 않았다는 것이다.

목표를 설정하고 그 목표를 달성하는 과정에서 한 번도 물러선 적이 없었던 존 템플턴은 곧장 교장 선생님을 찾아갔다. 존 템플턴에게 전후 사정을 들은 교장 선생님은 학칙을 바꿔 4년간 수학을 가르칠 수는 있지만 문제는 수학을 배울 학생도, 교사도 없다는 것이라고 답변했다. 덧붙여 만약 수학 과목을 개설하려면 적어도 8명의 학생과 1명의 교사가 필요하다고 알려 주었다. 그러자 존 템플턴은 다음과 같이 대답했다.

"그건 전혀 문제가 되지 않습니다. 제가 학생들을 가르치겠습니다."

얼마 후 존 템플턴은 수학에 관심이 있던 8명의 학생을 모집한 후 다시 교장 선생님을 찾아가 수학을 가르칠 수 있게 해 달라고 설득하는데 성공했다. 이때부터 그는 학생들에게 수학을 가르쳤고 교장 선생님이 출제한 시험에 통과해 학점을 이수했다. 물론 8명의 학생 모두 학점을 땄다. 수학 학점을 따는 게 예일 대학교에 입학 허가를 받기 위한 필수 과정이었다. 당시는 오늘날의 SAT(미국의 대학 입학 자격 시험—옮긴이)와 같이 한 번에 시험을 보는 게 아니라 내슈빌에 있는 밴더빌트 대학(Vanderbilt University)에서 고등학생들이 매 학년 말에 각각 대학 입학 시험을 치렀던 것이다.

> 존 템플턴은 평생 여행에 대한 열망과 모험심을 품고 살았다. 그는 성인이 되자 어머니 벨라 템플턴에게서 받았던 선물에 대한 보상이라도 하듯이 자녀들과 조카들을 데리고 여행을 다녔다.

벨라 템플턴은 자녀들에게 항상 교육의 중요성을 강조했으며 자립심을 길러 주기 위해 애썼다. 뿐만 아니라 여행에 대한 동경과 모험을 추구하라고 가르쳤다. 존 템플턴이 열두 살이고 내 친할아버지가 열다섯 살이었을 때 벨라 템플턴은 여행 계획을 세웠다. 그해 여름 그들은 차에 짐을 싣고 두 달간 여행을 떠났다. 미국의 북동쪽을 여행하기로 계획을 세운 그들은 워싱턴, 필라델피아, 뉴욕 등을 방문했다. 그 기간 동안 길가에 텐트를 치고 야영을 했으며 음식도 직접 해 먹고 그들이 방문하는 모든 장소와 박물관에 대해 기록을 남기기도 했다.

수년 후 여름, 벨라 템플턴은 또다시 자녀들과 함께 두 달간 여행을 떠났다. 이번에는 국립공원과 태평양 연안을 포함하여 미시시피 강 서쪽에 있는 유명 관광지를 중심으로 둘러보았다.

이후 존 템플턴은 평생 여행에 대한 열망과 모험심을 품고 살았다. 그는 성인이 되자 어머니 벨라 템플턴에게서 받았던 선물에 대한 보상이라도 하듯이 내 아버지를 포함해 자녀들과 조카들을 데리고 자주 여행을 다녔다. 가족과 함께 유럽 여러 곳을 다녀온 적도 있었다.

어머니가 그랬던 것처럼 존 템플턴은 아이들에게 책임을 부여하고 그 책임을 다하도록 격려했다. 여행 기간 경비를 지출하고 관리하는 일과 그 날의 일정을 그들 스스로 계획하도록 했다.

우리 가족의 여행에 대한 열정은 증조할머니 벨라 템플턴에서 시작된 것이라 할 수 있다. 그로 인해 우리 가족 모두는 모험을 하고 세계 여러 나라를 둘러보고 싶은 욕망을 가슴 속 깊이 품고 살아왔다.

여행이 준 선물, 전 세계를 살피는 폭넓은 안목

존 템플턴은 예일 대학교를 졸업한 뒤 옥스퍼드 대학교의 베일리얼 칼리지(Balliol College)에서 로즈 장학금(Rhodes scholarship, 영국 옥스퍼드 대학교 전액 장학금―옮긴이)을 받고 공부를 마친 후 친구와 함께 35개국을 돌아볼 계획으로 세계 여행을 떠났다.

가족 여행이 언제나 그랬던 것처럼 경비가 부족했지만 크게 신경 쓰지 않았다. 여행 경비 200파운드의 반은 옥스퍼드에서 존 템플턴이 포커 게임을 해서 딴 돈이었다. 적은 여행 경비에도 불구하고 존 템플턴은 여행 일정을 아주 잘 짰으며 효과적으로 지출을 관리하기 위해 가는 곳마다 사용할 돈을 별도의 봉투에 넣어 자신이 숙박할 곳으로 송금하기도 했다.

존 템플턴은 여행 기간 중 1936년 베를린 올림픽을 둘러보았고 서서히 고조되고 있는 나치의 힘을 직접 목격할 수 있었다. 존 템플턴은 계속해서 유럽 전역을 돌았고 중동, 인도, 중국, 일본 등 아시아의 여러 나라들도 둘러보았다. 그의 여행을 통해 우리가 가장 배울 만한 점은 호기심을 가지고 여러 나라를 여행했다는 사실보다 여행하면서 그가 실제로 했던 일들이다. 어렸을 때 어머니와 여행하면서 배웠던 대로 존 템플턴은 여행을 교육의 장으로 삼았다. 그는 자신이 여행한 나라의 역사, 국민, 관습을 공부했고 박물관을 둘러보았다. 여행은 매우 유용한 경험이었다. 그는 문화, 지리 그리고 사람들에 대해 미리 공부를 했기 때문에 여행이 끝날 무렵에는 충분한 지정학적 지식을 쌓을 수 있었다.

> 존 템플턴은 수십 년간 다른 투자자들의 편견 덕분에 큰 실적을 올릴 수 있었다. 그는 증권 시장에서 인간의 무지와 오해를 이용할 수 있는 기회를 잡았다고 판단되면 결코 물러서지 않았다.

이런 여행이 그를 훗날 위대한 투자자로 만들어 준 원동력이 되었다 해도 과언이 아니다. 존 템플턴이 '템플턴 투자 펀드'(Templeton investment funds)를 시작할 무렵뿐만 아니라 최소 몇 십 년 전까지만 해도 미국 내에는 매수할 가치가 있는 주식은 오로지 미국 주식뿐이라는 믿음이 팽배해 있었다. 우물 안 개구리에서 벗어나 세계 여행을 통해 견문을 넓힌 존 템플턴은 그런 믿음이 얼마나 어리석은 것인지 잘 알고 있었다.

당시 미국인들이 미국 기업의 주식에만 투자를 해야 한다고 생각하는 데는 여러 가지 이유가 있었다. 존 템플턴이 예일 대학교에 다닐 때 주변에 부유한 학생들이 많았는데 그들 중 상당수가 주식에 투자하고 있었다. 존 템플턴이 그들에게 왜 미국 기업의 주식에만 투자를 하는지 묻자 그저 자신들의 관심사는 미국뿐이라고 대답했다.

그때마다 존 템플턴은 이런 생각이 근시안적 사고방식이라고 주장했다. 어느 정도 세월이 흐르고 난 후 미국 투자자들 사이에서 그런 생각이 좀 수그러들긴 했지만 해외 투자에 대한 편견은 좀처럼 가시지 않았다. 몇 년 후 투자자들은 외국의 회계 규정을 잘 몰랐기 때문에 해외 경제를 미리 접하고 있는 미국의 다국적 기업에 투자하면서 비로소 해외 투자를 시작했다.

간단히 말하자면 존 템플턴은 수십 년간 다른 투자자들의 편견 덕분에 큰 실적을 올릴 수 있었다. 그는 증권 시장에서 인간의 무지와 오해를 이용할 수 있는 기회를 잡았다고 판단되면 결코 물러서지 않았다. 존 템플턴에게는 전 세계를 상대로 저가 주식에 투자하는 게 결코 이상한 일이 아니었다. 그에게는 뉴욕에서 200달러짜리 침대 겸용 소파를 5달러에 사는 것과 해외에서 저렴한 주식을 사는 것이 별반 다를 바가 없었던 것이다.

오늘날은 전 세계를 상대로 투자하는 게 당연하게 여겨지고 있다. 뮤추얼 펀드 시장도 유럽, 아시아 그리고 남아메리카에서 주식을 매수하는 펀드 매니저들로 넘쳐 난다. 그러한 펀드들의 이름을 잘 살펴보면 '템플턴'이란 이름이 붙은 것도 많다. 여기서 중요한 것은 해외 주식에 투자하는 사람이 거의 없던 20세기 초에 존 템플턴은 벌써 외국 기업에 투자를 했다는 사실이다. 해외 시장에 대한 폭넓은 지식이 있었기 때문에 편견 없

제1장 위대한 바겐 헌터의 탄생 35

이 투자에 전념할 수 있었던 것이다.

하지만 이런 그도 1960년대 초 일본 주식에 대해 조사하기란 쉽지 않았다. 그것은 테네시 주 윈체스터에서 고등학교를 졸업한 후 밴더빌트 대학교처럼 가까운 학교에 진학하는 대신 멀리 떨어진 예일 대학교에 진학하는 것이 더 큰 도전인 것과 같은 이치다.

존 템플턴은 어린 시절부터 '배움에 제한을 두지 말고 지식을 추구하라'는 가르침을 받았기 때문에 일찍부터 외국에 대해 많은 관심을 기울였다. 확인되지 않은 편견과 선입견은 무지를 낳고 무지는 인생을 살아가는 데 걸림돌이 된다. 호기심과 그 호기심을 충족시키기 위해 축적해 온 지식 덕분에 존 템플턴의 학습 곡선은 계속 상승 곡선을 그렸고 그의 타고난 지혜와 어우러져 시너지 효과를 냈다.

전망이 가장 좋지 않은 주식에 투자하라

존 템플턴이 투자할 때 보여 준 가장 탁월한 능력은 상황에 따라 시장에서 물러나 관망할 줄 아는 지혜였다. 존 템플턴이 어렸을 때 어머니의 친구나 지인들은 그를 가리켜 '애늙은이' 같다고 입을 모으곤 했다. 어린 시절 그가 보여 준 여러 모습들은 인생 경험이 많지 않은 사람이라면 쉽게 가질 수 없는 상식과 지혜가 결합된 것이었다. 이런 성향 덕분에 그는 변화무쌍한 증시 상황에서 항상 냉철하게 대처할 수 있었다. 타고난 지혜가 있었고 항상 침착성을 잃지 않았기 때문에 그는 다른 사람들이 보지 못하는 것을 볼 수 있었다. 별것 아닌 것처럼 보일 수 있지만 이것은 아주 드문 재능이라 할 수 있다.

현명한 투자자는 투자자들의 감정적 대응이나 잘못된 판단으로 증권시장이 급락하거나 급등할 때 다수의 매도자나 매수자들이 저지르기 쉬운 무분별한 행동에 휩쓸리지 않는다. 바꿔 말하면 거의 모든 투자자들이 합리적이고 객관적인 사고방식을 가지고 행동할 때 다른 투자자들이 그들의 상식과 지혜를 무능하게 만들기는 쉽다.

수많은 투자자들은 그들이 저가 주식을 매입할 수 있도록 증시에 대량 매도 사태가 있기를 바란다. 하지만 다우존스가 하루 만에 22.6퍼센트 급락했을 때 실제로 주식을 매입한 사람들은 그리 많지 않았다. 1979년 다우존스의 주가 수익률(price earning ratio, PER, 주가를 주당 순이익으로 나눈 것)이 6.8이었고, 그 수준이 수년간 지속되었지만 그런 순간이 오기를 갈망하던 매수자들은 모두 어디에서 무엇을 하고 있었을까? 이 질문에 대한 정답은 '아무도 구매할 의사가 없는 주식을 다수의 투자자가 매수하는 것은 현실적으로 불가능하다'는 사실을 알려 준다. 따라서 이때야말로 저렴한 주식을 매입하여 최대한의 수익을 낼 수 있는 최적의 기회다.

일부 사람들 중에는 '약세장'(bear market)이라는 용어가 곰이 손을 아래로 내리치는 동작에서 유래했다고 생각한다. 재미있는 표현이니 그렇게 알고 있어도 무방하지만 원래 이 용어는 18세기 런던의 곰 가죽 중개상이 실제로 곰 가죽을 갖고 있지도 않은 상태에서 시세가 떨어질 것으로 믿고 곰 가죽을 거래했던 데서 유래한 것이다.

대부분의 투자자들은 곰이 팔을 들어 그들이 서 있는 길목을 내리쳤다고 생각했지만 아마도 그것은 반대가 아닐까 싶다. 존 템플턴은 주가가 훨씬 더 하락하여 매수자에게 더 큰 수익을 안겨다 줄 거라고 확신했기 때문에 곰이 그와 하이파이브(high five, 스포츠 등에서 승리의 몸짓으로 두 사람이 들어 올린 손바닥을 마주치는 것-옮긴이)하기 위해 손을 위로 들어 올린 것이라고 생각했다.

이 모든 것은 다 관점의 차이다. 존 템플턴이 시장을 보는 관점은 매우 독특했다. 예를 들면 다음과 같다.

"투자자들은 항상 나에게 '전망이 좋은 주식이 어떤 것이냐?'고 묻는다. 하지만 이것은 잘못된 질문이다. 바람직한 질문은 '가장 전망이 좋지 않은 주식이 무엇이냐?'고 묻는 것이다."

이 개념을 실제로 적용하려면 다수의 투자자들이 하는 행동을 따라 해서는 안 된다. 이 경우에 다수의 투자자들이란 전망이 가장 좋은 주식을 사기 위해 증시에 몰리는 매수자들을 의미한다. 물론 전망이 가장 좋다는 증시 상황을 피하는 것은 우리가 살아가는 방식과는 반대 행동, 즉 직관에 반(反)하는 행동이므로 쉽지 않다.

우리는 전망이 가장 밝은 분야에서 직업을 갖기를 원한다. 그리고 날씨가 좋은 날 외출을 한다. 하지만 이상하게도 그렇게 하면 투자에 성공할 가능성은 줄어든다. 오히려 그 반대의 길을 가야 성공의 가능성이 높아진다. 즉 잠재력이 있지만 현재는 전망이 좋지 않은 주식에 투자해야 성공할 수 있다.

그러기 위해서는 다수의 투자자들과는 다르게 행동해야 한다. 펀드 매니저들이 그렇듯이 존 템플턴도 초기에는 뉴욕에서 펀드를 관리했다. 하지만 1968년 바하마로 회사를 옮긴 후 얼마 되지 않아 뮤추얼 펀드 매니저로 최고의 실적을 올렸다. 그것은 우연이 아니었다. 월 스트리트에서는 제약이 많아 소신대로 행동하기 힘들었다. 그에 반해 바하마의 수도 나소(Nassau)로 자리를 옮긴 다음부터는 자신의 투자 원칙에 따라 행동했고 그 결과 투자 실적이 크게 향상되었다.

존 템플턴은 그곳으로 자리를 옮긴 후부터 월 스트리트의 애널리스트들이 참석하는 기업 행사나 설명회에는 관심을 두지 않았다. 뉴욕에서 벗어난 후부터는 자신의 소신대로 행동했다. 그것이 큰 차이를 가져왔다. 워렌 버핏이 뉴욕과 떨어진 네브래스카 주의 소도시 오마하에 살면서 성공적으로 투자 활동을 하고 있다는 사실을 기억하는 사람이라면 존 템플턴의 의도를 충분히 이해할 수 있을 것이다.

투자자들이 증시에서 어리석은 행동이나 오판을 할 때 존 템플턴은 이것을 자신에게 유리하게 이용할 줄 알았다. 그런 그의 능력은 소년 시절과 대학 재학 시절에 포커를 하면서부터 갈고닦은 것이다. 그는 젊은 시절 포커를 아주 잘했다. 윈체스터 시절의 친구들이나 예일 대학교와 옥스퍼드 대학교에 함께 다녔던 친구들과 비교했을 때 그의 포커 실력은 월등했다.

포커와 주식 투자는 확률 게임이다

존 템플턴은 여덟 살 때 처음 포커를 배웠다. 예일 대학교 2학년에 올라갈 무렵인 1931년은 대공황으로 나라 전체가 어려움을 겪고 있을 때였다. 아버지 하비 템플턴이 존 템플턴에게 생활이 어려워 단돈 1달러도 지원할 수 없을 뿐만 아니라 대학 교육을 더 이상 시킬 수 없다고 선언했을 때가 바로 이 무렵이었다.

다행히도 삼촌인 왓슨 템플턴(Watson Templeton)이 예일 대학교로 돌아가는 여비 200달러를 지원해 주었다. 존 템플턴은 학교로 돌아와 돈을 벌면서 학업을 계속했지만 졸업을 하기 위해서는 더 많은 돈이 필요했다. 그래서 그는 포커 게임을 시작했다. 카드를 섞는 기술과 확률을 계산하고 남의 능력과 기술을 읽어 내는 능력 덕분에 그는 돈을 딸 수 있었다. 존 템플턴은 그렇게 교육비의 25퍼센트 정도를 벌었다. 나머지 75퍼센트는 아르바이트를 하거나 성적 장학금을 받아서 해결했다.

존 템플턴이 포커 게임에서 발군의 실력을 발휘했다는 사실은 투자의 맥락에서 한번 짚고 넘어갈 필요가 있다. 포커 게임에서 이기기 위해서는 확률과 위기 대처 능력 그리고 사람의 마음을 읽어 내는 탁월한 통찰력이 필요하다. 재무, 회계 또는 기술적 측면을 아우르는 전문 투자자를 만나기란 쉽지 않다. 물론 세상에는 손익 계산서, 대차 대조표 그리고 현금 흐름표를 분석하고 경쟁 전략 같은 미시 경제 논리를 적용하며 회계 부정을 찾아내고 기업의 내재 가치를 평가할 줄 아는 똑똑한 사람들이 많다. 하지만 누군가를 성공적인 투자자로 만드는 데 정말 필요한 것은 무엇보다 '어리석은 행동을 하지 않는 능력'이다.

> 포커 게임에서 이기고자 할 때 필요한 전략과 성공적인 투자 전략은 비슷하다. 둘 다 어떤 행동 뒤에 숨겨진 동기나 원인을 파악할 수 있어야 한다.

너무 단순한 논리라고 생각하는가? 잘 생각해 보면 포커 게임에서 이기고자 할 때 필요한 전략과 성공적인 투자 전략이 비슷하다는 사실을 알 수 있다. 즉 둘 다 어떤 행동 뒤에 숨겨진 동기나 원인을 파악할 줄 알아야 한다. 예를 들어 항상 같은 친구들과 포커 게임을 하는데 그중 한 명이 '블러핑'(bluffing, 패가 센 것처럼 허세를 부림—옮긴이)하는 습관이 있다고 가정해 보자. 이 친구가 허세를 부린다는 사실을 알고 있다면 당신은 그가 판돈을 키울 때까지 기다렸다가 적절한 순간에 '콜'(call, 앞 사람이 얼마의 금액을 베팅했을 때 그 사람이 베팅한 금액만큼을 판에 대는 것-옮긴이)을 외칠 수 있다. 물론 주식 시장에서는 정확하게 '콜'을 부를 수는 없다. 하지만 어떤 주식이 예상 수익에 비해 지나치게 높은 가격에 거래되고 있다면 당신의 친구가 그랬듯이 그 주가도 증시에서 고점(高點)을 찍고 있음을 알 수 있다. 그 경우 머지않아 그 친구는 큰돈을 잃게 될 것이다. 그와 비슷한 이유로 투자자가 풀 하우스(full house)가 아니라 3 원 페어(one pair)를 들고 있다는 사실을 알았을 때 그 주식은 하락할 것이다. 존 템플턴은 게임을 시작한 지 얼마 되지 않을 때부터 '블러핑'을 감지하고 상대의 돈을 따기 위해 인내심을 가지고 기다렸던 것이다.

이제 본래 주제로 돌아가 증시의 패러다임을 살펴보자.

중요한 결정을 내릴 때는 자신의 직관에 따라라

주식 시장에 돈을 투자하는 투자자가 증시에서 성공하기 위해서는 한 가지 자질만 더 갖추면 된다. 바로 '냉철한 판단력'이다. 존 템플턴은 자신이 성공할 수 있었던 요인이 남들과 다르게 판단할 수 있는 능력 때문이라고 믿었다. 결코 아이비리그를 거쳐 옥스포드 대학교에서 로즈 장학금을 받으며 공부하고 숫자와 개념에 대해 천부적인 소질이 있었기 때문만은 아니다. 그는 자신의 냉철한 판단력이야말로 성공의 가장 중요한 요소라고 확신했다.

존 템플턴은 러디어드 키플링(Rudyard Kipling, 인도에서 태어나 영국에서 타계한 영국의 소설가이자 시인 – 옮긴이)의 '만일'(If)이란 시를 좋아했다. 이 시는 "만일 네가 모든 것을 잃었을 때 고개를 똑바로 들 수만 있다면……."이라는 문구로 시작한다. 이 시에서처럼 존 템플턴은 위기의 순간에 냉정을 잃지 않는 초인적인 능력이 있었다.

존 템플턴의 냉철한 판단력을 엿볼 수 있는 대표적인 사례로는 예일 대학교 시절의 일화를 들 수 있다. 당시 존 템플턴은 돈을 벌며 학교에 다녀야 했기 때문에 은행에 당좌 예금 계좌를 개설해 놓았다. 하지만 당시 대공황으로 은행이 파산하는 바람에 그도 다른 사람들처럼 계좌에 있던 잔금을 고스란히 날리고 말았다. 하지만 존 템플턴은 거기서 학업을 포기하는 대신 아르바이트와 포커로 돈을 벌면서 어렵게 학업을 이어 갔다. 이 경험을 바탕으로 두 번째 계좌를 개설할 때는 교수들 중 한 명에게 뉴 헤이번(New Haven)에서 가장 안전한 은행을 소개해 달라고 조언을 구한 후 다시 저축을 시작했다. 하지만 몇 주 후 거리를 걷다가 '안전'하다고 믿었던 그 은행 앞길에 많은 사람들이 줄을 서서 예금을 인출하려고 아우성인 모습을 보게 된다. 은행 안쪽을 보니 모두 당좌 예금 창구에 몰려 있었고 저축 예금 창구에는 아무도 없었다. 그는 즉시 저축 예금 창구로 가 당좌 예금 계좌에 있는 자신의 돈을 모두 저축 예금 계좌로 이체한 후 모두 안전하게 출금할 수 있었다.

존 템플턴의 판단력은 증시에서 성공적인 투자를 하려는 투자자라면 반드시 갖추어야 할 능력이다. 투자자들이 두려워하거나 불황에 대해 불평만 늘어놓고 있을 때 제대로 된 저가 뮤추얼 펀드를 매수할 수 있는 안목만 있다면 여러분은 이미 평균 이상의 수익을 올리는 데 필요한 능력을 가진 셈이다.

앞서 언급했던 내용을 되짚어 보자. 증시에는 무능한 펀드 매니저도 있지만 믿고 돈을 맡길 만한 능력 있는 펀드 매니저도 많다. 만약 여러분이 경매에서 다른 입찰자가 없기 때문에 낮은 가격에 농지를 살 수 있다는 사실을 이해했다면 증시에서 저가로 주식을 살 수 있다는 사실도 이해할 수 있을 것이다. 하지만 법원 경매장에 입찰자들이 가득 차고 입찰 금액이 계속 올라가고 있다면 저가로 매수하는 것은 불가능하다.

다른 사람과 똑같은 방식으로 주식이나 뮤추얼 펀드 매매를 한다면 다른 투자자의 수익과 별반 다를 바 없을 거라는 사실을 명심해야 한다.

> "다른 투자자들이 실망 속에서 매도할 때 매수하고, 탐욕스럽게 매수할 때 매도하기 위해서는 어떠한 상황에서도 흔들리지 않는 강인한 정신력이 필요하다."

그러므로 앞에 언급된 시처럼 '만일 모든 것을 잃었을 때 머리를 똑바로 들 수만 있다면' 현명한 투자를 할 수 있을 것이다. 마지막으로 존 템플턴의 다음과 같은 투자 제안을 가슴에 새겨 보자.

"다른 투자자가 실망 속에 매도할 때 매수하고, 탐욕스럽게 매수할 때 매도하기 위해서는 어떠한 상황에서도 흔들리지 않는 강인한 정신력이 필요하다. 그 결과 기대 이상의 높은 수익을 얻게 될 것이다."

제1장 위대한 바겐 헌터의 탄생

존 템플턴의 가치 투자 전략

1. 다른 투자자들이 나쁜 소식에 과잉 반응을 보일 때 냉정을 유지하라.

2. '바겐 헌터'가 돼라. 심리적으로 흔들리는 투자자들이 매도하길 원할 때 매수하고, 매수하길 원할 때 매도하라.

3. 가장 전망이 좋지 않은 주식이 무엇인가를 물어라.

4. 비관적인 분위기가 최고조에 달했을 때 주식을 사라.

5. 중요한 결정을 내릴 때는 자신의 직관에 따라라.

6. 절약하고 저축하여 그것을 최고의 수익률로 불려라.

7. 이자를 내는 사람이 아니라 이자를 받는 사람이 되어라.

8. 해외 여행을 통해 시야를 넓히고 폭넓은 견문을 쌓아라.

'비관론이 팽배할 때 투자하라'는 것이 나의 첫 번째 투자 원칙이다.
다시 말해 가장 훌륭한 투자 기회는 비관론이 극에 달할 때라 할 수 있다.
– 존 템플턴

INVESTING THE

TEMPLETON WAY

제 **2** 장

최고로 비관적일 때 투자하라

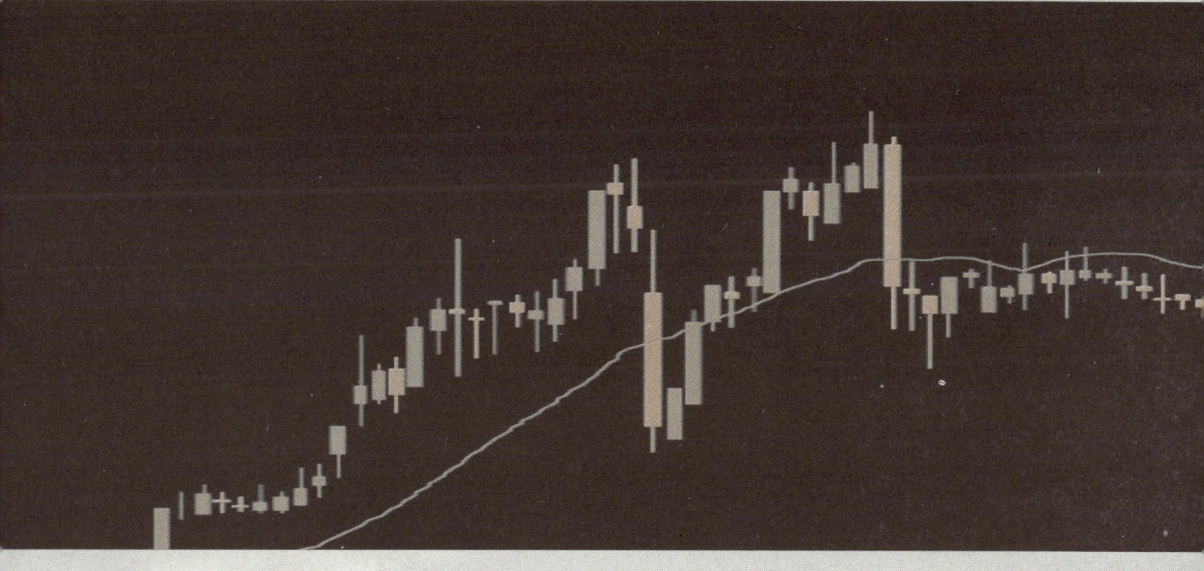

강세장은 비관 속에서 태어나 회의 속에서 자라며
낙관 속에서 성숙해 행복 속에서 죽는다.
기억하라. 최고로 비관적일 때가 가장 좋은 매수 시점이고
최고로 낙관적일 때가 가장 좋은 매도 시점이다.
- 존 템플턴, 1994년 2월

그 해는 1939년이었다. 1935년부터 1937년까지 조금 회복되기는 했지만 1929년 10월 29일 이래로 미국 경제는 침체 상태에서 벗어나지 못하고 있었다. 10년 동안 대공황이 지속되었고 실업, 노숙자 그리고 기아 문제 등으로 투자 심리가 크게 위축된 상황이었다.

경제가 회복되는 것 같았으나 불과 2년 후인 1938년 다시 침체기로 접어들었다. 게다가 유럽에서는 전운마저 감돌았다. 따라서 이후 10년간의 미국 경제를 바라보는 시각은 매우 부정적이었다. 또 나치가 유럽을 점령하면서 유럽인들의 미래는 한치 앞도 내다볼 수 없게 되었다.

기업의 주가와 기업의 가치는 다르다

이 모든 것이 미국 증시에 영향을 미치고 있었다. 희망과 실망의 변주

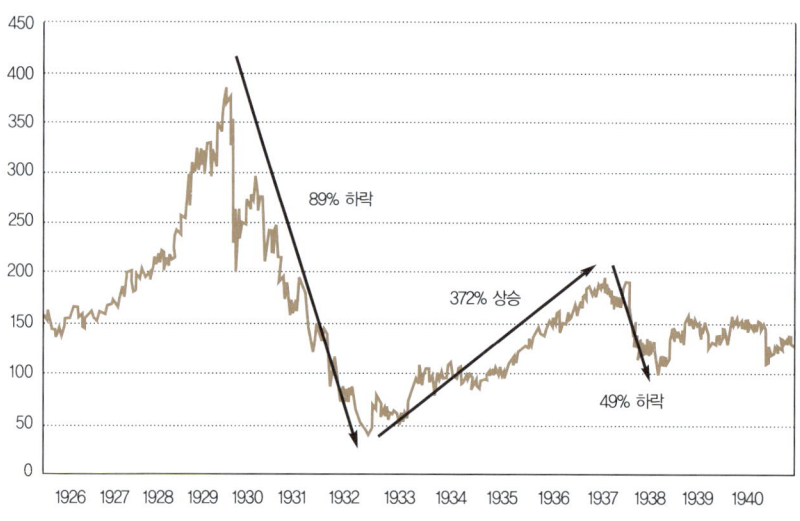

〈그림 2-1〉 다우 지수 1926년~1940년

곡이 반복되면서 주가는 등락을 되풀이하며 매우 불안한 모습을 보였다. 다우 지수에 관한 한 연구에 따르면 투자자들이 경제적, 지정학적인 사건을 이해하고 해석하는 방법이 지속적으로 변했기 때문에 그 10년 동안 주가가 크게 등락을 되풀이했다고 한다.

1929년 증권 시장 붕괴 이후 2년 남짓한 기간 동안 주가가 빈번하게 폭락했다. 이때 대부분의 사람들은 가장 먼저 주식 시장 붕괴, 경제 공황 그리고 1930년대의 비극적인 주식 시장을 떠올렸다. 이런 암울한 상황에도 불구하고 〈그림 2-1〉에서 보는 바와 같이 1930년대에 주가가 지속적으로 상승하는 모습을 보인 때도 있었다.

1930년대 증시 모습에서 우리가 주목해야 할 것은 주가가 등락을 반복했다는 점이다. 대공황 이후 주가의 등락은 어쩌면 당연한 것으로 받아들여질 수도 있지만 여기서 다음과 같은 의문을 가질 수도 있다. '과연 기업의 실질 가치가 그와 같이 등락을 반복하는 것인가?' 대답은 '그렇지 않다'이다.

　자산의 거품에 대해 생각할 때 반드시 알아야 할 것은 매수자가 낙관 속에서 마구 매집할 때 자산의 시장 가치는 지나치게 상승하고, 매도자가 비관 속에 매도할 때 지나치게 하락한다는 사실이다. 증시는 1929년 대공황 이전과 이후에 이와 같은 비정상적인 등락을 보였다. 우리가 이때 주목해야 할 것은 주가가 기업의 가치와 관계없이 움직인다는 점이다. 이 현상을 시각적으로 표현하면 〈그림 2-2〉와 같다. 증시에서 기업의 가치를 나타내는 주가와 기업의 실질 가치가 서로 다를 수 있다는 개념은 벤저민 그레이엄의 책 《증권 분석》의 근간을 이루는 개념이다. 그레이엄은 모든 기업이 내재 가치를 지니고 있다고 주장했다. 즉 모든 기업은 적절한 가치로 평가할 수 있다는 것이다. 하지만 이와 같은 내재 가치에도 불구하고 증시는 기업 가치와 상관없이 등락을 거듭한다.

　〈그림 2-2〉에서 보는 바와 같이 실선으로 표시된 기업의 가치는 계속해서 상승하고 있다. 이 기업은 꾸준히 더 많은 제품을 생산함으로써 해마다 더 많은 돈을 벌어들이고 있다. 하지만 이유가 무엇이든 간에 매수자와 매도자가 이 기업의 가치를 긍정적으로 보는지 아니면 부정적으로 보는지에 따라 주가는 등락을 되풀이한다.

　우리는 이런 평가가 매일 이루어진다는 사실에 주목할 필요가 있다. 그렇다면 과연 기업의 가치는 매일 변하는 것일까? 물론 그렇지 않다. 하지

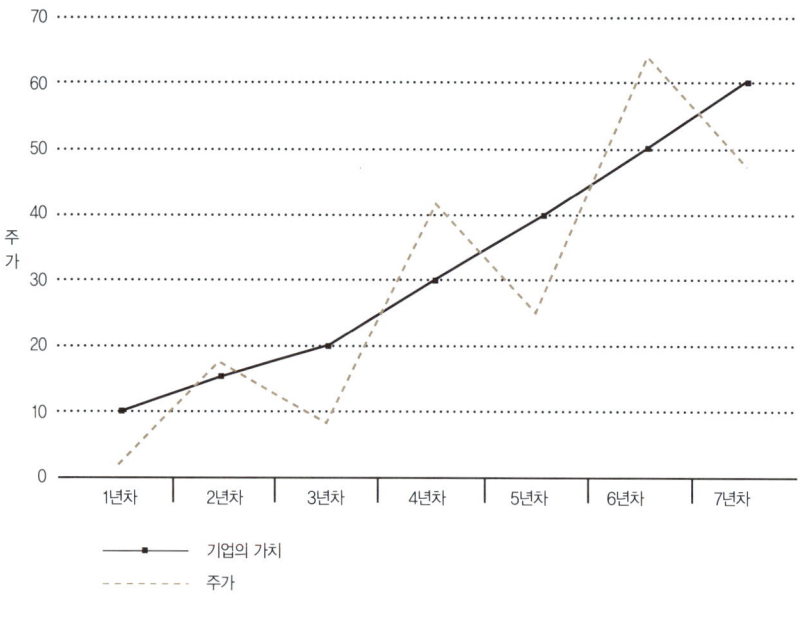

〈그림 2-2〉 주가 대 기업 가치

만 매수인과 매도인은 매일 기업의 가치를 평가한다. 더 중요한 것은 때때로 매수인과 매도인이 기업과는 상관없는 의사 결정 요인에 의해 기업을 평가한다는 사실이다. 이 시나리오를 상상해 보는 것은 그렇게 어렵지 않다. 투자자가 더 전망 좋은 기업을 찾았거나 어떤 특정한 해에 그 기업이 기대했던 것보다 돈을 적게 벌어들일 것이라고 판단할 수 있다. 증시에서는 투자자가 기업의 실제 가치의 등락과는 상관없이 소유하고 있는 기업의 주식을 매도할 수 있다는 사실을 기억하라! 때때로 그들은 기업의 가치는 고려하지 않고 단지 증시에서 다른 투자자가 주식을 매도하기 때문에 덩달아 소유하고 있는 주식을 판다. 심지어는 다른 투자자가 매수하기 때문에 아무 생각 없이 주식을 사들이기도 한다. 존 템플턴은 "가격이 오르는 이유는 현재 가격이 오르고 있기 때문이다."라고 말한 적이 있다. 주가가 기업의 실제 가치를 항상 정확하게 반영한다고 믿는다면 주식을 사는 것보다 그 돈으로 디즈니랜드에 가서 즐기는 게 훨씬 나을 것이다!

지금까지의 설명을 통해 당신은 내가 기업의 가치보다 주가가 하락할 때 매수할 것을 권하고 있다는 것을 눈치 챘을 것이다. 간단한 예로 A기업은 공장, 재고, 완제품 그리고 자재 등을 포함해 모두 100달러의 가치를 가지고 있지만 주가는 75달러일 수 있다. 또는 현재 이 기업의 가치가 100달러이고 주가가 100달러에 매매되고 있지만 몇 년 내에 상황이 호전되어 주식이 200달러가 될지도 모른다고 기대할 수 있다. 어느 경우든 주식을 사서 자신이 예상했던 상황을 기다리면 된다.

가치 투자의 핵심은 기업의 가치보다 더 적은 돈을 주고 주식을 매수하는 것이다. 앞으로 살펴볼 여러 과정을 통해 당신도 이와 같은 결론에 도달하게 될 것이다. 이때 가장 중요한 것은 이 전략이 주식, 부동산, 예술품 그리고 우표 등 품목과 상관없이 모든 투자 영역에 적용될 수 있다는 점이다. 어떤 경우가 되었든 자산의 실제 가치와 시장 가격 사이에 존재하는 차이를 찾아내는 것이 중요하다.

가격과 가치 사이에는 큰 차이가 날 수 있다는 사실을 기억하라. 자산을 그것의 가치보다 낮은 금액에 구입하는 것이 핵심이다. 다음 임무를

> 가치보다 적은 돈을 주고 매수하는 것이 가치 투자의 핵심이다. 이 전략은 주식, 부동산 등 품목과 상관없이 모든 투자에 적용할 수 있다.

성공적으로 수행한다면 당신은 바겐 헌터 클럽에 가입할 수 있을 것이다.

가장 매력 없는 주식이 가장 매력적인 사냥감이다

존 템플턴은 1937년 자신이 투자 회사를 차리게 된 계기가 일찍부터 주가와 그 주식의 실제 가치가 크게 다를 수 있다는 사실을 간파했기 때문이라고 말한 적이 있다. 그는 주식과 기업이 각각 별개라는 것을 잘 알고 있었다. 물론 주가와 기업의 가치가 다르다는 것은 일반적인 통념이다. 많은 사람들이 그것을 알고 있다고 말하지만 경험 많은 투자자조차 기업과 주식을 혼동하곤 한다. 주식 중개인이나 애널리스트 그리고 스스로를 전문가라고 자처하는 사람들조차 TV나 전화 상담을 할 때, 연구 보고서나 블로그에 올린 글에서, 또는 칵테일파티에서 종종 그 둘을 혼동해서 말하곤 한다. 그들을 자세히 관찰해 보면 주가와 그 주식에 관련된 기업 가치와 미래의 수익이 훨씬 더 중요한 고려 사항임에도 불구하고 그들은 단지 기업에 대해서만 이야기한다.

그 이유는 사람들이 지식을 공유하고 이야기하는 것을 선천적으로 좋아하기 때문이다. 기업에 대해서 말하기는 쉽다. 예를 들어 "나는 이 기업에 투자했다. 이 기업은 조만간 신발 사업에 재투자할 것이다."와 같은 정보에 대해서 쉽게 말할 수 있다. 이 같은 말은 일상생활에서 쉽게 들을 수 있는 이야기다. 하지만 이런 말은 우리로 하여금 과대평가된 주식을 사게 만들고 이런 이야기를 퍼트리는 주식 중개인에게 수수료를 지불하게 한다. 그래서 종종 허황되고 투자자의 마음을 흔드는 유언비어에 휘말려 큰 낭패를 보는 경우가 생긴다.

물론 소문을 만들어 내는 애널리스트나 그런 소문을 퍼트리는 주식 중개인이 꼭 속이려고 이런 이야기를 하는 것은 아닐 것이다. 어쩌면 단지 영업 사원들의 '구매 권유'와 비슷한 것이라고도 할 수 있다. 상사는 영업 사원들에게 투자자가 관심을 가질 만한 것들에 대해 이야기하라고 부추긴다. 관심을 끄는 기업에 관한 이야기나 미래에 대한 전망 등이 투자 결정 과정에서 가장 중요한 기업에 관한 통계, 비율, 자료, 기업의 공정한 가치 계산보다 훨씬 더 흥미를 끄는 것은 사실이다. 월 스트리트의 주식 중개인들은 다수의 투자자들이 실제로 요구하는 정보, 즉 향후 3개월에서 1년 내 기업 전망에 대한 신뢰할 수 있는 정보를 제공한다. 투자자의 흥미를 끄는 이러한 이야기들은 주가를 끌어올릴 수도 있고 끌어내릴 수도 있다.

바겐 헌터들은 소문을 이웃에게 들었든 이발소에서 들었든, 아니면 월 스트리트에서 가장 능력 있는 애널리스트에게서 들었든 결코 소문에 의거한 '원 스톱 투자 전략'을 채택해서는 안 된다. 바겐 헌터라면 주가가 기업의 가치보다 현저하게 낮은지 아닌지에 대해 스스로의 평가에 의존해야 한다. 그것이 망망대해를 떠도는 배를 지켜 주는 유일한 등대이자 나침반이다. 기업에 대한 소문만 믿고 주식을 매수하는 것은 그리스 신화에 나오는 사이렌(Siren, 반은 여자이고 반은 새인 요정으로 아름다운 노랫소리로 지나가는 뱃사공을 꾀어 죽였다고 함―옮긴이)이 당신을 해안의 암초로 유인하는 것과 같다.

이것은 화제주(story stock)를 식별해 내고 화제주 매매를 피할 수 있는 방법을 도출하기 위한 유용한 질문을 제공한다. 이 경우 숫자는 거짓말하지 않는다. 주가를 주당 매출액과 주당 수익, 주당 장부 가치 등으로 나눈 수치를 살펴보면 쉽게 알 수 있다. 이 수치들이 동종의 다른 기업의 수치나 관련 증시의 지수보다 높으면 지나치게 인기 있는 주식일 가능성이 높다. 단순히 우리 말만 전적으로 믿지 말고 지난 50여 년간 수행된 많은 연구 결과를 살펴보라. 그 결과에 따르면 주가 대 매출의 비율, 주가 대 수익의 비율 또는 주가 대 장부 가치의 비율이 높은 주식은 장기적으로 나쁜 투자 대상임이 판명되었다. 이 사실은 이미 알려져 있으므로 여기서 다시 언급하는 것은 시간 낭비다. 만약 당신이 이런 특징을 보이는 인기 기업의 주식을 매수하는 투자자라면 이러한 통계 자료에 관한 연구 결과를 자세히 설명하고 장기적인 전망이 어떨지에 대해 다루는 책을 시중에서 쉽게 발견할 수 있을 것이다. 종종 이런 인기 있는 주식들은 증시에서 가장 비싸게 거래된다. 즉 당신이 증시에 상장된 모든 기업들을 주가 대 매출의 비율, 주가 대 수익의 비율 또는 주가 대 장부 가치 비율의 순서대로 나열한다면 그 비율이 높은 주식들이 대부분 증시에서 가장 인기 있는 주식들일 것이다.

바겐 헌터라면 주가가 기업의 가치보다 현저하게 낮은지 아닌지에 대해 스스로의 평가에 의존해야 한다. 그것이 망망대해를 떠도는 우리 배를 지켜주는 유일한 등대이자 나침반이다.

연구에 따르면 이러한 주식들은 매수해 봐야 시장 평균 이하의 수익을 올리는 것으로 나타났다. 한동안은 수익을 올리는 듯 보이지만 결국 큰 손실을 입게 된다. 이런 사실을 간파했으면서 왜 화제주를 매수하려 하는가? 더 이상 이런 주식을 살 이유는 없다. 장기간에 걸쳐 시장 평균 수익보다 더 높은 수익을 올리는 것은 쉽지 않다. 수익을 올리기 위해서는 가격이 하락할 것이 분명한 주식을 매수하지 않는 것이 중요하다. 단순히 이러한 주식들을 사지만 않아도 수익을 올릴 가능성이 높아진다.

이와 같이 비율이 높은 주식이 전망이 가장 밝다고 알려진 기업의 주식이라는 사실은 우연의 일치가 아니다. 동시에 주가 대 매출의 비율, 주가 대 수익의 비율, 주가 대 장부 가치의 비율, 주가 대 현금 흐름의 비율이 높은 순서에서 낮은 순서대로 나열한 주식을 보면 제일 아래쪽에 있는 주식이 시장에서 가장 매력 없고 관심이 없는 주식이라는 사실을 알게 될 것이다. 하지만 놀랍게도 이 기업들의 주식이 장기간에 걸쳐 가장 높은 수익을 가져다주는 것으로 입증되었다. 하위 10퍼센트의 종목을 선정해 집중 투자하면 투자자로 성공할 가능성이 크게 높아진다. 바겐 헌터들은 하위 10퍼센트 종목이 성공적인 주식 투자를 위한 풍부한 사냥터라는 사실을 잘 알고 있다.

'감정적인 매도자'들이 제공하는 기회를 최대한 이용하라

주식이 저가인지 적절한 가격인지 확인하기 위해서는 그 기업에 대한 정보가 필요하다. 그래야 그 사업에 대해 정확히 이해할 수 있고 경쟁 업체와 비교하여 그 기업의 실적을 평가할 수 있으며 그 주식이 왜 인기가 없는지 알 수 있다. 주식 중개인들의 연구 보고서를 잘 살펴보면 종종 사실에 근거한 기본 정보가 포함되어 있음을 알 수 있다. 존 템플턴은 해당 기업, 그 기업의 경쟁 업체, 그 기업이 속해 있는 산업 등에 관한 정보를 입수하기 위해 주식 중개인들의 보고서를 읽곤 했다. 연구 보고서에 소개된 정보를 활용할 때는 항상 존 템플턴의 다음 조언을 기억하라.

"이미 당신이 알고 있는 정보는 주가에 반영되어 있다. 절대 이 정보를 혼자만 알고 있다고 착각하지 마라."

　기업의 가치와 주가가 별개라는 논의는 이제 그만하고 다음 사실, 즉 주가의 변화가 기업의 가치와 전혀 관계가 없는 것이 아니라는 점을 짚고 넘어가자. 기업의 가치도 시간이 지나면서 변할 수 있다. 어떤 경우에는 짧은 기간에 바뀌기도 한다. 만약 당신이 운영하는 회사가 자동차에 장착하는 긴 무선 안테나를 만드는 회사라면 헨리 포드가 조립 라인에서 모델 T를 새롭게 출시하는 날 기업의 가치는 빠르게 변할 것이다. 왜냐하면 회사의 기존 제품이 쓸모없어졌기 때문이다. 또 부채가 많고 은행에서 더 이상 대출을 해주지 않기로 결정한다면 기업의 가치는 급변할 것이다. 그 결과 곧 파산할 수도 있다. 이 사례에서와 같이 두 기업의 주가는 극적으로 변하게 되므로 변화에 민첩하게 대응해야 한다. 단지 가격이 떨어진다는 이유만으로 주식을 매수하는 것은 신중치 못한 행동이다. 그것은 무모한 행동이며 투자 결과도 만족스럽지 못할 것이다.

　보통 매출의 증가와 감소, 비용 증대와 축소, 원활한 현금 흐름과 경색 같은 변화가 기업의 실질 가치를 바꾼다. 그럼에도 불구하고 기업의 장기적인 가치를 나타내는 주가는 투자자가 의사 결정 과정에서 감정을 개입시킴으로써 등락을 계속한다. 사람들은 투자 세계뿐만 아니라 일상생활에서도 종종 감정에 의해 무분별한 결정을 내린다. 여기서 주목할 만한 점은 증시에서도 이런 감정에 의한 무분별한 행동이 나타나고 결국 이런 행동이 바겐 헌터들에게 값싼 주식을 살 수 있는 훌륭한 기회를 제공한다는 사실이다. 대부분의 경우 그 순간이 지나면 투자자들은 정신을 차리고 자신의 어리석음을 깨닫는다. 따라서 진정한 바겐 헌터가 되고 싶다면 절대 감정이 개입된 투자 결정을 내려서는 안 된다. 바겐 헌터는 투자자들이 무분별하게 행동할 때 그들의 오판을 최대한 이용할 줄 알아야 한다. '사람들은 뒤늦게 깨닫는다'는 속담이 있다. 바겐 헌터라면 감정이나 오판에 의한 실수를 저질러서는 안 된다. 존 템플턴은 무분별한 행동을 취하는 투자자들이 감정에 치우쳐 무분별하게 매도하는 주식을 매수했다.

이러한 상황은 주기적으로 되풀이해서 발생한다. 하지만 비슷한 상황이 되풀이되면 사람들은 경험이 쌓이면서 좀 더 합리적으로 대처하게 된다. 예를 들어 손에 상처가 나면 본능적으로 피를 멈추게 하기 위한 조치를 취한다. 투자자들은 증시에서 돈을 잃기 시작하면 본능적으로 주식을 팔아 더 이상의 손실을 막기 위한 조치를 취한다. 반사적 반응(knee-jerk)이다. 하지만 이것은 주식 투자에서는 잘못된 반응이다. 살다 보면 우리는 이따금 손에 상처를 입고 경험이 쌓이면 그것이 가벼운 상처인지 심각한 상처인지 쉽게 구별할 수 있다. 가벼운 상처 때문에 급하게 응급실로 달려가는 사람은 거의 없을 것이다. 사람들은 경험에 의해 상처의 심각성을 빠르게 판단할 수 있다.

> 진정한 바겐 헌터가 되고 싶다면 절대 감정이 개입된 투자 결정을 내려서는 안 된다. 바겐 헌터라면 투자자들이 무분별하게 행동할 때 그들의 오판을 최대한 이용할 줄 알아야 한다.

이와는 달리 주식을 능숙하게 다룰 수 있을 정도로 경험이 풍부한 투자자는 그리 많지 않다. 특히 가격이 하락하는 주식을 잘 다룰 수 있는 투자자는 거의 없다. 증시에서 투자자들은 아주 가벼운 상처에도 비명을 지르며 '응급실'로 달려간다. 일부 투자자들은 심각한 상처가 날 때까지 상처를 입을 수 있다는 가능성조차 감지하지 못한다. 그들은 정말 중요한 요인인 주가보다는 단순히 눈에 보이는 것에만 과잉 반응을 하고 일시적인 금전적 손실에 관심을 집중한다.

투자자들이 악재에 과민 반응을 보이며 보유 주식을 투매하게 되면 당

제2장 최고로 비관적일 때 투자하라

신이 매수할 수 있는 저가 주식의 양은 증가하게 된다. 이 주식들이야말로 바겐 헌터의 목표가 된다. 바겐 헌터들은 '감정적인 매도자'들이 제공하는 기회를 최대한 이용할 줄 안다. 이와 비슷한 사례로 기업의 실질 가치에 기준을 두고 투자하는 대신 뉴스나 단편적인 정보에 따라 투자하는 투자자가 존재하는 것도 바겐 헌터들에게는 유리하다.

여기서 중요한 것은 이렇게 잘못 인도된 투자자가 시장에 적지 않게 존재한다는 사실이다. 바꿔 말하면 그들은 당신에게 저가 주식 매입의 기회를 제공하며 높은 수익을 기대할 수 있게 한다. 존 템플턴은 농담조로 "우리 모두가 이 투자자들을 도와야 한다."라고 말한 적이 있다. 바겐 헌터로서 당신의 역할은 그들이 절망적으로 팔려고 하는 주식을 사 주고 그들이 필사적으로 사려고 하는 주식을 팔아줌으로써 그들의 편의를 적극적으로 도모하는 것이다.

> 바겐 헌터의 역할은 투자자들이 절망적으로 팔려고 하는 주식을 사 주고 투자자들이 필사적으로 사려고 하는 주식을 팔아줌으로써 그들의 편의를 적극적으로 도모하는 것이다.

존 템플턴은 증시에서 70여 년간 다양한 경험을 쌓았다. 그 덕분에 증시에서 저가 주식을 발견하는 능력이 제2의 천성이 되었다. 해가 갈수록 존 템플턴의 투자 능력은 놀랄 정도로 향상되었다.

앞서 설명했다시피 바겐 헌터들은 증시에 문제가 노출된 기업의 주식을 주로 매수하는 경향이 있다. 이때 이 '문제'는 투자자가 그 기업의 주식을 매도하고 주가를 하락하게 만드는 요인이 된다. 당신은 여러 기업을 평가하고 문제점을 파악하는 경험을 통해 작은 문제와 큰 문제를 구별하게 될 것이다. 또한 기업이 직면한 작은 문제에 증시가 지나치게 민감한 반응을 보이는 상황을 지혜롭게 이용하는 방법을 배우게 될 것이다.

더 많은 제품을 생산하기 위해 공장을 새로 짓는 기업을 예로 들어보자. 이 기업은 투자자와 애널리스트들에게 공장이 1년 내에 완공될 것이고, 현재 생산량의 25퍼센트를 더 생산하게 될 것이라고 발표했다. 애널리스트들은 다음해에 새 공장으로 인해 매출과 수익이 증대할 것이라 예상했다. 하지만 이 기업은 불행히도 공장 건설이 처음 계획보다 6개월 정도 늦어지게 되었다고 발표했다. 결국 애널리스트들은 매출과 수익 예상 금액을 줄이게 되고 공장 지연 소식을 발표한 이후 주가는 불과 몇 주 만에 30퍼센트나 하락하게 되어 주식 보유자들은 주식을 처분하게 된다.

여기에서 드는 의문은 '과연 이 문제가 일시적이고 단기간 내에 해결될 것인가?' 하는 점이다. 그에 대한 대답이 '그렇다'이면 과민 반응을 일으키는 이 작은 문제를 적극적으로 이용해야 한다. 주식 장기 보유자에게는 그 기업의 가치가 30퍼센트 하락한 것이 아니기 때문이다. 새로운 매출이 발생하기까지 조금만 더 기다리면 된다. 기업이 겪는 일시적 문제가 주가에 미치는 큰 변화를 적극 이용하는 것이 바겐 헌터에게는 가장 기본적인 전술이라 할 수 있다.

증시의 역사를 보면 현명한 투자의 길이 보인다

증시의 역사를 이해하는 것은 투자자에게 큰 자산이 된다. 물론 똑같은 상황이 반복되는 것은 아니지만 증시에 투자하는 투자자의 반응은 전형적이고 예측 가능하기 때문이다. 과거 증시의 역사를 보면 투자자가 예상치 못한 정보나 보도에 과민 반응을 보였다는 사실을 알 수 있다. 그들은 항상 그래 왔고 또 앞으로도 그럴 것이다. 이러한 사실을 이해함으로써 바겐 헌터는 예상치 못한 정보나 보도가 있을 때 저렴하게 주식을 매집할 수 있다. 그리고 바겐 헌터는 이러한 기회가 왔을 때 즉각적인 조치를 취할 수 있도록 예상 밖의 정보나 보도를 항상 기대하고 갈망한다. 주식을 광적으로 매도하는 놀라운 모습을 보는 것은 바겐 헌터에게 꿈 같은 일이다.

오랜 경험, 경기 그리고 누적된 정보에도 불구하고 존 템플턴은 실제로 초기 투자 행태를 유심히 관찰한 후에 비로소 투자를 시작했다. 이러한 유형의 무분별한 행동이 증시에서 계속 반복되고 있으며 바겐 헌터에게 훌륭한 기회를 제공하고 있다는 사실을 아는 투자자라면 이미 다른 투자자보다 유리한 고지를 선점한 셈이다.

때로는 이렇게 변덕스러운 시장의 움직임을 좀 더 단순한 방법으로 생각해 볼 필요가 있다. 예를 들어 당신이 수년 동안 여름마다 동네에서 레모네이드를 판매해 왔다고 가정해 보자. 하지만 당신은 이제 레모네이드 판매에 회의적이고 대신 잔디 깎기와 같이 좀 더 수입이 좋은 사업을 구상하고 있다. 물론 당신은 더운 여름에 레모네이드 매점이 높은 수익을 올린다는 사실을 잘 알고 있다. 여름이 끝날 무렵이면 200달러 정도의 매출을 올릴 수 있을 것이다(모든 자본가들도 여기서부터 시작한다). 당신은 매년 여름 레모네이드를 마시기 위해 들르는 수많은 고객을 확보하고 있고 그들은 매점이 없어진다면 분명 실망할 것이라고 생각한다. 그래서 레모네이드 매점을 당신의 친구에게 매도할 계획을 세운다. 매점과 레모네이드 분말과 증류수 병을 함께 팔 수도 있을 것이다. 충성스런 고객 덕분에 금방 돈을 벌 수 있을 것이라

> 현명한 투자자라면 반드시 증시의 역사를 알아야 한다. 똑같은 상황이 반복되는 것은 아니지만 증시에 투자하는 투자자의 반응은 전형적이고 예측 가능하기 때문이다.

고 약속했기 때문에 당신은 친구에게 원가보다 더 많은 돈을 지불하도록 설득할 수 있다.

당신이 레모네이드 매점 매수를 제안했을 때 친구는 이렇게 말한다.

"난 레모네이드를 좋아해! 그동안 저축해 놓은 돈이 좀 있으니 자네 매점을 인수하겠네. 난 큰돈을 벌게 될 거야! 레모네이드 매점에 100달러를 지불하겠네."

매도에 조금 자신감이 붙은 당신은 돈을 좀 더 받을 요량으로 다음과 같이 제안할 수 있다.

"매점을 매수하기 전에 이번 주 토요일에 내가 매점 운영하는 모습을 한번 보는 게 어떻겠나? 내 고객도 자네에게 소개해 주겠네. 그러다 보면 금방 사업에 대한 감각도 익히게 될 걸세. 그리고 자네가 사려는 것이 무엇인지 더 잘 알게 될 것이네."

협상이 원만하게 이루어지고 당신과 친구는 돌아오는 토요일에 만나기로 약속한다.

한편 이런 사실을 자랑하고 싶어 하는 당신의 친구는 학교에 가서 자기 친구들에게 주말에 매입할 레모네이드 매점에 대해 자랑을 한다. 그들은 모두 레모네이드 주스를 좋아하며 매점에 관심을 갖게 된다. 흥분한 그들은 토요일에 매점에 들러 상황을 보고 100달러 이상을 제안할, 그들 나름대로의 계획을 세운다. 마침내 토요일이 되자 예상대로 당신의 친구가 모습을 드러낸다. 그날은 평소보다 약간 춥고 날씨가 흐리다. 친구가 도착한 지 채 5분도 되지 않아 자전거를 탄 젊은이들이 매점을 향해 달려오는 모습이 보인다. 9명의 반 친구들이다. 그들이 매점에 도착할 때쯤 당신의 친구는 자신이 해야 할 임무를 깨닫고 다음과 같이 말한다.

"자, 이제 거래를 시작해 볼까. 이 레모네이드 매점에 100달러를 지불할 사람 있으면 나와 봐?"

당신이 대답을 하기 위해 입을 벌리기도 전에 친구 한 명이 "난 110달러를 지불하겠네."라고 제안한다. 그러자 또 다른 친구가 "난 120달러를 내지."라고 말한다. 그러자 기다렸다는 듯이 같은 반 여자애가 "난 125달러를 내겠어."라고 말한다. 옆에서 이런 상황을 지켜보고 있던 또 다른 뚱뚱한 친구가 "난 150달러를 지불하겠네."라고 말한다.

당신은 좀 놀라긴 했지만 잠재 구매자가 많아 매우 만족스럽다. 거래를 마무리하기 위해 입을 열려고 하자 갑자기 이상한 일이 발생한다. 매점에 빗방울이 떨어지기 시작한 것이다. 그러자 뚱뚱한 친구가 자전거를 타고 떠날 준비를 한다. 비가 몇 방울 더 떨어지자 125달러를 부른 여자애가 옷이 젖는다고 불평을 하며 자전거를 타고 떠나 버린다. 120달러를 제시한 친구는 한동안 잠잠하더니 당신을 보고 "비 몇 방울로 두려워할 내가 아니지."라고 말하지만 먼 곳에서 천둥소리가 들리자마자 얼굴이 창백해지며 자전거에 올라탄 다음 떠나 버린다. 그 사이에 당신은 물건이 비에 젖지 않도록 방수 천으로 매장을 덮기 시작한다.

이제 110달러를 제시한 친구와 남아 있던 그의 친구 3명은 모여 매장 매수에 관해 다음과 같은 말을 꺼낸다.

"지금 막 떠난 여자 친구 말이야. 학교에서 항상 A학점만 받던 친구야. 그러니 그 애는 분명 우리가 모르는 사실을 알고 있을 거야. 그 애가 매입을 안 하고 떠났으니 매장을 매입하는 건 별로 좋은 생각이 아닐 듯해."

또 다른 친구가 말한다.

"비 때문에 발이 젖었어. 이 레모네이드 사업은 아무래도 어리석은 생각 같아. 비가 오니 차라리 우산을 파는 게 낫지 않을까? 자, 레모네이드 말고 우산 사업이나 해보자."

그들은 여러 가지 이유를 대며 한꺼번에 매장을 떠난다. 100달러를 지불하고 매점을 매입하기로 한, 마지막 남은 당신의 친구는 비에 흠뻑 젖어 실망한 채 서 있다. 당신은 친구에게 괜찮은지 물어본다. 그는 당신에게 다음과 같이 말한다.

"나만 남기고 모두 가 버렸어. 어쩌면 아마 그 친구들 생각이 옳을지도 몰라. 내가 잘못 생각한 것 같아. 토요일마다 비가 오면 어떻게 되겠어. 오늘 손님이 한 명도 없었잖아. 이러다간 아무것도 못 팔고 100달러만 날리고 말 거야. 난 더 이상 매장을 살 생각이 없어. 너무 위험한 사업이야. 그리고 너도 보았듯이 아무도 레모네이드 매점에 관심을 두지 않잖아. 아마 그들이 맞을 거야. 다음 주 토요일에 날씨가 맑지 않다면 결국 망하고 말 거야."

말을 마친 다음 그는 자전거를 타고 유유히 사라진다. 당신은 그가 떠나는 뒷모습을 물끄러미 쳐다본다. 그때 우비를 입고 나무 아래서 이 모습을 전부 지켜보던 한 소년이 매점 근처로 천천히 걸어온다. 여전히 비가 오고 있지만 전처럼 그렇게 심하게 내리지는 않는다. 당신은 그를 보고 "아니, 어떻게 알고 우비를 챙긴 거니? 정말 똑똑하구나!"라고 말한다. 그 소년은 미소를 지으며 다음과 같이 말한다. "외출하기 전에는 항상 날씨를 확인하는 습관이 있어. 오늘 아침 일기예보에서 천둥 번개가 친다고 하더라고."

당신은 그 소년이 이런 말을 하며 나타나는 모습을 보고 레모네이드 매장에 관심이 있다는 사실을 어느 정도 알 수 있을 것이다. 어쨌든 그는 여기에 있고 다른 사람들은 다 가 버린 상태다. 무슨 말을 해야 할까 고민하던 찰나에 소년이 먼저 말을 꺼낸다. "지난주에 우연히 오늘 레모네이드 매점을 판다는 얘기를 들었어. 그래서 오늘 어떻게 되는지 보러 온 거야." 그는 계속해서 말을 잇는다. "다른 친구들은 모두 떠나고 매장을 살 사람이 없나 보군. 레모네이드 사업을 안 할 거라면 내가 살 수도 있는데……."

당신은 "좋아, 얼마에 사겠니?"라고 묻는다. 한동안 침묵을 지키던 소년은 "50달러 낼게."라고 말한다. 당신은 어이없어 하며 "50달러? 레모네이드 분말과 물값만 해도 50달러라고. 그럼 나머지를 그냥 달라는 거야?"라고 반문한다. 그 소년은 당신을 바라보며 "여기 남은 사람은 나뿐인 것 같은데. 난 50달러면 충분하다고 생각해." 당신은 절대 만족할 수 없겠지만 다음과 같이 말할 수밖에 없을 것이다.

"난 팔기를 원하고 남아 있는 사람은 너뿐이니 어쩔 수 없이 50달러에라도 팔아야겠다."

당신이 돈을 가지러 집에 가야 하느냐고 물으려고 할 때 그는 벌써 낡은 우비 주머니에서 고무 밴드로 묶은 돈 뭉치를 꺼낸다. 당신은 좀 당황스럽지만 50달러를 받고 우비를 입은 그에게 레모네이드 매장 소유권을 넘겨준다. 거래가 성사되고 30초도 되지 않아 한 무리의 소년들이 우산을 들고 나타나 매장을 산 친구에게 "레모네이드 매장을 사다니 넌 바보임에 틀림없어. 도대체 무슨 생각으로 그런 거니?"라고 묻는다.

이 이야기는 증시에서 반복적으로 발생하는 전형적인 사례를 잘 보여 준다. 즉 개인 투자자들은 어떤 이유에서든 특정 기업의 주식에 투자하기 위해 증시에 돈을 끌어들이고 그들 앞에 펼쳐지는 사건이나 주어진 정보에 따라 때로는 높은 가격에, 때로는 낮은 가격에 주식을 매매한다. 이때 가장 주목해야 할 점은 의사 결정 과정에서 거의 소수의 매수자와 매도자만이 이성적이고 논리적으로 행동한다는 사실이다. 매점에 온 거의 모든 잠재 매입자들이 폭풍우에 놀라거나 부정적인 반응을 보였다. 하지만 미리 날씨를 파악하고 비가 올 가능성을 예견한 매수자는 그 상황을 유리하게 이용하여 정상적인 경우보다 훨씬 저렴한 가격에 자산을 매입할 수 있었다. 이때 중요한 사실은 다른 사람들이 모두 좋지 않은 생각이라고 판단했는데도 불구하고 오직 한 사람만 그 레모네이드 매점을 매입했다는 점이다!

가치보다 낮은 가격으로 주식을 매수하는 바겐 헌터가 되고 싶다면 생각과 행동이 일치하지 않는 투자자들이 무엇을 생각하는지 반드시 알고 있어야 한다. 지극히 상식적인 것처럼 보이지만 주가가 크게 하락할 시기는 매도 물량이 많을 때다. 그리고 사람들이 주식을 파는 주요인은 사람들에게 그 주식이 인기가 없기 때문이다. 훌륭한 바겐 헌터라면 그 주식을 매수하는 게 옳은지 다수의 다른 투자자들에게 확인받을 필요가 없다. 인기 없는 주식을 매수하기 위해서는 독립적으로 생각하고 자기 자신의 판단에 따라 행동할 수 있어야 한다. 존 템플턴 같은 위대한 투자자들은 이런 능력을 선천적으로 타고났지만 대부분의 보통 사람들은 부단한 노력을 통해서 터득할 수밖에 없다.

> 가치보다 낮은 가격으로 주식을 매수하는 바겐 헌터가 되고 싶다면 생각과 행동이 일치하지 않는 투자자들이 무엇을 생각하는지 반드시 알고 있어야 한다.

마지막으로 레모네이드 매점 사례에서 기억할 중요한 점은 앞으로 닥칠 상황을 미리 예측하는 능력을 계발해야 한다는 점이다. 사람들은 스스로 예측하지 못한 일이 생길 때 두려워한다. 이런 일은 증시에서도 자주 발생한다. 물론 미래에 닥칠 사소한 모든 위험을 예측하고 확인하며 그에 대해 완벽하게 대처하는 것은 불가능하다. 하지만 누구나 예측할 수 있는 일반적인 위험에 대해서는 만반의 준비를 해야 한다.

레모네이드 매점의 경우 토요일에 비가 온다는 것은 누구든 예상할 수 있는 '일상적인 사건'이다. 모든 사업에는 '비'가 오는 날이 있을 수 있듯이 증시에서 거래되는 모든 주식에도 증시에 떠도는 '비구름'이 있다는 사실을 알아야만 한다. 문제없는 사업은 없다. 비구름의 특성과 그 비구름이 어떤 위험을 내포하고 있는지 이해하는 게 중요하다. 비가 조금 내리다 말 것인지 아니면 홍수가 되어 피해를 입힐지 알아야 한다. 투자에 관해 말하자면 열심히 연구하는 것 외에는 다른 방법이 없다.

따라서 주식을 매입하기 전에 반드시 해당 기업에 대해 철저히 연구해야 한다. 어떻게 운영이 되고 있고 판매를 촉진하는 요인과 이윤 확대를 가로막는 요인은 무엇인지, 또 실적의 기복이 심한 이유는 무엇이고 경쟁 상대에게는 어떻게 대처하고 있는지 알아야 한다. 주식 매매를 위한 의사 결정을 할 때 이러한 정확한 사전 정보가 있어야만 감정 개입을 차단할 수 있다. 이러한 자료들이야말로 나쁜 상황이 일시적인 것인지 또는 회사의 운명을 결정할 최악의 상황인지를 판단할 수 있는 능력을 키워 준다.

잠재적으로 회사의 운명을 좌우할 위험이 도사리고 있다면 언제든지 회사가 위험에 빠질 수 있다. 이러한 기업에 대한 정보를 사전에 축적해

> 주식을 사기 전에 그 기업에 대해 사전에 철저히 연구해야 한다. 이런 정확한 사전 정보가 있을 때에만 주식 매매를 위한 의사 결정을 할 때 감정 개입을 차단할 수 있다.

놓아야만 그 기업이 어려운 상황에 처해 주가가 떨어질 때 확신을 가지고 그 주식을 매수할 수 있다. 전망이 부정적인 상황에서 투자를 하는 경우에도 그 기업에 대한 정확한 정보를 가지고 있다면 심리적으로 흔들리지 않고 소신대로 밀고 나갈 수 있다. 결국 가치 투자에서는 성공의 대가를 미리 지불하는 것이라고 할 수 있다.

비가 올 때 사고 해가 뜰 때 팔아라

싼 가격에 레모네이드 매점을 매입한 행운의 소년은 다음 토요일 아침부터 사업할 준비를 한다. 그날은 일주일 전 토요일보다 날씨가 훨씬 좋다. 일기예보에 따르면 한낮에는 온도가 섭씨 32도까지 올라간다고 했다. 그는 사업 준비 때문에 이웃의 주민들과 가족들이 날씨에 관심을 기울이고 소풍, 자전거 타기, 미식축구 등을 하기 위해 계획을 세우고 있다는 사실도 알지 못했다. 매점을 정리하면서 살펴보니 우산을 팔러 다니던 소년들이 이렇게 청명한 날 우산을 가지고 무엇을 할 것인지에 대해 서로 말다툼하는 모습을 볼 수 있었다.

그때 몇몇 사람들이 매점에 들려 약간의 매출을 올려 준다. 머지않아 10명 정도가 줄을 선다. 그러자 옆에서 다른 장사를 하던 장사꾼이 "장사가 제법 되는데! 나한테 100달러에 넘기지 그래."라고 말을 건다. 우산을 팔던 소년 몇 명이 이 모습을 보고 매점 가까이에 자전거를 세운다. 그때 한 소년이 우산을 땅바닥에 내던지고 갑자기 그들 사이에 끼어든다. 그는 "잠깐만. 우린 120달러를 내겠어."라고 말한다. 이때 장사꾼은 소년이 버린 우산을 집어 들고 소년들을 향해 휘두르며 "무슨 소리야. 그럼 난 150달러를 내겠어."라고 소리친다. 그러자 그 소년들은 자신들이 200달러에 사겠다고 단정적으로 말한다. 이때 이 젊은 레모네이드 매점 주인은 주위를 둘러보고 더 이상 높은 가격을 부르는 사람이 없자 재빨리 200달러의 제안을 수락한다.

이 젊은 매점 주인은 이번 주 토요일에 큰돈을 벌 수 있었다. 그는 단돈 50달러에 산 매점을 불과 일주일 후에 200달러를 받고 판 것이다. 원래 투자액의 4배를 벌어들인 셈이다. 이때 일주일이라는 기간 동안 레모네이드 매점 가격이 크게 변한 이유를 확인하는 것이 중요하다. 레모네이드 매점의 실질 가치가 4배로 증가한 것일까? 물론 아니다. 변한 게 있다면 그것은 레모네이드 매점의 가치를 보는 투자자의 견해다. 다시 말해서 바뀐 것은 투자 환경(날씨)과 투자자의 견해(부정에서 긍정으로)다. 이 사례에서 우리는 투자자의 견해가 자산 가치를 결정하는 중요한 요소라는 사실을 알 수 있다. 주가에서 가장 극적인 변동은 종종 자산 가치의 실질적 변화보다는 투자자 견해의 변화에서 비롯된다.

성공적인 바겐 헌터가 되고자 한다면 투자자의 견해를 이용하는 법을 배워야 한다. 그렇게 하기 위한 한 가지 방법은 증시에 비가 올 때 주식을 사고 해가 뜰 때 팔 줄 알아야 한다. 그렇게 하다 보면 대다수의 투자자들이 당신과는 반대로 행동한다는 사실을 알게 될 것이다. 즉 그들은 주로 해가 뜰 때 주식을 사고 비가 올 때 판다. 그들이 그런 식으로 행동하지 않으면 전망이 좋지 않을 때도 주가는 결코 하락하지 않을 것이다. 단순하고 지극히 상식적인 말처럼 들리지만 바겐 헌터들은 투자자들이 심리적인 요인으로 인해 실제로 그렇게 하기가 쉽지 않다는 사실을 이미 경험한 적이 있을 것이다.

이러한 사례를 염두에 두고 1939년으로 되돌아가 보자. 당시 미국 경제는 또다시 논란에 휩싸였고 증시는 유럽에서 시작된 전쟁으로 연일 불안한 모습을 보였다. 이로 인해 주가는 지난 12개월 동안 하락세를 면치 못하고 49퍼센트나 폭락했다. 여기서 지금까지 언급한 사례들을 잘 생각해 보자. 바겐 헌터라면 단 12개월 만에 주가가 49퍼센트나 폭락했다면 경제 전망을 재고해야 할 것이다. 투자자들은 미국이 대공황 상태로 되돌아가고 있고 나치가 유럽에서 자유를 빼앗고 현대 문명을 파괴할 것이라고 생각했다. 당시 미국 투자자 사이에 조성된 여론은 매우 부정적이었고 그것이 다시 증시에 악영향을 미쳤다. 투자자들은 상황이 더 악화될 것이라는 믿음 때문에 주식을 투매하기 시작했다.

최악의 상황이 닥칠 것이라는 투자자들의 두려움에도 불구하고 존 템플턴은 이 상황을 예의 주시한 후 대부분의 투자자들과는 다른 결론을 내렸다. 첫째, 그는 이미 독일과 독일 지도자의 만행을 잘 알고 있었다. 이 책의 제1장에서 언급했듯이 로즈 장학금을 받고 베일리얼 칼리지에서 공부한 다음해에 그는 동창생과 함께 얼마 안 되는 돈을 아껴 가며 세계 여행을 떠났다. 1930년대 초 떠난 해외여행 중에 독일을 방문했고 그때 베를린 올림픽도 구경할 수 있었다. 그 후 나치가 주변 여러 나라를 공격하고 폴란드까지 침공하면서 유럽을 전쟁의 도가니로 몰아넣자 존 템플턴은 미국도 결국 전쟁에 휘말리게 될 것이라고 예측했다. 이러한 가정 하에 그는 미국의 개입으로 전쟁에 참여한 군인들에게 공급할 군수 물자 때문에 기업들이 바빠질 것이라고 믿었다. 그리고 존 템플턴은 경제 활동이 활발해지면서 장사가 잘 안 되던 기업까지도 전쟁의 혜택을 받게 될 것이라고 확신했다.

존 템플턴이 이런 견해를 갖게 된 것은 미국의 남북전쟁이나 제1차 세계대전 같은 전쟁이 발발할 때마다 군수 물자에 대한 수요가 증가하는 모습을 보았기 때문이다. 미국 기업들이 정부에서 필요한 금속, 의류, 식품 등의 공급 계약을 체결함에 따라 여러 항구에서 이 상품들의 해상 운송이 이루어지게 되면 전쟁으로 철도 관련 기업들이 혜택을 보게 될 것이 분명했다. 이런 근거에 따라 존 템플턴은 미국 경기 침체와 유럽에서의 전쟁으로 증시가 또 한 차례 폭락할 것이라는 투자자들의 예상에도 불구하고 전쟁으로 경제가 회생할 것이라고 미래를 밝게 전망했다.

이런 측면에서 보면 존 템플턴은 현 상황에 개의치 않고 장기적으로 시장을 내다보는 혜안을 가지고 있었다. 이 능력이야말로 성공적인 투자자와 평범한 투자자를 구별하는 중요한 잣대라고 할 수 있다.

모든 계란을 한 바구니에 담지 마라

당시 대부분의 투자자와 반대되는 견해를 가졌던 존 템플턴은 향후 경제가 호전될 것이라는 믿음 아래 이러한 사실이 아직 주가에 반영되기 전에 주식을 매수한 다음 때가 오기만을 기다렸다. 수년간 수행한 연구와 나치에 대해 직접 얻은 정보, 자유 수호를 위한 미국의 참전 의지와 역사적 전례를 통해 전쟁이 산업에 미치는 분명한 효과를 확신한 존 템플턴은 야심찬 계획을 세웠다. 주식을 사기 위해 돈을 차입하기로 결심한 것이다.

여기서 먼저 알아두어야 할 것은 존 템플턴은 그 당시까지 꾸준히 저축을 해 왔기 때문에 자신이 원하는 주식을 매수할 만큼 충분한 돈을 이미 가지고 있었다는 점이다. 하지만 그는 기업가들이 사업을 하면서 규칙적으로 자금을 차입한다는 사실을 염두에 두었다. 이런 관점에서 돈을 빌린다는 것은 의미 있는 일이었다. 즉 소비를 위해 돈을 빌리는 것은 아니기 때문이다. 이런 야심 찬 계획을 세운 존 템플턴은 페너 앤드 빈(Fenner and Beane) 사에 근무할 당시 상사였던 딕 플랫(Dick Platt)을 찾아가 자신의 생각을 설명한 후 1만 달러를 빌렸다. 당시 미국 증권거래소에서 1달러 이하로 거래되는 주식들을 매집할 심산이었다. 당시 많은 사람들은 존 템플턴이 취한 색다른 투자 전략에 놀랐다. 또 하나 그는 주가가 1달러 이하인 주식을 매수하면서 여러 종목의 주식을 사는 투자 전략을 구사했다.

이 투자 전략에는 두 가지 중요한 투자 아이디어가 내포되어 있다. 첫째, 존 템플턴의 펀더멘털 이론(fundamental thesis)에 따르면 아무리 사업이 잘 안 되는 기업이라도 전쟁에 의한 경제 회복으로 혜택을 받게 된다는 것이다. 존 템플턴이 관심을 가진 기업들은 아주 평범했지만 모두 문제가 있었고 경기가 회복되지 않으면 전망이 별로 없는 기업들이었다. 다시 말해 현 상태에서는 기대할 것이 거의 없는 기업들이었다. 그 당시 경제는 회복되기는커녕 더 악화되는 것처럼 보였기 때문에 전망이 없는 기업들은 증시에서 결코 대접을 받지 못했다. 그럼에도 불구하고 존 템플턴은 투자자들이 가장 부정적인 견해를 보이는, 증시에서 바닥권인 주식을 매수하는 모험을 감행했다.

이유는 간단했다. 이것은 그의 이론이 옳다면 미국 경기가 회복된 후 증시에서 그동안 좋은 성과를 내지 못하던 주식들이 크게 오를 거라고 확신했기 때문이다. 시장이 이 기업들의 전망을 긍정적인 것으로 재평가한다면 펀더멘털(fundamental, 국가 경제 따위에서 기본적인 내재 가치를 나타내는 기초 경제 여건―옮긴이)이 좋아지고 투자 심리가 되살아나 잠재 수익률이 크게 높아질 것이다. 그러므로 적자에 허덕이고 있다면 흑자로, 최악의 상황에서 최고의 상황으로 바뀔 잠재력이 있다고 볼 수 있다. 이 부정적 상황에서의 극적인 반전은 종종 높은 수익률을 보장한다. 이러한 상황에서 증시가 보는 기업의 가치와 경제가 회복되었을 때 예상되는 가치 사이에 존재하는 차이를 생각해 보는 것은 그리 어렵지 않은 일이다.

여기에서 주목해야 할 또 하나의 중요한 교훈은 존 템플턴이 여러 종목의 주식을 매수했다는 사실이다. 특정한 몇 개 종목을 사는 게 아니라 여러 종목을 매수함으로써 위험을 분산했다. 존 템플턴은 확률에 대해 잘 알고 있었다. 그리고 투자에 관한 자신의 아이디어를 거의 확률에 입각해서 이야기했다. 분산 투자를 했다는 것은 존 템플턴의 투자가 항상 성공적인 것만은 아니었다는 사실을 간접적으로 인정한 것이라고도 볼 수 있다. 어쨌든 그는 자신이 선정한 많은 종목 중에 실패할 종목도 있을 거라고 판단했기 때문에 위험을 최대한 분산하고자 했다. 실제로 이 거래에서 존 템플턴이 주식을 매수한 104개 기업 중 37개 기업은 이미 파산 상태였다. 그는 모든 계란을 한 바구니에 담는 대신 여러 바구니에 나누어 담아야 한다는 사실을 누구보다 잘 알고 있었다.

내가 뮤추얼 펀드 매니저로 일하는 동안 존 템플턴은 나에게 분산의 중요성에 대해 자주 이야기했다. 그는 다른 투자자들의 돈을 관리할 때도 분산 투자의 원칙을 고수했다. 그러나 나중에 언급하겠지만 펀드 매니저로서 다른 투자자들의 돈을 관리하던 일에서 은퇴한 후 자신의 돈으로 직접 투자를 할 때는 특정한 몇몇 종목에 집중 투자하는 것을 두려워하지 않았다.

여기서 한 가지 짚고 넘어갈 부분은 존 템플턴이 말하는 '분산'의 의미는 상황에 따라 조금씩 변했다는 사실이다. 그는 템플턴 펀드를 관리하는 동안 분산을 말할 때 어떤 때는 수백 주를 소유해야 한다고 말하다가, 어떤 때는 10주 이상을 소유해서는 안 된다고 말하기도 했다.

어쨌든 존 템플턴은 다수의 투자자들이 여러 종목에 분산 투자함으로써 위험을 최소화할 수 있다고 조언했다.

고수익을 올릴 최고의 기회를 잡아라

존 템플턴의 타이밍은 완벽했다. 기록에 따르면 그 나름대로의 국제 정세 전망에 의거한 첫 번째 투자는 그에게 상당한 수익을 가져다주었다. 그의 예상대로 유럽 전쟁은 제2차 세계대전으로 확대되었고 미국이 참전했으며 군수물자의 수요는 급증했다. 이 덕분에 존 템플턴은 1년 안에 빌린 돈을 전부 갚을 수 있었다.

이후 수년간에 걸쳐 존 템플턴은 투자한 1만 달러를 4만 달러로 불렸다. 그동안 그가 매수한 104개 종목의 주식 중에서 4개 종목만 수익이 없었다. 존 템플턴은 이 주식들을 평균 4년 정도 보유했다. 그가 평생 동안 보여 준 평균 주식 보유 기간은 5년 이상이었다.

존 템플턴이 1만 달러 거래에서 보유한 종목 중 미주리 퍼시픽 레일로드(Missouri Pacific Railroad)는 그에게 가장 큰 수익을 가져다준 것으로 알려져 있다. 이 주식은 주식 보유자들에게 연금처럼 현금 배당금을 지급하도록 설계된 우선주였다. 회사는 주식 보유자들에게 액면가 100달러의 7퍼센트인 7달러를 매년 배당금으로 지급했다. 존 템플턴이 이 회사의 주식을 살 당시는 파산 직전이었고 우선주가 주당 0.125달러에 거래되고 있었다.

존 템플턴이 예상했던 대로 철도 운송 사업이 활기를 띠면서 주가가 5달러로 급등했다. 약 3,900퍼센트 상승한 것이었다. 〈표 2-1〉을 보면 1940년대 이 회사의 실적이 얼마나 급변했는지를 알 수 있다.

〈표 2-1〉에 명시된 바와 같이 미주리 퍼시픽 레일로드의 매출과 순이익은 존 템플턴이 매수한 시점부터 급격히 증가했다. 회사의 수익이 급변한 사실을 고려하면 주가가 0.125달러에서 5달러로 급등한 이유를 쉽게 알 수 있을 것이다.

여기서 또 한 가지 중요한 사실은 반드시 동종의 다른 기업과 비교를 해봐야 한다는 것이다. 당시 미주리 퍼시픽 레일로드는 미국에 있는 유일한 철도 회사가 아니었다. 또 전쟁으로 인한 경기 회복에서 유일하게 혜택을 받은 철도 회사도 아니었다. 회사 운영이 원활하고 파산의 위험에 처하지 않았던 철도 회사도 있었다. 당시 성공적으로 철도 회사를 운영하고 있던 곳으로는 50년 동안 단 한 번도 적자를 내지 않았던 노퍽 앤드 웨스턴 레일웨이(Norfolk and Western Railway)가 있었다. 이 회사의 경우 주가가 하락할 위험이 매우 낮았기 때문에 투자자들에게는 아주 구미가 당기는 주식이었다.

하지만 두 기업을 비교해 볼 때 노퍽 앤드 웨스턴 레일웨이는 주가가

⟨표 2-1⟩ 미주리 퍼시픽 레일로드

	매출($MM)	매출 성장률(%)	순이익($MM)	순이익 성장률(%)
1939	83		-30	
1940	87	4.8	-13	56.7
1941	111	27.6	4	69.2
1942	178	60.4	31	675

오를 가능성이 훨씬 낮았다. 그동안 기업이 정상적으로 운영되어 시장에 이미 가격이 반영되어 적절한 주가가 형성되어 있었기 때문이다. 그 당시 정부는 높은 수익을 올리는 기업들에게 85.5퍼센트의 세율을 적용해 세금을 부과했다. 전쟁 탓에 큰 수익을 올리는 기업들을 대상으로 고율의 세금을 부과했던 것이다.

이와는 반대로 미주리 퍼시픽 레일로드같이 손실을 내고 있는 기업에는 세금을 부과하지 않았다. 그 해에 이익이 있더라도 누적 손실이 이월되어 넘어왔기 때문이다. 이와 같이 다소 특이한 세법 때문에 노퍽 앤드 웨스턴 레일웨이와 같이 지속적으로 이익을 내는 기업들이 전쟁으로 얻게 되는 혜택보다 미주리 퍼시픽 레일로드 같은 기업들이 더 많은 혜택을 받았다. 두 기업과 그들에 대한 세금 관계를 안다면 전쟁에 의한 경기 회복으로 두 기업이 얻게 된 수익의 차이를 쉽게 이해할 수 있을 것이다.

⟨표 2-2⟩에서 두 기업 사이의 순이익 성장률을 보면 미주리 퍼시픽 레일로드의 주주들이 노퍽 앤드 웨스턴 레일웨이의 주주들보다 더 높은 수익을 올리고 있다는 사실을 알 수 있다. 두 기업의 매출이 가장 높았던 1942년을 예로 들어보자. 그해에 미주리 퍼시픽 레일로드의 순이익은 675퍼센트 증가했지만 노퍽 앤드 웨스턴의 순이익은 21.4퍼센트 감소했

<표 2-2> 두 철도 회사에 관한 비교

	노퍽 앤드 웨스턴		미주리 퍼시픽		노퍽 앤드 웨스턴		미주리 퍼시픽	
	매출 ($MM)	매출 성장률(%)	매출 ($MM)	매출 성장률(%)	순이익 ($MM)	순이익 성장률(%)	순이익 ($MM)	순이익 성장률(%)
1939	93		83		30		-30	
1940	105	12.9	87	4.8	32	6.7	-13	56.7
1941	120	14.3	111	27.6	28	-12.5	4	69.2
1942	140	16.7	178	60.4	22	-21.4	31	675

다. 미주리 퍼시픽 레일로드의 순이익이 급증한 이유는 무엇일까?

첫째, 미주리 퍼시픽 레일로드의 매출 성장률이 더 높았다. 둘째, 노퍽 앤드 웨스턴 레일웨이와는 다르게 높은 세금을 납부할 필요가 없었다. 정부는 특별세라는 명목으로 노퍽 앤드 웨스턴 레일웨이에 높은 세금을 부과했다. 이 관계를 자세히 살펴보면 열악한 상황에 있는 기업의 주식을 매수하는 것이 더 현명하다는 사실을 알 수 있다.

물론 모든 것이 동일한 조건이라면 당연히 좀 더 나은 상황에 있는 기업의 주식을 사는 게 현명하다. 여기서 근거로 든 사례가 '언제나 열악한 회사의 주식을 사야 한다'고 주장하는 것은 아니다. 투자 결정을 내릴 때는 항상 융통성이 있어야 한다. 어쨌든 세법과 같이 중요한 고려 사항을 무시하거나 반드시 우량 기업의 주식만을 매수하는 투자자들의 경우 증시에서 황금 같은 기회를 놓칠 수 있다는 사실을 기억해야 한다.

존 템플턴이 파산 상태에 있거나 파산 가능성이 높은 기업의 주식을 매수한 사실에서 유추할 수 있듯이 그의 전략은 크게 두 가지로 나눌 수 있다. 즉 그는 가장 높은 수익을 올릴 수 있는 기업에 투자하기를 원했다.

그리고 정부가 세금 명목으로 수익의 대부분을 가져가 버릴 것 같은 기업은 피했다. 존 템플턴이 주식을 매수할 당시 미국이 아직 참전을 하지 않은 상태였고 높은 수익을 올리는 기업에 높은 세율을 적용하는 세법도 없었기 때문에 그의 통찰력은 매우 놀랍다고 할 수 있다.

하지만 존 템플턴은 역사 공부를 통해 미국 정부가 과거에 이와 같은 전시 과세(戰時 課稅) 제도를 시행했다는 사실을 이미 알고 있었다. 제1차 세계대전 동안 미국 정부는 높은 수익을 올리고 있던 기업에 높은 세금을 부과했다. 바겐 헌터들은 투자를 하기에 앞서 역사의 중요성을 인식해야 한다. 이 경우 존 템플턴이 우량 기업의 주식을 매수했다면 수익률은 기대 이하였을 것이 분명하다.

> 바겐 헌터들은 투자하기에 앞서 역사의 중요성을 인식해야 한다. 역사를 이해하고 다른 투자자들이 관심을 두지 않는 기업의 주식을 매수하면 큰 수익을 올릴 수 있다.

〈표 2-3〉은 기업에 따른 존 템플턴의 투자 수익의 차이를 잘 보여 주고 있다. 이 표에서 보는 바와 같이 두 그룹 중 첫 번째 그룹은 전쟁이 발발할 때까지 자주 적자를 기록한 기업이고, 두 번째 그룹은 전쟁이 발발할 때까지 계속 흑자를 기록한 기업이다. 표가 나타내는 수치는 1940년 이후 5년간에 걸쳐 이 기업들의 주식이 창출한 수익률이다.

〈표 2-3〉에서 볼 수 있는 바와 같이 열등 기업의 평균 수익률 1,085퍼센트는 우량 기업의 평균 수익률 11퍼센트를 크게 앞질렀다. 오른쪽 그룹이 장기간 적자 없이 운영이 된 우량 기업임에도 불구하고 당시 상황에서는 현명한 투자가 아니었다. 이 자료는 역사를 이해하고 다른 투자자들이 관심을 두지 않는 기업의 주식을 매수하면 큰 수익을 올릴 수 있다는 사실을 보여 주는 좋은 사례다.

〈표 2-3〉 성공한 기업과 성공하지 못한 기업 비교

1940년 이전 빈번하게 적자를 기록한 기업	5년간 주가 수익률(%)	1940년 이전 적자를 기록한 적이 없는 기업	5년간 주가 수익률(%)
센추리 리본 밀스	336	아메리칸 캔	7
콜로라도 앤드 서던 레일로드	3,785	컨솔리데이티드 개스 컴퍼니 (볼티모어 소재)	0
크로슬리 코퍼레이션	724	이스트먼 코닥	30
고담 호저리	900	제너럴 푸즈	7
켄 래드 튜브 앤드 램프	789	그레이트 애틀랜틱 앤드 퍼시픽 티	2
미주리 캔자스 텍사스 레일로드	58	파크 데이비스	3
레오 모터 카 컴퍼니	2,033	프록터 앤드 갬블	5
시보드 레일로드 6-45	1,080	팀켄 롤러 베어링	10
톰프슨 스타렛	344	유니온 카바이드	22
윌리스 오버랜드	800	하트퍼드 화재보험	23
평균	1,085	평균	11

주식, 언제 사고 언제 팔아야 하는가?

존 템플턴은 1939년 매수하여 평균 4년 동안 보유한 후 주가가 너무 올라 더 이상 상승하지 않을 것이라는 판단이 섰을 때 비로소 매도했다. 주가가 너무 올라 더 이상 가격에 매력이 없자 그의 기본적인 투자 원칙에 따라 매도한 것이다.

존 템플턴은 이 투자를 통해 엄청난 수익을 올렸음에도 불구하고 자신이 한 가지 실수를 저질렀다고 고백했다. 매도 시기를 좀 늦췄어야 했는데 너무 빨리 팔았다는 것이다. 미주리 퍼시픽 레일로드를 예로 들어보자. 존 템플턴은 이 주식을 0.125달러에 매수했다. 몇 년 후 이 주식은 주당 105달러까지 올랐다. 하지만 그는 이때까지 기다리지 못하고 미리 팔아 버렸던 것이다. 이런 실수와 장기간에 걸친 매매를 통해 존 템플턴은 보유 주식을 어느 시점에 매도하는 게 가장 좋은지 연구하고 그 방법을 개발해 냈다. 이것에 관해서는 이 책의 후반부에서 살펴보자.

그럼 이제 이 장에서 언급된 가장 중요한 교훈들을 다시 한 번 되짚어 보자.

첫째, 금융 관련 신문을 읽거나 전문 투자자가 출연하는 TV 프로그램을 보면 증시의 변동성에 대해 부정적인 견해를 가진 사람들이 많다는 사실을 알 수 있다. 하지만 지금까지 살펴본 바와 같이 '변동성'이야말로 주식을 저렴하게 매입할 수 있는 기회를 제공해 주는 가장 중요한 요소다. 변동성이 크면 클수록 저렴한 주식을 찾을 수 있는 기회는 더 많아진다. 당신이 저렴한 주식을 매수하는 투자자라면 변동성은 당신의 친구이고, 당신이 인기 있는 주식을 매수하는 투자자라면 변동성은 당신의 적이다.

둘째, 증시에 부정적인 시각이 팽배해 있고 기업의 가치와 주가가 많이 다르다면 바겐 헌터에게는 절호의 기회다. 기업의 가치에 비해 주가가 낮은 것은 주식이 헐값에 매도된다는 의미고 이 경우 주가는 더 떨어질 수 있다. 투자자들은 주식이 인기가 없을 때 시장에 내다 판다. 주식은 기업이 문제에 봉착했고 그 사실이 일반에게 알려졌을 때 인기가 없어진다. 당신이 바겐 헌터라면 문제가 무엇인지 정확히 파악하고 기업에 끼치는 영향을 면밀하게 조사해야 한다.

실제로 모든 기업들은 다양한 문제에 직면한다. 일부 기업들은 이 문제들을 잘 해결해 나가는 데 반해 또 다른 기업들은 해결하기 힘든 난관에 봉착하기도 한다. 이때 일시적인 문제로 어려움을 겪는 기업들이 최상의 투자 기회를 제공한다. 근시안적으로 주식을 사고파는 사람들은 일시적인 상황 변화에도 쉽게 당황하고 매도하기 때문이다.

현명한 투자자라면 기업이 수익을 내고 유지되고 있다면 경영을 계속할 수 있는 존재로 생각해야 한다. 당신이 기업을 이런 존재로 생각하고 기업의 미래에 대해 확신을 갖고 있다면 한 분기의 수익이 적자라고 해서 누군가가 매도하는 주식을 그냥 두지는 않을 것이다. 이러한 상황은 항상 발생하기 때문에 인내심을 가지고 기다리는 바겐 헌터에게는 언제나 수익 창출의 기회가 찾아온다.

> '변동성' 이야말로 주식을 저렴하게 매입할 수 있는 기회를 제공해 주는 가장 중요한 요소다. 변동성이 크면 클수록 저렴한 주식을 찾을 수 있는 기회는 더 많아진다.

마지막으로 바겐 헌터로서 당신의 잠재 수익은 주식 시장을 얼마나 비관적으로 바라보느냐로 결정된다. 전망이 나쁘면 나쁠수록 수익률은 더 높다. '최고로 비관적일 때 투자를 하라'는 이유가 바로 여기에 있다. 그리고 주식과 관련된 상황이 변할 때 큰 수익을 올릴 수 있는 기회가 만들어진다. 이를 달리 생각하면 증시가 극도로 비정상적일 때 이 비정상적인 견해를 이용해 투자해야 한다. 물론 이러한 사고방식이 반(反)직관적이라 생각할 수도 있다. 인간의 본능은 항상 최선의 것만을 추구하려고 하기 때문이다. 하지만 바겐 헌터로서 당신은 부정적인 견해를 야기하는 상황이 일시적이면서도 가장 비관적인 종목들을 찾아 나서야 한다.

존 템플턴은 항상 다음과 같이 말했다.

"투자자들은 항상 나에게 '전망이 좋은 주식이 어떤 것이냐?'고 묻는다. 하지만 이것은 잘못된 질문이다. 바람직한 질문은 '가장 전망이 좋지 않은 주식이 무엇이냐?'고 묻는 것이다."

존 템플턴의 가치 투자 전략

1. 주가와 기업의 가치는 다르다는 것을 명심하라.
2. 가장 매력 없는 주식이 가장 매력적인 사냥감이다.
3. 투자자들이 절망적으로 팔려는 주식을 사고 그들이 필사적으로 사려는 주식을 팔아라.
4. 투자자들이 무분별하게 매도할 때 그들의 오판을 최대한 이용하라.
5. 소문에 흔들리지 마라. 주식에 대한 자신의 판단을 믿어라.
6. 주식을 매입하기 전에 그 기업에 대해 철저히 연구하라.
7. 모든 계란을 한 바구니에 담지 마라. 분산 투자의 원칙을 지켜라.

INVESTING THE

TEMPLETON WAY

제**3**장

글로벌 시대, 해외 시장을 개척하다

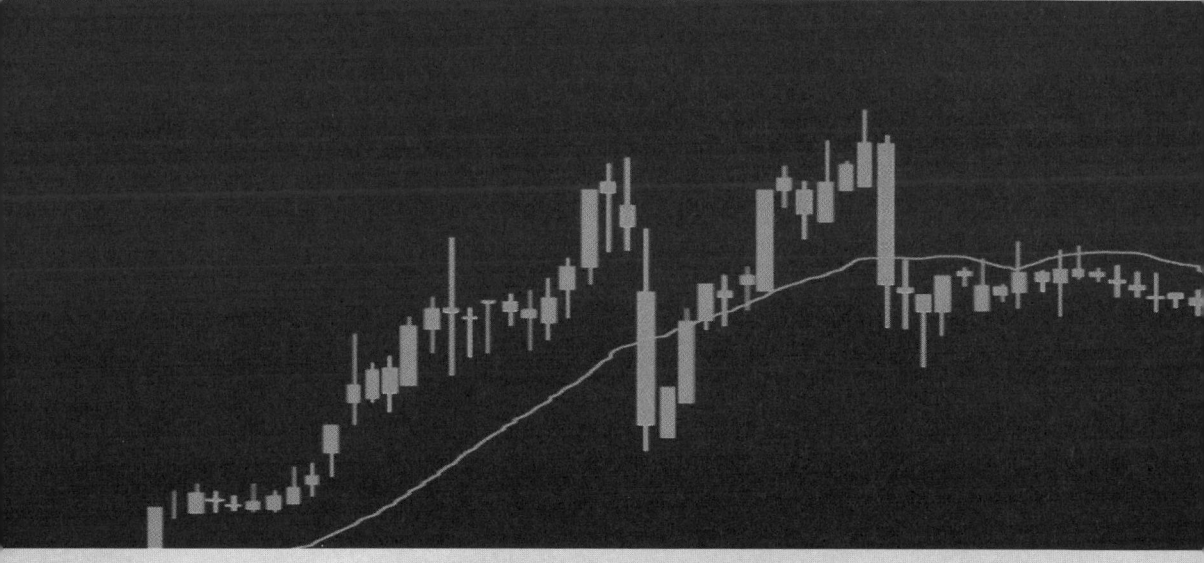

매력적인 저가 주식을 매수하고 싶다면 캐나다에서만 찾으려고 하지 마라.
물론 캐나다에서도 몇몇 저가 주식을 찾을 수 있을 것이다.
또 미국에서만 찾는다 하더라도 많지는 않지만 저가 주식을 매수할 수 있을 것이다.
하지만 왜 전 세계를 상대로 저가 주식을 찾으려고 하지 않는가?
우리는 이미 40년간 그렇게 해 왔다. 이제 전 세계가 우리의 시장이다!
— 존 템플턴, 1979년 11월

최근 들어 해외 주식 투자가 대세를 이루고 있다. 구체적으로 투자자들에게 미국 외의 다른 나라 증권 시장에 투자할 수 있는 기회를 제공하여 투자 자금을 불려 주는 뮤추얼 펀드(mutual fund)가 인기다. 오늘날 해외 투자가 크게 활성화되었지만 오랫동안 해외 시장은 미개척지였을 뿐만 아니라 투자자들에게도 잘 알려져 있지 않았다. 정확하게 표현하긴 어렵지만 당시 해외 투자는 '이색적인 발상'(foreign concept)으로 받아들여졌다.

분산 투자의 기회를 극대화하려면 해외 시장으로 눈을 돌려라

1954년 11월 존 템플턴은 템플턴 그로스 펀드(Templeton Growth Fund)를 시작하면서 해외 투자에 앞장섰다. 《포브스》에 의해 종종 '해외

'투자의 선구자'로 소개되었던 존 템플턴은 해외 시장에서 별 어려움 없이 저가 주식을 찾아냈다. 그가 저렴한 주식을 찾기 위해 미국 시장을 떠난 데는 두 가지가 이유가 있었다.

첫째는 매수 가능한 저가 주식의 선택의 폭을 넓히기 위해서였다. 바겐 헌터로서 당신의 목표가 증시의 주가와 당신이 계산한 기업의 가치 사이에 가장 큰 차이가 있는 주식을 매수하는 것이라면 전 세계를 대상으로 저가 주식을 찾아다니는 것이 좀 더 효과적일 것이다. 그렇게 하다 보면 선택할 수 있는 저가 주식의 종류가 기하급수적으로 늘어난다. 예를 들어 선택할 수 있는 주식의 종류가 미국에 3,000가지 정도가 있다면 전 세계적으로는 약 2만 가지가 된다. 그러므로 융통성을 가지고 전 세계 증시에서 투자처를 찾는다면 장기간에 걸쳐 성공할 확률은 더욱 높아질 것이다.

선택의 폭이 넓어지는 것 외에도 여러 나라를 상대로 하면 그만큼 수익률이 높은 주식을 찾기 쉬워진다. 만약 당신의 목표가 비관이나 두려움 또는 부정적인 견해에 의해 조성된 기회를 이용하는 것이라면 한 나라보다는 여러 나라를 대상으로 삼는 것이 더 좋을 것이다. 여러 나라를 둘러싸고 있는 전망과 견해가 각각 다르기 때문에 자산의 가치 역시 다를 수밖에 없기 때문이다.

> 전 세계 증시에서 투자처를 찾는다면 장기간에 걸쳐 성공할 확률은 훨씬 높아진다. 선택의 폭이 넓어지고 그만큼 수익률이 높은 주식을 찾기 쉬워진다.

바겐 헌터들은 주가와 기업의 가치 사이의 불균형이 극대화되기를 원한다. 그 결과 특정한 나라에서 불균형을 발견한다면 저가 주식을 매수할 수 있는 나라로 분류한다. 하지만 아무리 불균형을 보이더라도 감수해야 할 위험이 너무 크다면 대상 국가에서 제외해야 한다. 이러한 위험성 여부를 판단하는 것이 투자할 때 아주 중요한데 여기에 대해서는 이후 자세히 살펴보도록 하자.

이와 더불어 수익성이 뛰어난 저가 주식을 해외에서 매수하게 되면 자동으로 분산 투자의 이점을 누릴 수 있다는 장점이 있다. 역사의 전례에 따르면 모든 투자를 미국 같은 한 나라나 한 분야에 집중하는 것은 바람직하지 않다. 분산은 스스로를 보호하는 아주 훌륭한 방법이다. 분명한 사실은 누구도 주식 시장에서 목표로 하는 수익을 성취하기가 어렵다는 것이다. 분산 투자는 바겐 헌터로서 다양한 분야에서 투자 기회를 포착하게 함으로써 다른 투자자들보다 더 빨리 투자하게 하기 때문에 아주 훌륭한 전략이다. 이는 저가 주식을 매수하는 가치 투자자들에게서 볼 수 있는 아주 중요한 특징이다.

다수의 투자자들보다 앞서서 저가 주식을 매수함으로써 단기적으로 얻게 되는 이점은 가만히 앉아서 시장 상황이 호전되기를 기다리기만 하면 된다는 데 있다. 물론 때로는 몇 년을 기다려야 할지도 모른다. 심지어 바겐 헌터들은 가격이 계속 하락하는 주식을 매수하는 경우도 있다. 이런 이유로 바겐 헌터들에게 인내심은 중요한 가치일 뿐 아니라 그들이 반드시 가져야 할 중요한 특성이다.

투자에 대한 견해가 바뀌면 투자 분위기는 정말 순식간에 바뀌기도 한다. 따라서 투자하기 전에 투자 분위기가 바뀌기를 기다린다면 결코 다수의 다른 투자자들을 앞서갈 수 없다. 그렇게 하면 분위기가 바뀜으로써 얻게 될 엄청난 수익을 차지할 수 없게 된다. 존 템플턴은 항상 '투자 분위기는 순식간에 바뀔 수 있고, 만약 그때 투자하지 않는다면 당신은 어마어마한 배당금을 놓치게 될 것이다'라고 말하곤 했다. 한발 앞서 투자하면 증시의 평균 수익보다 훨씬 큰 수익을 기대할 수 있다. 하지만 다른

〈그림 3-1〉 연도별 투자 수익

1993	1994	1995	1996	1997	1998	1999	2000	2001	2002	2003	2004	2005	2006
홍콩 116.7%	일본 21.%	S&P 500 37.6%	홍콩 33.1%	S&P 500 33.4%	독일 29.4%	MSCI EM 66.9%	LB Agg 11.6%	LB Agg 8.4%	LB Agg 10.3%	독일 63.8%	MSCI EM 25.9%	MSCI EM 34.5%	독일 36.0%
MSCI EM 74.8%	MSCI EAFE 7.8%	러셀 2000 28.5%	영국 27.4%	독일 24.6%	S&P 500 28.4%	일본 61.5%	러셀 2000 -3.0%	러셀 2000 2.5%	MSCI EM -6.0%	MSCI EM 56.3%	홍콩 25.0%	일본 25.5%	MSCI EM 32.6%
독일 35.6%	독일 4.7%	S&P 500 23.0%	영국 22.6%	MSCI EAFE 20.0%	홍콩 59.5%	S&P 500 -9.1%	MSCI EM -2.4%	일본 -10.3%	러셀 2000 47.3%	MSCI EAFE 20.3%	MSCI EAFE 13.5%	영국 30.6%
MSCI EAFE 32.6%	S&P 500 1.3%	영국 22.6%	러셀 2000 16.5%	영국 22.4%	영국 17.8%	MSCI EAFE 30.0%	영국 -11.5%	S&P 500 -11.9%	영국 -15.2%	MSCI EAFE 35.6%	영국 19.6%	독일 9.9%	홍콩 30.4%
일본 25.5%	영국 -1.6%	LB Agg 18.5%	독일 13.6%	러셀 2000 22.4%	LB Agg 8.7%	러셀 2000 21.3%	MSCI EAFE -14.2%	영국 -14.1%	MSCI EAFE -15.9%	홍콩 38.1%	러셀 2000 15.3%	홍콩 8.4%	MSCI EAFE 26.3%
영국 24.4%	러셀 2000 -1.8%	독일 16.4%	MSCI EAFE 6.1%	MSCI EAFE 1.8%	일본 5.1%	S&P 500 21.0%	홍콩 -14.7%	홍콩 -15.6%	홍콩 -17.3%	일본 35.9%	독일 16.2%	영국 7.4%	러셀 2000 18.4%
러셀 2000 18.9%	LB Agg -2.9%	MSCI EAFE 11.2%	MSCI EM 6.0%	MSCI EM -11.6%	러셀 2000 -2.6%	독일 20.0%	독일 -15.6%	MSCI EAFE -21.4%	러셀 2000 -20.5%	영국 32.1%	일본 15.9%	S&P 500 4.9%	S&P 500 15.8%
S&P 500 10.1%	MSCI EM -7.3%	일본 0.7%	LB Agg 3.6%	홍콩 -23.3%	홍콩 -2.9%	영국 12.5%	일본 -28.2%	독일 -22.4%	S&P 500 -22.1%	S&P 500 25.7%	S&P 500 10.9%	러셀 2000 4.6%	일본 6.2%
LB Agg 9.8%	홍콩 -28.9%	MSCI EM -5.2%	일본 -15.5%	일본 -23.7%	MSCI EM -25.4%	LB Agg -0.8%	MSCI EM -30.7%	일본 -29.4%	독일 -33.2%	LB Agg 4.1%	LB Agg 4.3%	LB Agg 2.4%	LB Agg 4.3%

LB Agg = 리먼 브라더스 채권 지수
MSCI EM = 모건 스탠리 캐피탈 인터내셔널 신흥시장 지수
MSCI EAFE = 모건 스탠리 캐피탈 인터내셔널 유럽, 호주, 극동 지수
홍콩, 독일, 일본, 영국 = 모건 스탠리 캐피탈 인터내셔널 각국 지수
Russell 2000 = 러셀 3,000 지수의 2,000개 소기업들
S&P 500 = 주요 산업을 대표하는 500대 기업의 스탠다드 앤드 푸어스 시가총액 가중지수

출처: 《블룸버그》

다수의 투자자들과 함께 행동하거나 뒤를 쫓게 되면 잘해야 그들과 같은 수익밖에 올리지 못할 것이다. 또한 수년간의 연구 결과에 따르면 일반 투자자들의 수익은 종종 지수 평균에도 못 미칠 만큼 실망스러웠다. 어떠한 경우든 자금을 1개국 이상 분산해서 투자하여 투자에 따른 위험을 최소화해야 한다. 존 템플턴은 분산 투자의 이점에 대해 조언하면서 "분산 투자하지 않는 투자자들은 항상 있게 마련이다."라고 말했다.

분산 투자의 이점에 대해 회의적인 투자자들은 〈그림 3-1〉을 참조하라. 이 그림은 연도별 투자 수익을 보여 준다. 〈그림 3-1〉을 보면 세계 여러 시장의 실적이 좋았다가 나빠지고, 나빴다가 좋아지는 과정을 되풀이한다는 사실을 알 수 있다.

〈그림 3-1〉에서 보는 바와 같이 증시에서 '짐수레'를 말 한 마리에 의존하면 오랫동안 실적이 저조할 수 있다. 이에 반해 분산 투자를 하게 되면 좀 더 훌륭하고 안정된 결과를 기대할 수 있다.

저가 매수 전략과 분산 투자 전략의 환상적 결합

세계의 여러 시장들 간의 관계를 파악하기 위해서는 기회비용 면에서 생각해 보는 방법이 있다. 기회비용은 우리가 어떤 행동을 할 때 그 행동 대신에 다른 행동을 취함으로써 얻을 수 있는 이점을 포기해야 할 때 사용하는 개념이다. 주로 경제학과 경영학 등에서 자주 접할 수 있는 용어다. S&P 500 정도의 수익을 올린다고 가정할 때 미국 내에서만 투자를 한다면 기회비용이 매우 높다. 예를 들어 2002년 당신이 S&P 500에만 투자를 했더라면 22.1퍼센트의 손실을 기록했을 것이다. 이것은 S&P 500과 같은 손실을 기록했다는 사실을 의미한다. 반대로 여러 시장에 자금을 균등하게 분산 투자했다면 14.5퍼센트의 손실을 기록했을 것이다. 손실을 좀 더 적게 보는 것이 별것 아니라고 생각할지도 모르지만 은퇴 후나 자녀 교육을 위해 장기적으로 투자하고 있다면 손실을 조금이라고 줄이는 게 결과적으로 큰 차이를 가져올 것이다. 만약 당신이 2002년 S&P 500에만 투자를 했다면 10퍼센트의 수익을 포기한 것이나 다름없다.

이제 분산 투자와 저가 주식 매수를 하나의 전략으로 통합했을 때 어떤 이점이 있는지 실제 사례를 통해 살펴보자. 이 사례에서 우리는 약 40년간의 투자를 통해 사람들에게 부를 안겨 준 진정한 펀드 매니저를 만날 수 있다. 〈그림 3-2〉는 최고의 투자 기관 중 하나인 템플턴 그로스 펀드의 수익을 보여 준다. 존 템플턴은 이 펀드를 1954년부터 1987년까지 운용했다.

〈그림 3-2〉에서 볼 수 있는 바와 같이 당신이 운이 좋아 1954년 템플턴 그로스 펀드가 처음 시작할 때 1만 달러를 투자했다면 1992년 존 템플턴이 자신의 펀드를 프랭클린 리소시스(Franklin Resources) 펀드에 매각할 때에는 200만 달러 이상으로 불어나 있었을 것이다. 이 펀드는 이번 장에서 설명한 해외 투자에 대한 입문 자료와 제2장에서 언급한 저가 주식 매수를 기본 원칙으로 운영되었다. 〈그림 3-2〉에서 보여 주는 1만 달러의 성장은 지리적인 조건과 관계없이 증시에서 저가의 주식을 매수한 결과에 따른 것이다. 〈그림 3-2〉는 분산의 이점을 경험적으로 잘 보여 주고 있다.

물론 이 기간 동안 안전하게 미국 내에서만 투자할 수도 있다. 하지만

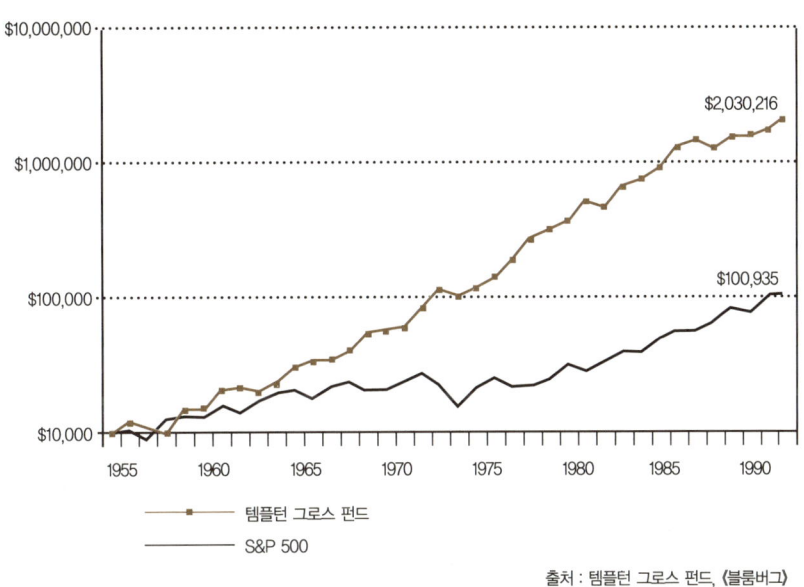

〈그림 3-2〉 1955년과 1992년 사이 템플턴 그로스 펀드와 S&P 500의 수익

출처 : 템플턴 그로스 펀드, 《블룸버그》

S&P 500에 투자했다면 1만 달러에서 10만 935달러밖에 수익을 올리지 못했을 것이다. 여기에서 기회비용의 개념을 적용하면 템플턴 그로스 펀드에서 벌어들인 190만 달러를 잃어버리게 된다. 이런 맥락에서 생각하면 미국으로 투자를 제한하는 것은 매우 어리석은 습관이다. 아마 자신의 증권 계좌에 수익으로 입금될 190만 달러를 마다할 투자자는 없을 것이다. 하지만 1954년 존 템플턴이 세계 시장에 투자할 때 투자에 동참하지 않은 투자자들은 S&P 500에 투자한 1만 달러마다 190만 달러를 포기한 것과 같은 꼴이 되었다.

템플턴 그로스 펀드가 큰 수익을 올렸기 때문에 투자자들에게 전 세계적으로 분산 투자하는 것이 유익하다는 사실을 이해시킬 수 있지만, 시장에서 최저가 주식만 매수하는 전략에 대해 여전히 의구심을 품은 투자자들에게는 어떻게 설명 해야 할까? 아마도 일부 투자자들은 분산 투자를 하지만 자신이 선호하지 않거나 주가가 지루한 횡보를 보인다는 이유, 단지 대중에게 잘 알려져 있지 않은 기업의 주식이라는 이유로 매수를 꺼리는 경우도 있을 것이다. 하지만 우리는 세계적으로 분산 투자를 하고 저가 주식을 매수하면 분명히 큰 수익을 올릴 수 있다는 사실을 분명하게 보여 줄 수 있다.

글로벌 기준으로 사람들에게 잘 알려진 MSCI 세계 지수는 1969년부터 지금까지 이와 관련된 데이터를 보여 주고 있다. 〈그림 3-3〉은 1만 달러를 투자했을 경우 템플턴 그로스 펀드와 MSCI 세계 지수와의 성장 차이를 비교한 것이다.

템플턴 그로스 펀드에 투자한 1만 달러의 수익률과 MSCI 세계 지수로 대표되는 해외 주식에 투자한 수익률 간의 실적 차이는 주목할 만하다. 1969년에 MSCI로 대표되는 주식이 아니라 템플턴 그로스 펀드에 1만 달러를 투자했다면 1992년까지 36만 3,949달러를 벌 수 있었을 것이다(이는 수익 분배금과 배당금을 재투자한 것으로 가정한 수치임). 하지만 만약 MSCI 세계 지수로 대표되는 주식에만 투자했다면 자산이 4만 9,713달러밖에 늘지 않았을 것이다.

여기서 중요한 것은 투자자들이 저가 주식 매수 전략을 사용하지 않거나 이 원칙을 따르는 펀드 매니저를 통해 투자를 하지 않음으로써 무엇을 포기해야 하는지 스스로에게 물어야 한다는 점이다. 존 템플턴이 운영한 펀드의 경우 여기에 대한 대답은 아주 간단했다. 즉 자신의 재산 중 31만

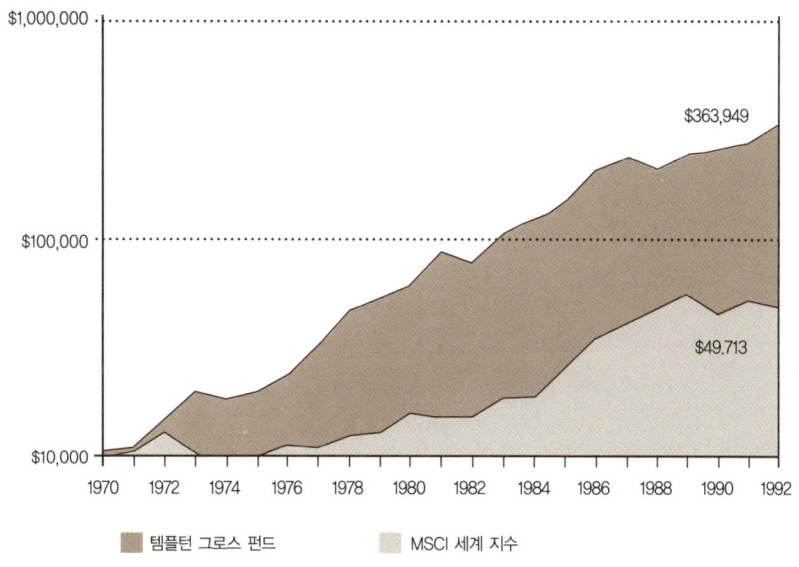

〈그림 3-3〉 1970년부터 1992년 사이에 템플턴 그로스 펀드와 MSCI 세계 지수에 투자된 1만 달러의 가치 변화

출처: 템플턴 그로스 펀드, 〈블룸버그〉

4,236달러를 자발적으로 반납하고 싶다면 그렇게 하라는 것이다. 물론 이것은 존 템플턴이 선택한 주식을 매수하여 증시 평균 수익률보다 훨씬 높은 수익을 올린다는 것을 가정하고 한 말이다. 바겐 헌터로서 전 세계를 대상으로 투자할 경우에 생각해 볼 문제는 우리가 주식을 반드시 전 세계를 대상으로 찾아야 하느냐 아니냐가 아니라 그렇게 할 수 있는 조건을 갖추고 있느냐 없느냐 하는 것이다. 그 대답이 '갖추고 있다'라면 당신은 충분히 전 세계적으로 활동하는 바겐 헌터가 될 수 있다.

〈그림 3-3〉에서 일부 투자자들이 간과할 수 있는 것은 1970년대 템플

턴 그로스 펀드의 뛰어난 실적이다. 1970년대는 여러 가지 악재들이 많아 투자자들에게는 참으로 어려운 시기였다. '니프티 50'(Nifty Fifty, 미국의 S&P 500지수에 편입된 종목 가운데 상위 50종목군을 일컫는 말-옮긴이)와 같은 우량 종목들도 등락을 거듭하며 투자자들에게 큰 손실을 입혔다. 또한 투자자들은 높은 인플레이션, 유가 파동, 부진한 경제 성장 등으로 어려움을 겪어야 했다.

이 10년간은 분산 투자와 함께 '바겐 헌팅'의 이점에 대해 많은 논란이 있었다. 1970년대 미국 증시는 이 10년이 시작하던 때와 끝나는 시점의 지수가 거의 같았다. 만약 1970년대 초에 다우 주식에 투자를 했다면 10년 내내 전혀 수익을 올리지 못한 셈이 된다. 인플레이션을 고려하면 구매력이 크게 저하되었기 때문에 자산 가치는 오히려 더 하락했음에 틀림없다.

〈그림 3-4〉는 이 기간의 미국 증시 상황을 잘 보여 주는데 여기에서 당신은 다음과 같은 의문을 제기할지도 모른다. "수익을 올리기 위해서는 주가가 반드시 올라야만 하는가?" 이에 대한 대답은 간단하다. "그렇지 않다."

바겐 헌터로서 당신이 전략을 올바르게 수행하고 있다면, 즉 기업 가치에 비해 가장 저렴한 주식을 매수하고 있다면 최고의 결과를 가져올 수 있는 기회에 효과적으로 투자하고 있는 셈이다. 가치에 비해 가장 저렴한 주식이 다우 지수든, S&P 500지수든 아니면 나스닥 지수에 편입된 우량 종목이든 꼭 그 수익이 증시의 실적과 같을 필요는 없다. 예를 들어 1980년대 초 존 템플턴이 미국 내 우량 주식에 투자했을 때는 이 주식의 주가 수익률이 장기 투자 평균 수익의 반 이하로 떨어졌을 때였다. 당신이 선

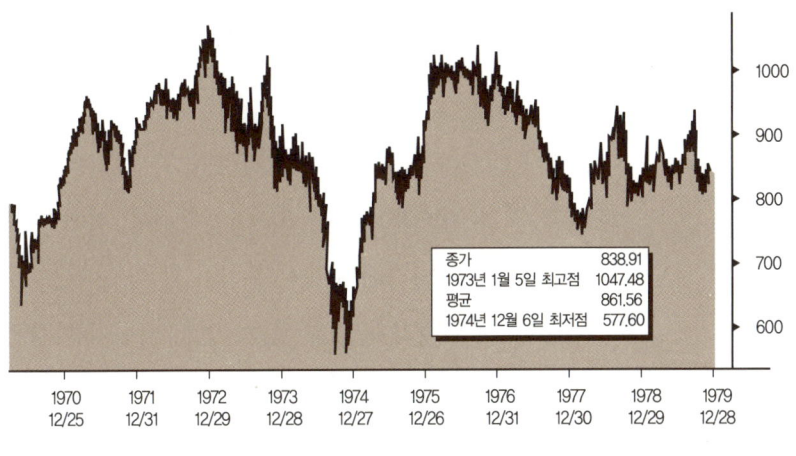

〈그림 3-4〉 다우존스 산업평균지수(1969년~1979년)

종가 838.91
1973년 1월 5일 최고점 1047.48
평균 861.56
1974년 12월 6일 최저점 577.60

출처: 《블룸버그》

택한 주식이 대부분의 투자자들에게 잘 알려져 있지 않고 그들이 매수하기를 원하지 않는 것일 수도 있다. 이런 상황에서 당신은 원하는 저가 주식을 찾아 매집하기만 하면 된다.

당신이 생각하는 기업의 가치보다 절반 이하의 가격으로 매매되는 주식을 전량 매수했을 때 자신이 매수한 주식 중에는 일본 같은 특정한 나라에서 거래되는 주식들이 대량 포함될 수도 있을 것이다. 이때 당신은 "일본 주식은 저렴하다."라고 자신 있게 말할 수 있다. 이러한 과정 속에서 당신은 한 나라에 대한 거시적인 경제 안목을 갖게 된다.

존 템플턴이 투자할 국가를 선택하는 능력이 탁월했다는 사실은 잘 알려져 있다. 하지만 한 나라에 대한 그의 판단이 그 나라에서 거래되는 주식을 기업 차원에서 집중적으로 연구한 결과라는 사실을 아는 사람들은 드물다. 우리는 이것을 '상향식'(bottom-up) 분석이라고 부른다. 즉 그는 투자처를 찾을 때 증시의 기본이 되는 개별 기업에서 시작했다. 투자자들이 존 템플턴에 대해 오해하는 부분도 바로 이 부분이다. 많은 투자자들은 존 템플턴이 나라 대 나라를 비교하여 그중 한 나라를 추천했기 때문에 거시 경제적 차원에서 두 나라를 비교하여 투자 결정을 내리는 것이라고 생각했다. 하지만 그는 가장 먼저 한 나라에 저렴한 주식이 많은지 아닌지를 조사한 다음 그 나라가 좋은 투자처인지 아닌지를 결정했다. 다시 말하면 한 나라에 대한 그의 견해는 그 나라의 GDP(국내총생산) 또는 고용 전망 등 하향식 분석에서 시작하는 게 아니라 상향식 분석을 종합한 결과라 할 수 있다. 즉 바겐 헌터들은 투자국을 선택할 때 가장 먼저 개별 기업에 대해 철저히 조사해야 한다.

주식 시장을 올바르게 판단하려면 증시의 지수가 아니라 매집하고자 하는 개별 기업을 조사해야 한다. 개별 기업의 주식을 보면 어떤 특정한 시점에 증시는 숱한 강세장과 약세장을 동시에 보여 준다. 실제로 개별 주식 하나하나가 곧 주식 시장이며, 각 주식의 주식 시장은 수많은 매수자와 매도자로 구성되어 있다. 이러한 개념을 적용하면 증시가 강세장인지 약세장인지와는 상관없이 높은 실적을 올릴 수 있는 주식을 어렵지 않게 찾을 수 있다.

때때로 이런 분석에 의해 투자를 하다 보면 당신의 실적이 다우 지수나 S&P 500지수 또는 MSCI 세계 지수 같은 증시의 지수들과 무관할 때가 있다는 사실을 알게 될 것이다. 이러한 관계는 매수한 저가 주식의 가격이 오르지만 지수가 떨어지는 모습을 보면 확실히 알 수 있다.

> 바겐 헌터들은 투자국을 선택할 때, 그리고 주식 시장을 판단 할 때 증시의 지수가 아니라 매집하고자 하는 개별 기업을 조사해야 한다.

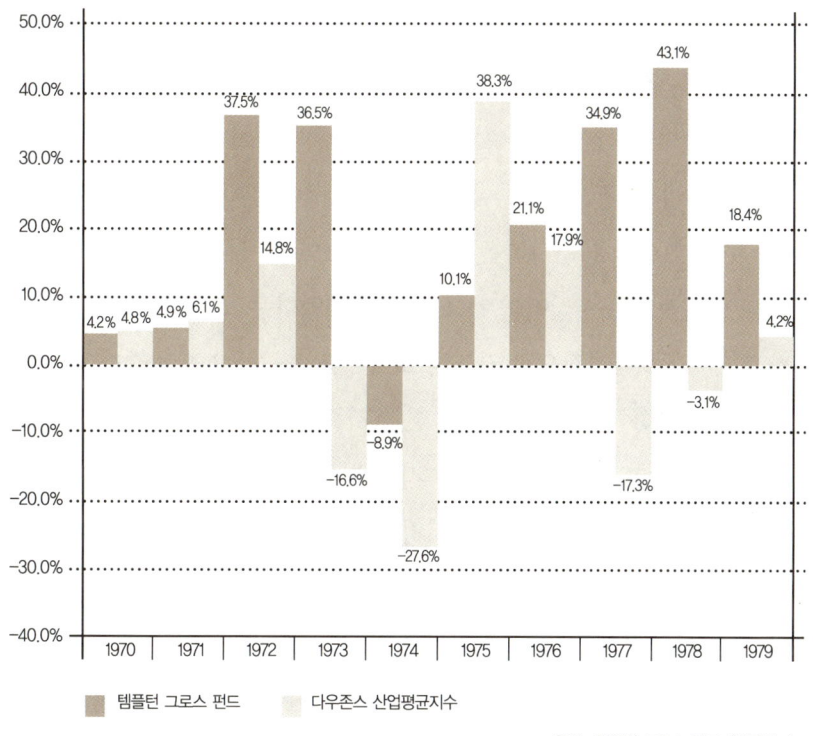

〈그림 3-5〉 1970년대 템플턴 그로스 펀드와 다우존스 산업평균지수의 연간 수익률

출처 : 템플턴 그로스 펀드, 〈블룸버그〉

 이와는 반대로 당신의 실적이 증시의 평균에도 미치지 못하는 때도 있을 것이다. 아무리 경험 많은 노련한 투자자라도 심리적으로 어려운 상황일 때가 있다. 다른 주식들의 실적이 시장 평균을 상회할지라도 자신이 투자한 주식의 실적이 시장보다 못할 때가 있다. 하지만 바겐 헌터로서 당신은 이미 저가 주식을 매수해 놓았기 때문에 시간이 지나가기만을 기다리면 된다. 이때 기억해야 할 것은 아무리 싼 가격에 매수했더라도 시

장에 비해 주가가 떨어질 수 있다는 사실이다.

　투자를 시작할 때부터 이 사실을 염두에 두고 단기 실적이 좋지 않더라도 심리적으로 흔들려서는 안 된다. 손실을 내고 있는 투자에서 가격이 오르고 있는 '좀 더 나은 투자'로 갈아타고 싶은 충동은 억제하기 힘들다. 하지만 처음의 분석과 판단이 옳다고 생각한다면 이러한 충동을 이겨내야 한다. 10여 년간 또는 그 이상 투자 활동을 해온 뮤추얼 펀드 투자자들 중 누구의 실적을 조사하든 그가 장기적으로는 시장의 수익을 능가했더라도 단기적으로는 실적이 저조할 때가 있었다는 사실을 알아야 한다.

　〈그림 3-5〉는 단기적으로 저조한 실적에도 불구하고 흔들리지 않고 장기적으로 투자하여 높은 실적을 올린 사례를 잘 보여 주고 있다. 1970년, 1971년 그리고 1975년도의 펀드의 저조한 실적 때문에 주식을 매도한 투자자들은 결과적으로 큰 실수를 저지른 셈이 되었다. 이 10년간 다우 지수는 4.6퍼센트의 수익을 올린 데 반해 템플턴 그로스 펀드는 22퍼센트의 실적을 올렸기 때문이다. 투자자들은 단기적인 실적 저조 때문에 가장 최악의 시점에 무의미하게 매도를 한다. 존 템플턴은 투자로 인한 심리적인 불안감과 관련하여 다음과 같은 조언을 했다.

　"주식을 매도할 가장 적절한 때는 스스로 가장 성공적이라고 확신할 때다."

정보 부족으로 창출된 투자 기회를 활용하라

　지금까지 우리는 실제로 세계 시장을 상대로 저가 주식을 매수하는 것이 왜 효과적인지에 대해 실례를 들어 살펴보았다. 하지만 아직까지도 세계 시장을 무시하고 미국에서만 투자를 하는 투자자들이 있다. 이런 견해는 존 템플턴이 1930년대 예일 대학교에서 공부할 당시 친구들 사이에 널리 퍼진 해외 투자에 대한 선입견만큼 우스꽝스럽기는 마찬가지다. 당시 투자에 대한 일치된 의견은 미국이 가장 주요한 투자 시장이자 가장 훌륭한 투자처라는 데는 변함이 없었다. 해외 투자와 관련해 가장 큰 불만은 해외 시장에 대한 정보가 부족하다는 것이었다. 특히 이머징 마켓(emerging market, 자본 시장 부문에서 급성장하고 있는 나라들의 신흥 시장 — 옮긴이)에 투자하려고 하는 경우 그 나라의 기업에 대한 정보가 부족한 것이 사실이다. 그러나 이런 상황에서 세계 시장에서 바겐 헌터로서 운명을 개척할 수도 있다. 당신은 운명을 어떻게 내다보는가? 아무런 소득을 얻지 못할까 겁이 나는가? 정보 부족이 두려운가? 아니면 이 정보 부족 상황을 다수의 투자자들에 앞서 투자할 절호의 기회로 삼는가?

영원한 낙관론자인 존 템플턴은 소매를 걷어붙이고 자신이 해야 할 일을 묵묵히 해냈다. 바겐 헌터들은 정보 부족 때문에 방치된 주식을 찾는 것이 저평가된 주식을 찾는 가장 효과적인 방법이라는 사실을 이해해야 한다.

일례로 존 템플턴이 1980년대 멕시코 전화 회사 텔레포노스 드 멕시코(Telefonos de Mexico) 주식을 매수한 것은 정보 부족을 활용한 대표적인 사례라 하겠다. 그는 당시 이 회사가 발표한 실적을 믿지 않았다. 그래서 이 회사에 대해 직접 알아보기 위해 멕시코에 공급되고 있는 전화기 숫자를 확인했다. 그리고 그 숫자에 국민이 지불하는 전화 요금을 곱했다. 이 일을 해내는 데는 엄청난 노력이 필요했지만 어쨌든 그 결과 이 회사의 가치에 비해 주가가 지나치게 낮다는 사실을 알게 되었다. 이 사례는 바겐 헌터들이 개별 기업에 대한 정확한 사실을 밝혀내기 위해서라면 무엇이든지 해낼 각오를 해야 한다는 사실을 잘 보여 준다.

앞서 우리는 제2장에서 주가의 형성이 기업의 가치를 결정하는 경제적 현실과 무관할 수도 있다는 사실을 확인했다. 그 때문에 여기서 언급한 정보 부족에 대한 이야기도 성공적인 투자를 위한 힌트로 받아들일 수 있을 것이다. 주식과 기업과의 관계를 잘못 이해하는 투자자들이 많다. 세계 시장에서, 특히 신흥 시장에서는 정보 부족으로 투자 기회를 놓치는 경우가 비일비재하다. 존 템플턴이 투자한 전화 회사의 경우 많은 투자자들이 정보 부족 때문에 투자를 하지 않았다. 이러한 이유로 투자자들이 그 주식을 회피했기 때문에 주가가 오르지 않았다. 그리고 다른 투자자들이 올바른 정보를 얻으려고 노력하지 않았기 때문에 존 템플턴이 훌륭한 투자 기회를 잡을 수 있었던 것이다.

여기서 중요한 점은 올바른 정보를 얻기 위해 남보다 더 노력하겠다는 의지가 있어야 한다는 것이다. 존 템플턴은 주식 투자뿐만 아니라 어떤 일을 하든 열심히 노력하는 것을 성공의 기본 원리로 생각했다. 그는 다른 사람들보다 더 열심히 노력하면 그에 대한 보상이 뒤따른다고 굳게 믿었다. 이 믿음은 "천재는 1퍼센트의 영감과 99퍼센트의 땀으로 이루어진다."라는 토마스 에디슨의 유명한 조언과 흡사하다. 존 템플턴은 어떤 분야에서 일하든 성공하는 사람과 그렇지 못한 사람 사이에는 큰 차이가 없다고 믿었다. 다시 말하면 가장 성공한 사람과 그렇지 못한 사람과의 차이는 1시간 더 책을 읽거나 1시간 더 교육을 받거나 1시간 더 공부를 한 차이밖에 없다는 것이다.

자신의 전문 분야에서 천부적인 재능을 지녔지만 성공하지 못한 사람들이 있다. 이것은 때때로 총명한 학생이나 선천적으로 능력을 타고난 선수들에게 그 총명함이나 선천적 능력 자체가 성공의 장해물이 될 수 있다는 것을 말해 준다. 이 논리는 투자뿐만 아니라 다른 분야에도 적용할 수 있다. 현명한 바겐 헌터들은 기업의 연례 보고서를 하나 더 읽고 그 기업에 대한 신문 기사를 한 번 더 읽고 경쟁 기업에 대한 정보를 한 번 더 조사함으로써 최고의 투자처를 찾을 수 있다는 사실을 알고 있다.

> 현명한 바겐 헌터는 기업의 연례 보고서와 그 기업에 대한 신문 기사를 하나라도 더 읽고 경쟁 기업에 대한 정보를 한 번 더 조사함으로써 최고의 투자처를 찾을 수 있다는 것을 알고 있다.

지난 30여 년 동안 해외 투자의 급성장으로 해외 시장 전문 애널리스트들이 다수 출현했고 그 덕분에 투자에 관한 수많은 연구 자료가 출간되었다. 늘어나는 해외 투자자들과 연구 자료들을 양산하고 있는 증권사 덕분에 시장의 비효율성은 줄어들고 있다. 하지만 아직도 시장에는 연구 자료가 턱없이 부족하거나 자료가 전혀 없는 기업의 주식들이 많다. 주식들을 열심히 연구하고 분석하겠다는 바겐 헌터들에게 이 기업들은 중요한 투자 대상이 될 수 있다. 연구 자료가 없는 해외 시장의 주식은 그 기업에 어떤 일이 일어나고 있는지, 시장이 그 기업을 어떻게 보고 있는지 알 수가 없다. 이런 기업을 찾아내는 것이야말로 해외 투자를 성공적으로 이끄는 지름길이다.

주가 수익률로 현재의 주가가 합당한지 확인하라

지금까지 저가 주식을 세계 시장에서 찾고 증시에서 정보 부족으로 창출된 투자 기회를 활용하는 방법을 살펴보았다. 이제 이렇게 발견된 주식들을 어떻게 평가해야 하는지 알아보자. 존 템플턴은 주로 주가 수익률(PER)을 이용했다. 일부 사람들 중에는 이 방법이 너무 단순하다고 생각할지도 모른다. 하지만 주가 수익률은 가치 평가의 기본이 되는 수치다. 존 템플턴은 낮은 주가 수익률을 확인한 후 1960년대는 일본, 1980년대는 미국, 1990년대 말에는 한국에 투자했다. 그가 세 나라에서 했던 투자는 아주 성공적이었다. 물론 낮은 주가 수익률을 보이는 주식이 모두 높은 수익을 보장한다고 말하는 것은 아니다. 여기서 핵심은 미래의 수익에 대해 가능한 한 돈을 적게 투자한다는 데 있다!

성공의 가능성을 끌어올리기 위해 평균 성장률보다 높고 평균 수익률보다 높으며 수익에 비해 주가가 아주 낮은 기업의 주식을 찾아야 한다. 그리고 시장에 대량 매물로 나오고 매수가 잘 이루어지지 않으며 투자자들에게 잘 알려져 있지 않고 시장에서 평가절하되어 있는 주식을 사면 투자에 성공할 가능성이 아주 높아진다.

존 템플턴은 현재 주가의 5배를 향후 5년간의 예상 수익으로 나눈 수치를 이용해 기업의 가치를 평가했다. 그리고 다음해 예상 수익의 1배 내지 2배를 지불하고 주식을 매수했다고 말했다. 주가가 폭락한 주식을 매수하는 전략이었다. 누가 뭐라 해도 바겐 헌터는 이런 식으로 주가가 잘못 책정된 주식을 찾아야 한다.

여기서 "향후 5년간 한 기업의 수익이 얼마가 될지 어떻게 확신할 수 있는가?"라는 질문을 던질 수 있다. 물론 이 질문에 정확하게 답변할 수 있는 사람은 거의 없을 것이다. 대부분의 애널리스트들은 그 기업이나 산업에 큰 변화가 없을 것이라는 전제하에 과거의 실적을 바탕으로 수익을 예측한다. 예를 들어 지난 10년간의 수익 평균이 5퍼센트지만 지난해에 7퍼센트의 수익을 올렸다면 보수적인 바겐 헌터들은 미래가 불확실하기 때문에 향후 5년간의 수익을 5퍼센트로 책정할 것이다.

이러한 보수적인 예측 방법으로 '안전 마진'(margin of safety)을 확보할 수 있다. 안전 마진은 벤저민 그레이엄이 처음 소개한 개념으로, 안 좋은 상황까지 고려하여 예측하는 것이다. 즉 5년이라는 기간 동안 주식 시장이 좋을 때도 있고 나쁠 때도 있다는 것을 염두에 주고 계산하는 것이다. 장기적인 안목을 가진 바겐 헌터들은 두 시나리오를 다 고려해야 한다. 평균 수익과 비교하여 주가가 낮다면 안전 마진이 있는 주식을 찾은 것이다.

5년간의 실적을 예측하는 게 쉽진 않지만 그렇게 하는 과정 속에서 당신의 생각을 정리하고 기업과 관련된 다양한 자료를 검토하고 논의할 수 있는 기회를 얻을 수 있다. 예를 들어 이 기업의 경쟁 우위는 무엇인가? 생산비는 저렴한가? 브랜드 인지도는 높은가? 그렇다면 경쟁 기업에 비해 높은 가격으로 팔릴 수 있는가? 이 모든 질문에 대한 답이 "그렇다."라면 그 기업의 수익이 미래에도 과거와 같은 수준을 계속 유지할 수 있을 거라고 예측할 수 있다. 뿐만 아니라 이것은 그 기업의 미래 수익을 판단하는 믿을 만한 근거가 된다. 미래를 정확하게 예측하려면 그 기업과 그 기업의 전망에 대해 좀 더 많은 정보를 입수해야 한다. 또한 그 기업에

> 존 템플턴은 현재 주가의 5배를 향후 5년간의 예상 수익으로 나눈 수치를 이용해 기업의 가치를 평가했다. 그리고 다음해 예상 수익의 1배 내지 2배를 지불하고 주식을 매수했다.

대해 좀 더 자세히 알기 위해서는 장기적인 계획에 대해 조사해야 한다. 장기적인 계획은 분기별이 아니라 연도별로 수립된다. 그 기업의 미래 수익을 정확하게 계산하기 위해 노력하다 보면 다른 투자자들보다 그 기업에 대해 더 많은 정보를 얻을 수 있다.

5년간의 수익을 고려함으로써 얻게 되는 또 하나의 이점은 시장에서 단기적으로 영향을 미칠 수 있는 근거 없는 소문에 심리적으로 흔들리지 않을 수 있다는 것이다. 기업의 일시적인 실적 저조로 인해 주가가 하락하는, 단기적인 주가의 변동성을 이용하는 방법에 대해서는 제2장에서 이미 언급한 바 있다.

한 기업을 장기적인 안목으로 바라보는 것은 공상을 하라는 것이 아니다. 또 단순히 펀드 매니저들이 광고에서 사용하는 마케팅 카피 정도로 생각해서도 안 된다. 이 말을 제대로 이해한 훌륭한 바겐 헌터들은 장기적인 안목을 가지고 투자하기 때문에 기업의 일시적인 문제에도 심리적으로 절대 흔들리지 않는다.

투자 리스크를 최소화하는 법

지금까지 전 세계를 대상으로 저가 주식에 투자함으로써 얻게 되는 이점에 대해 살펴보았다. 하지만 현명한 투자자라면 저가 주식 투자에는 항상 리스크가 따라다닌다는 사실을 잘 알 것이다. 이런 리스크 때문에 많은 해외 주식 투자자들은 안전하게 대형 투자 회사를 통해 소규모로 투자를 하고 있다. 전 세계를 상대로 한 투자에서 리스크를 제대로 이해하고 대처하기란 쉽지 않다. 대부분의 투자자들이 직면하는 주된 리스크 중의 하나는 주식을 매수하는 데 따른 환차손이다.

통화(currency)에 대한 존 템플턴의 조언은 통화의 추세가 수년간 한 방향으로 지속하려는 경향이 있다는 믿음에 근거를 둔 것이다. 뿐만 아니라 통화의 흐름은 리스크가 적은 쪽으로 끌린다는 것이다. 모든 통화가 리스크를 내포하고 있기는 하지만 존 템플턴이 가장 피하고 싶어 했던 리스크는 정부의 지출이 과도한 나라였다.

앞서 언급한 바와 같이 존 템플턴의 인생철학 중 하나는 검약과 절약을 실천하는 것이다. 그리고 그는 이러한 신념을 자신이 투자하고자 하는 나라에도 그대로 적용했다. 차관이 적고 저축률이 높은 나라는 환율 위험이 아주 적다고 할 수 있다. 안타깝게도 이 조건을 충족시키는 나라가 점차 줄어들고 있다. 민주주의가 발달하면서 점차 자유화되고 있는 나라에 투자하는 역설적인 상황 중 하나는 장기적으로 인플레이션이 지속되고 있다는 사실이다. 이 말은 존 템플턴이 민주주의나 기업의 자유를 지지하지 않는다는 뜻은 아니다. 하지만 민주주의 확산과 더불어 유권자들이 절약하지 않고 더 많은 돈을 지출하는 정치인을 선출하는 경향이 있기 때문에 인플레이션이 발생한다. 존 템플턴은 유권자들이 항상 지출을 많이 하는 정치인을 선호하고 그들이 원하는 것을 제공하지 않는 정치인은 다시 뽑지 않을 것이라고 믿었다. 민주주의 국가에서는 언제나 그래 왔다. 그리고 미국은 대표적인 소비 국가다. 이때 과소비로 인해 한 나라의 화폐 가치를 크게 떨어뜨릴 정도까지 지나치게 차관을 끌어들여야만 하는 상황에 처할 수 있다. 바겐 헌터들은 최악의 상황에 처했던 과거의 사례를 연구해야 한다. 아시아 금융 위기(1997년~1998년)와 아르헨티나 금융 위기

(2001년) 때 일부 국가가 채무불이행(default)을 선언했던 것 등은 좋은 사례가 된다.

지금까지 살펴본 바와 같이 투자할 때 반드시 피해야 할 곳은 과도한 부채가 있는 나라다. 바겐 헌터라면 이를 피하기 위한 지침을 미리 만들어 놓아야 한다. 존 템플턴은 수년 전 통화 리스크에 노출된 투자자들에게 리스크가 적은 나라의 특징을 확인하는 방법을 알려 준 적이 있다. 그것은 다음과 같다.

첫째, 리스크가 높은 국가의 기업을 피하고자 한다면 수입보다 수출 위주의 국가에서 조직의 25퍼센트 이상이 그 나라에서 사업을 하고 있는 기업에 집중해야 한다. 왜냐하면 수출국이 외환 보유고와 저축액을 증대시킬 수 있고 다른 나라로부터 상품을 수입함으로써 자국의 화폐 가치를 높일 수 있기 때문이다. 둘째, 정부 부채가 그 나라 GNP의 25퍼센트를 초과하지 않아야 한다. 그러므로 바겐 헌터들은 반드시 투자국의 자본 수지를 확인해야 한다. 과도한 부채를 떠안고 있는 나라가 야기하는 문제는 채권 국가나 투자자들이 돈을 돌려받지 못하거나 평가 절하된 화폐로 상환받게 되는 경우다. 채권 국가와 투자자들은 이를 두려워하기 때문에 과도하게 부채를 지고 있는 국가에 빌려 준 돈이나 투자 자금을 회수하기 위해 그 국가의 화폐를 받고 자산을 매도하게 된다. 이 매도가 그 나라의 화폐 가치를 하락시키는 원인이 된다.

바겐 헌터들이 고려해야 할 또 다른 리스크는 투자를 고려하고 있는 나라의 정치적 상황과 관련이 있다. 앞서 언급한 바와 같이 존 템플턴은 자유 기업과 자신의 이익을 추구하는 개인의 자유를 옹호했다. 존 템플턴은 젊은 시절에 읽었던 아담 스미스의 《국부론》에서 '자유 기업'의 개념을 처음 접했다. 그 후 그는 이 책을 매우 가치 있게 여겼으며 이 책은 그의 투자 성향에도 큰 영향을 끼쳤다.

존 템플턴은 항상 규제가 많지 않은 환경에서 투자하는 것을 좋아했다. 그는 증시를 그냥 두면 증시가 스스로를 통제할 것이라고 믿었다. 하지만 현실적으로는 대부분의 정부가 지나치게 관여하고 간섭하고 있었다. 이런 까닭에 존 템플턴은 자본주의나 자유 시장의 개념을 도입하여 정책을 추진하는 나라를 선호했고 가능하면 사회주의 체제를 피하고자 했다. 이 대표적인 사례로 중국을 들 수 있다. 중국은 공산주의 국가다. 하지만 지난 28년간 중국 정부는 시장을 개방해 왔고 최근 들어 자본주의를 적극적으로 받아들이고 있다. 중국과 대조적인 국가로는 베네수엘라를 들 수 있다. 이 나라는 민주 국가지만 대통령이 개인의 자산을 국유화하고 소유권을 민간 기업에서 국영 기업으로 전환하기 위해 권력을 행사하고 있다. 베네수엘라 정부는 급속하게 사회주의로 기울고 있다. 투자자에게 사회주의는 절대 좋은 투자 환경이 될 수 없다. 일례로 투자자들이 보유하고 있는 주식과 관련된 기업의 자산이 정부에 의해 몰수당할 수도 있다. 국유화된 자산의 경우 국영 기업들의 지속적인 투자가 이루어지지 않아 국유화 이전보다 실적이 크게 저하될 수 있다. 바겐 헌터라면 이런 상황은 반드시 피해야 한다.

존 템플턴은 투자자들이 경제적 목표를 자유롭게 추구할 수 있는 환경을 조성해 주어야 한다고 생각했다. 시장을 자유롭게 풀어 줘야 한다는 자유방임주의 또는 무간섭주의는 아담 스미스에 의해 널리 알려졌다. 이는 자본주의의 '보이지 않는 손'에 의해 최선의 기회가 주어졌을 때 투자를 하고 최악의 상황을 피하게 함으로써 전체적인 결과를 긍정적인 방향으로 이끌어 간다는 논리다. 정부가 사용하는 '강제적인 손'은 이 '보이지 않는 손'과 대조되는 개념이다. 중앙 집권 정부나 사회주의 정부에서 시장을 통제하는 손은 정부다.

'강제적인 손'에 의한 가장 안타까운 경제적 조치는 개인이 소유하고 있는 자산을 정부가 운영하는 국영 기업의 자산으로 소유권을 이전하는 경우다. 자유 기업의 체제와는 정반대되는 조치다. 또한 산업의 국유화로 경쟁이 결여되어 사람들은 무기력해지고, 그 결과 생산성은 저하된다. 기업의 구성원들은 기업이 어렵더라도 절대 파산하지 않을 것이라고 믿기 때문에 노력을 하지 않는다. 이런 마음가짐 때문에 기업은 몇 년, 심지어 자유 기업을 기반으로 시장에서 퇴출당하지 않기 위해 지속적으로 성장해야 하는 경쟁 사회와 비교할 때 수십 년 뒤떨어질 수도 있다. 따라서 자산의 국유화는 투자에 부정적일 수밖에 없으며 존 템플턴의 신념과도 맞지 않았다. 그는 자유 기업과 경쟁만이 진보를 가져온다고 믿었다. 기업은 계속해서 진보해야 한다. 또한 기술, 과학 등 사회 전반에 걸쳐 모든 분야가 성장과 진보를 거듭해야 한다. 경쟁이 없다면 진보도 있을 수 없다.

> 기업은 계속해서 진보해야 한다. 또한 기술, 과학 등 사회 전반에 걸쳐 모든 분야가 성장과 진보를 거듭해야 한다. 경쟁이 없다면 진보도 있을 수 없다.

지금까지 사례별로 여러 나라에서 저가 주식을 선택할 때 피해야 할 위험과 추구해야 할 전략에 대해 살펴보았다. 이런 위험과 전략을 고려한 후 바겐 헌터가 취해야 할 조치는 이것들을 하나의 전망으로 통합시키는 것이다. 다시 말해 정확한 분석을 통해 저가 주식을 발견하고 투자에 수반하는 리스크를 감수할 수 있다면 매수할 준비를 해야 한다. 어떤 경우 한 기업의 주가가 그 기업 가치의 50퍼센트일 수도 있다. 그리고 좀 더 조사한 결과 정부가 이 기업의 제품 가격을 통제하고 있기 때문에 제품 가격을 마음대로 올릴 수 없다는 사실을 알게 될 수도 있다. 이때 당신은 이 기업의 주식을 매수하고 싶은 마음이 사라지고 다시 리스크가 적은 저가 주식을 찾아 나서고 싶어질 것이다.

여기서 중요한 것은 저가 주식을 찾았을 때 그 주식의 주가가 왜 잘못 책정되었는지 알아내기 위해 노력해야 한다는 사실이다. 만약 단기적이거나 일시적인 문제로 주가가 잘못 책정되었다면 매수를 해도 좋다. 물론 그 기업이 사업을 하고 있는 나라와 무관하게 주식이 그 가치보다 저렴하게 책정되는 경우도 많다. 어떤 주식은 그 국가의 거시적 경제 환경에 대한 우려 때문에 가격이 낮게 책정되기도 한다. 예를 들면 성장이 더디거나 경기 침체 등과 같은 과거의 안 좋은 경험으로 인해 혼란에 빠진 투자자들이 환매함으로써 주식들이 크게 하락한 경우일 수도 있다. 어쨌든 주가가 크게 하락한 이유가 일시적인 이유 때문이라면 바겐 헌터들은 즉시 투자에 나서야 한다.

존 템플턴의 가치 투자 전략

1. 저가 주식 보유량을 늘이기 위해 전 세계 시장을 찾아다녀라.
2. 해외 주식 투자를 통해 분산 투자의 이점을 극대화하라.
3. 인내심은 바겐 헌터가 가져야 할 중요한 덕목이다.
4. 투자국을 선별할 때 먼저 개별 기업에 대해 철저하게 조사하라.
5. 주식을 매도할 가장 적절한 때는 스스로 가장 성공적이라고 확신할 때다.
6. 정보 부족으로 방치된 주식을 찾아라.
7. 주가 수익률로 현재 주식의 가치를 평가하라.
8. 과도한 부채가 있는 나라에 투자하는 것은 피하라.

다른 투자자들이 투매할 때 사고 탐욕스럽게 매수할 때 팔려면
어떤 상황 속에서도 흔들리지 않는 강인한 정신력이 필요하다.
하지만 그렇게 함으로써 엄청난 수익을 올릴 수 있다.

- 존 템플턴

INVESTING THE

TEMPLETON WAY

제 **4** 장

떠오르는 태양을 가장 먼저 발견하라

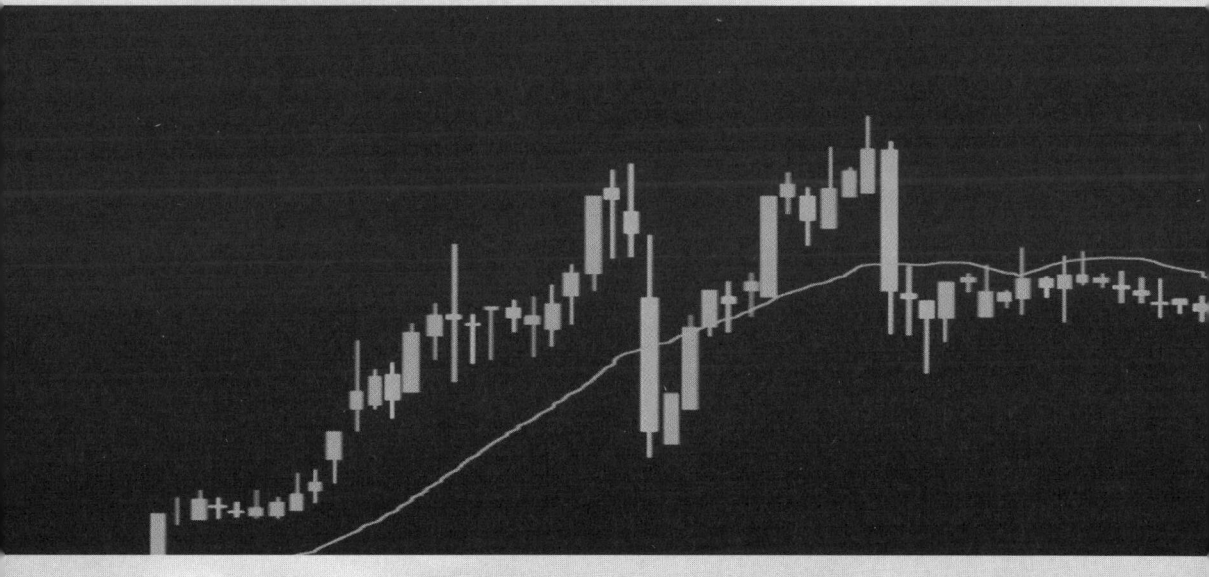

일본을 방문하여 그들을 보고 있노라면 마음이 흐뭇해진다.
50~60년 전까지만 해도 미국인들은 사업하는 사람을 높이 평가했으며
열심히 일하고 좋은 제품을 생산하는 것을 자랑스럽게 생각했다.
사람들은 토요일에도 일을 했으며 자신들이 몸담고 있는 기업을 자랑스럽게 생각했다.
현재 일본에는 이 모든 것이 존재한다.
앞으로 일본의 산업은 미국보다 2배는 빠르게 성장할 것이다.
— 존 템플턴, 1981년 9월

존 템플턴은 1981년 잡지 《월 스트리트 트랜스크립트》(The Wall Street Transcript)와 인터뷰하면서 일본에 대해 다음과 같이 언급했다.

일본을 방문하여 그들을 보고 있노라면 마음이 흐뭇해진다. 50~60년 전까지만 해도 미국인들은 사업하는 사람을 높이 평가했으며 열심히 일하고 좋은 제품을 생산하는 것을 자랑스럽게 생각했다. 사람들은 토요일에도 일을 했으며 자신들이 몸담고 있는 기업을 자랑스럽게 생각했다. 현재 일본에는 이 모든 것이 존재한다. 앞으로 일본의 산업은 미국보다 2배는 빠르게 성장할 것이다.

이때는 이미 일본 주식에 집중 투자하여 투자한 주식이 인기를 끌어 제법 수익을 올리고 있을 때였다.

존 템플턴의 일본 투자에 대한 언급은 그가 확신했던 사항들과 더불어 개별 기업과 기업의 공정한 가치 평가가 함께 이루어지는 것이 얼마나 중요한지를 잘 보여 주는 사례라 하겠다. 그는 1950년대와 1960년대 일본 기업들의 낮은 주가 수익률과 높은 성장률을 보고 일본에 대규모 투자를 시작했다. 그가 일본 주식을 보유하고 주가가 오를 때까지 장기간 기다릴 만큼 확신을 가질 수 있었던 것은 일본인들이 검소하고 집중력이 뛰어나며 열심히 일한다는 것을 알았기 때문이다. 일본 사람들은 이것을 몸으로 보여 주었고 이들을 고용한 기업들은 이 특성을 경제적으로 보여 주었다.

모두가 부정적인 견해를 보일 때 투자의 기회를 찾아라

대다수 미국인들은 1980년대가 돼서야 일본이 세계의 주요 경제 대국으로 부상하고 있다는 사실을 깨달았다. 미국인들은 제2차 세계대전이 끝나고 20년이 지날 때까지 이것을 예측하지 못했다. 이런 상황에서 존 템플턴이 제2차 세계대전이 끝난 직후인 1950년대부터 일본에 투자를 시작했다는 사실은 참 놀라운 일이 아닐 수 없다. 그가 일본에 막 투자를 시작할 그 당시에 일본에 대한 세계인의 시각은 두려움이나 감탄과는 거리가 먼 것이었다. 당시만 하더라도 대다수의 미국인들은 일본을 임금이 낮고 싸구려 제품을 생산하는 나라로만 인식했다. 미국 투자자들의 눈에 일본은 낙후된 나라로 보였을 뿐이다. 그 당시 섬유 수출을 하면서 덤핑 문제를 일으켰던 것 외에 미국인들에게 일본은 공산 국가들이 존재하는 지역에 자유 국가로서 존재한다는 것이 무엇보다 중요한 사항이었다.

대부분의 미국인들에게 일본은 경제적 열등 국가로 인식되고 있었음에도 불구하고, 일본인을 직접 만나 본 사람들은 이 나라가 싸구려 물건만 만드는 곳이 아니며 강력한 산업 국가로 부활하겠다는 야망을 갖고 있음을 쉽게 간파할 수 있었다. 실제로 일본인들은 생산 기술을 개선하기 위해 부단히 노력했고, 미국 소비자가 선호하는 제품이 무엇인지 잘 알고 있었다. 1950년대 뉴욕을 포함하여 미국 내 여러 도시에 무역 대표부를 설치했을 때 한 일본 정부 관리는 《뉴욕 타임스》와의 인터뷰에서 "무역 대표부의 설립 목적은 일본 기업의 무역 관행에 관한 미국 바이어들의 불만을 해소하고 일본 제품을 싸구려로 생각하는 미국인들의 인식을 긍정적으로 바꾸는 데 있다."라고 말한 적이 있다.

그로부터 6년 후인 1956년, 일본인들의 근면하고 검소한 생활 태도와 목표에 집중한 결과가 서서히 빛을 발하기 시작했다. 일본은 싸구려 제품을 생산하는 나라라는 인식을 불식시키고 점차 기술에 기반을 둔, 정교한 기계 설비를 생산하는 나라로 인식되어 갔다. 1956년 《뉴욕 타임스》는 일본의 이러한 변화를 다음과 같이 소개했다.

> 과거에 일본은 싸구려 소비재와 저가 섬유 제품에 집중했지만 지금은 아시아 시장에서 미국, 영국, 유럽 등과 경쟁할 수 있는 기계와 고급 제품을 생산하고 있다.

하지만 당시 이 기사에 귀를 기울이는 미국인은 거의 없었다. 이로부터 4년이 지난 후 일본은 눈부신 발전을 거듭하여 산업 강국의 대열에 서게 되었다.

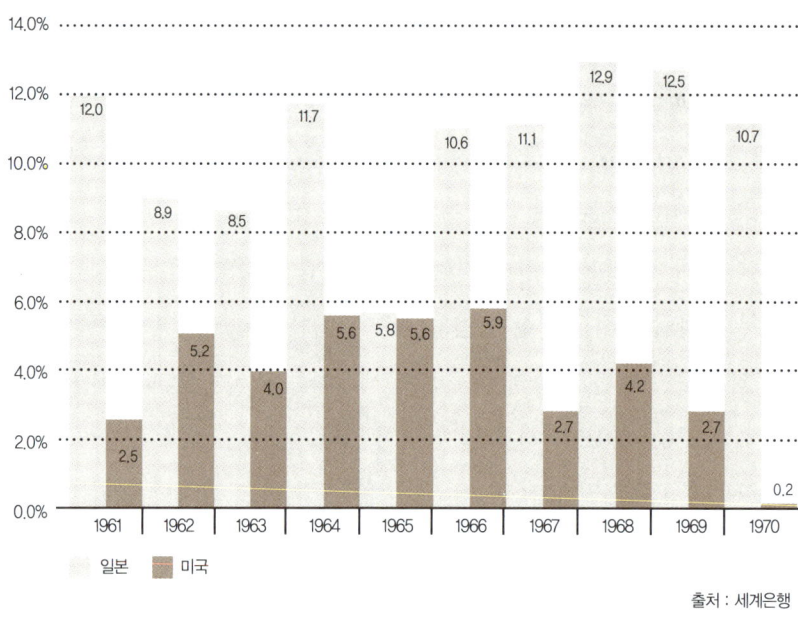

⟨그림 4-1⟩ 1961년~1970년 일본과 미국의 GDP 성장률

출처 : 세계은행

　1960년에 접어들 때까지도 미국에서는 일본이 고도로 산업화되었다는 사실을 아는 사람은 거의 없었다. 그해 6월 《뉴욕 타임스》에는 '일본 제품의 딜레마'라는 선견지명이 있는 기사가 실렸다. 이 기자는 미국 시장에 수출하고 있는 일본 제품을 보고 다음과 같은 기사를 썼다.

　　일본은 제2차 세계대전 후 세계적인 산업 강국으로 도약하는 것을 국가 최고 정책 목표로 삼고 있다. 여러 분야의 산업 발전에 투자를 해왔으며 카메라, 재봉틀, 트랜지스터라디오 등의 소비재뿐만 아니라 과학 기자재, 중장비, 금속 등의 산업재도 생산하고 있다.

〈표 4-1〉 통관 기준으로 작성된 일본의 수출품 백분율

	1955	1960	1968
식품	6.3%	6.3%	3.3%
섬유	37.2%	30.1%	15.2%
비철 금속과 광산물	4.8%	4.2%	2.5%
화학제품	5.1%	4.5%	6.2%
금속	19.2%	13.8%	18.1%
기계류	13.7%	25.4%	43.6%
기타	13.7%	15.7%	11.1%
	100.0%	100.0%	100.0%

출처 : 〈파이낸셜 애널리스트 저널〉

　이 변화의 기간 동안 일본 경제는 꾸준히 성장했고 1960년대의 고도성장의 발판을 다졌다. 1960년대의 일본을 자세히 알기 위해서는 GDP 성장률을 확인해야 한다. GDP는 재화와 용역의 최종적인 시장 가치를 말하며 한 국가의 경제 성장을 대변해 준다. 〈그림 4-1〉에서 보는 바와 같이 일본의 GDP는 평균 10.5퍼센트라는 높은 성장률을 유지해 왔다. 미국의 GDP를 일본의 것과 비교해 보면 큰 차이가 난다는 사실을 알 수 있을 것이다.

　그림에서 볼 수 있는 바와 같이 일본 경제는 미국 경제보다 2배 정도 빠르게 성장했다. 그럼에도 불구하고 투자자들은 이 사실을 알아차리지 못했다. 일본의 산업 강국으로의 변화는 언론의 보도 자료만 읽었어도 쉽게 알 수 있었다. 예를 들어 〈표 4-1〉에서 볼 수 있는 바와 같이 1955년부터 1968년까지 일본의 수출 상품에는 큰 변화가 있었다. 일본의 수출에서 섬유류가 차지하는 비중은 줄고 기계류의 비중이 크게 늘어난 것을 볼

수 있다. 기계류 수출 성장률이 26퍼센트로 섬유류 수출 성장률보다 3.5배가 더 빨랐다. 이는 일본이 싸구려 소비재를 생산하는 국가가 아니라 고도의 산업 국가라는 사실을 보여 준다.

일본이 산업 강국으로 변모하는 동안 대다수의 세계 투자자들, 특히 주식 투자자들은 한 사람을 제외하고는 모두 잠을 자고 있었다. 제2차 세계 대전 직후 일본을 방문한 존 템플턴은 일본인들이 검소하고 근면하다는 사실을 잘 알고 있었기 때문에 그들의 경제가 다시 회복될 것이라고 확신했다. 그들의 근면성과 절약 정신은 존 템플턴과 비슷한 데가 있었다. 1950년대 초 그는 이미 일본에서 영어를 할 줄 아는 주식 중개인을 소개받아 자신의 개인 돈을 일본 증시에 투자하기 시작했다. 하지만 1950년대에는 '해외 투자자들이 투자 자금을 일본 국외로 송금할 수 없다'는 일본의 외환 규정 때문에 고객의 돈은 투자하지 않았다. 존 템플턴은 자신의 개인 돈에는 기꺼이 리스크를 감수했지만 고객의 돈은 리스크에 노출시키지 않기 위해 최선을 다했다.

> 투자 자금을 해외로 송금할 수 없다는 리스크를 감수하고 존 템플턴이 일본에 투자했던 이유는 일본이 조만간 시장을 개방하고 외환 자유화를 시행할 것임을 확신했기 때문이다.

그가 투자 자금을 해외로 송금할 수 없다는 리스크를 기꺼이 감수하면서 일본에 투자한 이유는 일본이 조만간 시장을 개방하고 외환 자유화를 시행할 것임을 확신했기 때문이다. 그렇게 되면 일본 증시 투자자들은 자유롭게 투자 자금을 해외로 송금할 수 있게 될 것이다. 최첨단 산업 강국으로서의 야망을 실현하기 위해 꼭 필요한 조치였다. 그리고 존 템플턴은 일본이 세계 무역에서 중요한 역할을 하기 위해 계속 노력할 것이라고 판단했다.

1960년대 초 일본이 외국 투자자의 투자 자금을 해외로 송금할 수 있도록 기존의 규제를 완화함에 따라 존 템플턴의 믿음은 결실을 맺었다. 일본이 증시에서 외국 투자자들에 대한 규제를 완전히 철폐했을 때 그는 즉시 고객의 자금을 일본 증시에 투자했다. 바겐 헌터라면 경험이 많든 적든, 존 템플턴이 발견한 주식들이 주가 수익률(PER) 4에 거래되고 있었다는 점을 고려하면 그가 일본 증시에 서둘러 투자한 이유를 알 수 있을 것이다. 그 당시 미국에서는 주식이 평균적으로 PER 19.5 정도에 거래되고 있었다. 여기에서 일본 증시와 미국 증시의 차이에 대해 좀 더 자세히 살펴보자.

1960년대 초 일본 경제는 평균 10퍼센트의 성장률을 보였다. 그때 미국의 경제 성장률은 4퍼센트 정도였다. 즉 일본 경제는 미국보다 2.5배 빠르게 성장하고 있었다. 하지만 일본 주식은 평균적으로 미국 주식보다 80퍼센트 정도 싸게 거래되고 있었다(PER 4 대 PER 19.5). 이것은 엄청난 차이다(투자자들은 고성장의 가능성이 있는 기업을 선호한다). 어떻게 자산 가치의 차이가 이렇게 클 수 있었을까? 여기에는 여러 가지 이유가 있을 수 있는데 특히 당시 틀에 박힌 사고방식이나 단순한 오해와 관련이 깊다. 예를 들면 당시만 하더라도 해외 투자, 특히 1960년대의 일본처럼 이국적인 해외 투자는 너무 시대를 앞서가는 행동으로 간주되었다. 1960년대 말 《파이낸셜 애널리스트 저널》과의 인터뷰에서 다이와 증권(Daiwa Securities)의 연구 담당 중역인 사카타 신타로는 외국 투자자들이 일본을 기피하는 이유를 밝힌 적이 있었다. 이 기사를 읽은 바겐 헌터라면 존 템플턴이 1960년대 일본 시장이 왜 매력적이라고 생각했는지 쉽게 이해할 수 있을 것이다. 기사 내용을 그대로 인용하자면 다음과 같다.

주가 변동이 너무 심하다.

일본 증시에 관한 정보가 부족하다.

투자자들이 일본 시장을 기피한 이 두 가지 이유는 존 템플턴이 세계 시장에서 저가 주식을 매수하기 위해 찾아다니는, 바로 그가 원하던 시장의 기본 요건이었다. 하지만 전문 투자자들조차도 이 두 가지 이유로 투자를 꺼리고 있었다. 뿐만 아니라 선진국에서는 투자자들 사이에 일본에 대한 투자는 부정적인 견해가 대부분이었다. 그들은 이렇게 장담했다.

"일본에 투자를 해야 하는 이유가 뭐죠? 그들은 전쟁에서도 졌고 저임금의 공장에서 싸구려 제품을 생산하고 있죠. 경제적으로 결코 미국을 넘볼 수 없을 겁니다."

일본에 대한 이러한 견해는 옳지 못했을 뿐만 아니라 무지의 소치였다. 여기서 바겐 헌터들이 알아야 할 것은 무지한 투자자들이 존재하지 않았다면 기업의 내재 가치에 비해 주가가 그렇게 낮지 않았을 거라는 사실이다. 모든 사람이 존 템플턴처럼 일본에 아주 저렴한 주식이 있고 그 주식에 대한 조사 결과 향후 주가가 상승할 가능성이 아주 높다는 사실을 알았다면 다수의 투자자들이 매수할 것이기 때문에 저가 주식을 살 수 없었을 것이다.

존 템플턴 덕분에 일본에 대한 그 당시 투자자들의 태도가 얼마나 근시안적이었는지 알 수 있다. 철학자 키르케고르(Kierkegaard)는 다음과 같이 말했다.

"우리는 과거를 돌아봄으로써 현재에 일어나는 일을 더 잘 이해할 수 있다."

이 말은 투자에도 적용된다. 오해는 속된 지혜의 함정이다. 하지만 속된 지혜는 다수의 지지를 받는다는 점에서 긍정적일 수 있다. 그렇지만 투자 전략으로 속된 지혜를 사용하려 한다면 결코 일반 투자자들보다 더 나은 실적을 올릴 수 없을 것이다.

최소 비용으로 투자하려면 소외주에 주목하라

소외된 주식의 세계에 온 것을 환영한다. 이 영역은 바겐 헌터로서 당신이 가장 소중히 여겨야 할 성역이다. 대부분의 경우 소외주를 매수하려고 할 때 기업이 당면하고 있거나 한 분야의 산업이 직면하고 있는 문제에 관심을 기울일 필요는 없다. 좀 더 광범위한 시장에서 잘못 평가를 받고 있거나 투자자가 잘 모르는 주식을 찾아내기만 하면 된다. 당신은 투자자들이 왜 그 당시 일본에서 일어나고 있는 상황을 방관하거나 무시했는지 물을지도 모른다. 그리고 이제는 더 이상 그런 상황은 오지 않을 것이라고 생각할지도 모른다. 하지만 이 책의 제8장에서 1990년대 말과 2000년대 초 한국 시장에 대해 살펴볼 때 그런 믿음이 반드시 옳지만은 않다는 것을 확인하게 될 것이다.

중요한 점은 투자자가 주식, 산업, 증시 그리고 자산 가치 등에 대해 부정적인 편견을 보일 수 있다는 것이다. 이러한 편견은 투자자가 저가 매수에 대한 생각을 아예 하지 못하도록 만든다. 그리고 당신이 그런 주식이나 그런 주식을 다수 보유하고 있는 나라를 발견했다면 매수를 하기 전에 반드시 확인해야 할 사항이다. 가장 먼저 그 주식이 처한 상황을 조사하고 확인하라. 그렇지 않으면 일반 투자자들의 군중 심리에 이끌려 소극적으로 투자하게 될 것이다. 일본의 경우 1950년대와 1960년대의 상황은 다수의 투자자가 국가 경제가 어떻게 변하고 있는지 깨닫지 못했기 때문에 발생한 것이다. 현재의 일본을 만들어 낸 펀더멘털의 변화는 1970년대나 1980년대가 아니라 2차 세계대전이 끝난 후 20년 동안 이루어졌다. 1970년대와 1980년대에 그 변화의 결과가 모습을 드러냈을 때 다수의 투자자들은 존 템플턴보다 10단계나 뒤떨어져 있었다. 이때 그는 이미 일본에서 큰 수익을 올리고 다른 나라에서 새로운 기회를 찾고 있었다.

경제의 펀더멘털 사이의 관계를 생각하는 또 다른 방법은 그들이 '쓰나미'와 비슷하다는 사실을 이해하는 것이다. 쓰나미란 해안에서 수백 마일 떨어진 해저에서 발생한 지진으로 인해 생기는 해일을 말한다. 일본의 경우 지진은 1950년대 국가가 재건을 시작할 때 발생했다. 그 후 20년 동안 해일은 해저 깊은 곳에서 조용히 다가오고 있었다. 대다수의 투자자들이 무슨 일이 일어나고 있는지 간파하고 일본에 관심을 가질 때는 이미 해일이 해안을 강타한 후였다. 1980년대 투자자들이 일본을 경제 대국으로 인정할 때까지 기다렸다면 대다수의 일반 투자자들과 함께 '막차'를 탔을 것이다. 이러한 지진은 자주 발생한다. 하지만 소외주를 손에 넣기 위해서는 해안에서 멀리 떨어진 바다에 나와 있어야 한다. 다른 사람들처럼 한가롭게 휴식을 취하며 해변에서 해일을 기다려서는 안 된다.

당신에게는 소외주를 찾아다니는 투자자로서 심리적 전술이 필요할 것이다. 소외된 주식은 참을성 있는 투자자에게 보답을 해준다. 보유 기간

> 소외주를 매수하는 것은 낚시를 하는 것과 유사하다. 때로로 물고기가 어디에 있는지 어떤 미끼를 사용해야 하는지 알고 있지만 앉아서 고기가 입질할 때까지 기다려야 한다.

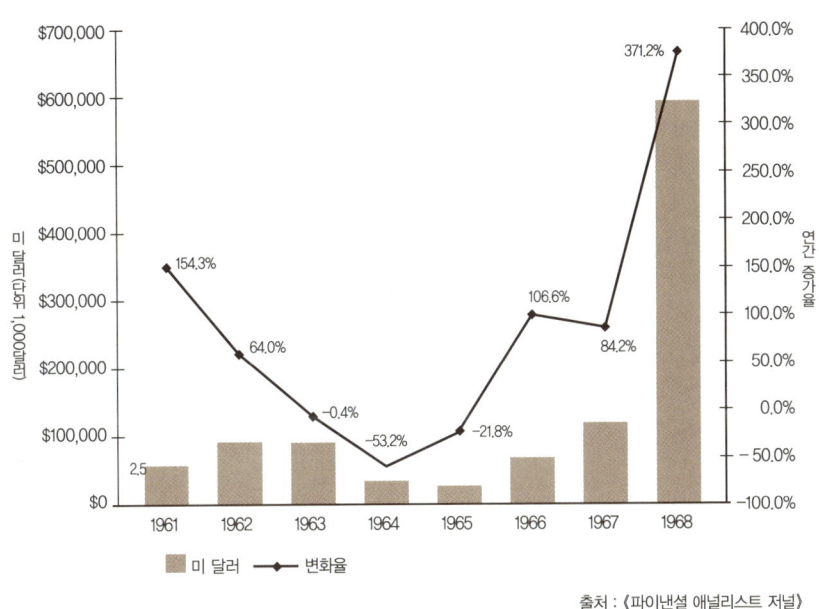

〈그림 4-2〉 1961년 ~ 1970년 일본에 유입된 외국인 투자 규모

출처 : 《파이낸셜 애널리스트 저널》

이 수년이 될 수도 있다. 존 템플턴의 경우 1960년대에 선견지명이 있었기 때문에 1960년대 후반과 1970년대의 실적이 미국의 펀드 매니저들을 크게 앞질렀다. 소외주를 매수하는 것은 낚시를 하는 것과 아주 비슷하다. 때때로 당신은 물고기가 어디에 있는지 어떤 미끼를 사용해야 하는지 잘 알고 있지만 앉아서 고기가 입질할 때까지 기다려야 한다. 상황이 좋지 않아 물고기가 미끼를 물지 않을 수 있다. 당신도 잘 알다시피 상황은 항상 바뀐다. 물고기가 언제 미끼를 물지 예측할 수 없다. 물고기에게 미끼를 물어야 할 때를 이야기해 줄 수도 없다. 하지만 결국 그들이 물기 시작하면 당신은 모든 낚시꾼의 부러움을 살 것이다.

제4장 떠오르는 태양을 가장 먼저 발견하라

〈그림 4-3〉 1969년 템플턴 그로스 펀드

**템플턴 그로스 펀드,
1969년 가장 높은 수익률 기록**

리퍼 사 연구 결과 19% 수익률
회사는 평균보다 하위

펀드 평가 기관인 미국 리퍼 사가 어제 발표한 자료에 의하면 토론토에 위치한 소규모 뮤추얼 펀드인 템플턴 그로스 펀드가 1969년 최고의 수익률을 기록했다. 자산이 670만 달러에 불과한 템플턴 그로스 펀드는 지난해 19.38퍼센트의 수익을 올렸으며 리퍼 사가 조사한 376개 펀드 중에서 1위를 기록했다. 1968년에는 19위에 불과했다.

– 로버트 허시 주니어(Robert D. Hershey Jr.)

1969년 실적에 따른 최상위 25개 뮤추얼 펀드

1969 Rank	Fund	at 9/30/69 (in millions)	% chge. in 1969	1968 Rank
1.	Templeton Gr. Fd.	$6.7	+19.38	19
2.	Loomis-S. C. & I.	21.0	+11.04	89
3.	United F. C. & I.	10.0	+10.76	123
4.	Vantage-Ten-N. F.	0.9	+ 8.62	(B)
5.	Conn. W. Mutual	0.5	+ 7.60	11
6.	Insur. & Bk. S. F.	2.9	+ 6.22	31
7.	Chemical Fund	532.0	+ 5.89	273
8.	Scudder I. Invest.	16.2	+ 5.54	98
9.	Trustees' Eq. Fund	2.7	+ 5.12	34
10.	Natl. Inv. Corp.	735.0	+ 4.38	253
11.	Natl. Western Fd.	0.3	+ 3.93	126
12.	T. Rowe P. G. Stk.	556.9	+ 3.68	251
13.	W. L. Morgan G. F.	14.2	+ 3.30	(B)
14.	Canadian Fund	27.8	+ 3.14	145
15.	Boston C. S. Fund	35.7	+ 2:15	62
16.	Rochester Fund	0.4	+ 1.91	(B)
17.	David L. Babson I.	25.4	+ 1.34	118
18.	Johnston Mut. Fd.	129.9	+ 0.53	259
19.	Mass. Inv. Gr. Stk.	1201.1	+ 0.17	301
20.	Investors Sel. Fund	30.9	— 0.13	277
21.	Putnam Inv. Fund	293.7	— 0.35	190
22.	Horace Mann Fund.	11.4	— 0.38	238
23.	Berkshire Gr. Fd.	1.0	— 0.65	(B)
24.	Pro Fund	18.7	— 0.69	255
25.	Decathalon Fund	1.8	— 0.77	(B)
	Average size—$149.1.			

(B) 1968년도에는 없었던 펀드

출처 : 〈뉴욕 타임스〉

주식을 매수한 후 기다려야 할 기간을 예측하기 위해 1960년대 일본 증시의 외국인 투자 수익률을 살펴보자. 〈그림 4-2〉는 두 가지 수치를 보여 준다. 하나는 일본에 투자된 미 달러화 총액이고 다른 하나는 그 투자의 수익률이다. 그 당시 일본 증시는 여전히 발달되어 있지 않았고 기업뿐만 아니라 일본 국내 투자자들도 잘 이용하지 않았기 때문에 해외에서 일본 증시로의 자금 유입이 금융 시장에 큰 영향을 미칠 수 있었다. 〈그림 4-2〉에서 보는 바와 같이 1968년 외국인들은 1년 만에 투자를 370퍼센트까지 늘렸다. 매수를 한 후 보유하고 기다렸다면 큰 수익을 챙길 수 있었다는 사실을 보여 준다. 투자를 하지 않고 방관만 한 투자자들은 엄

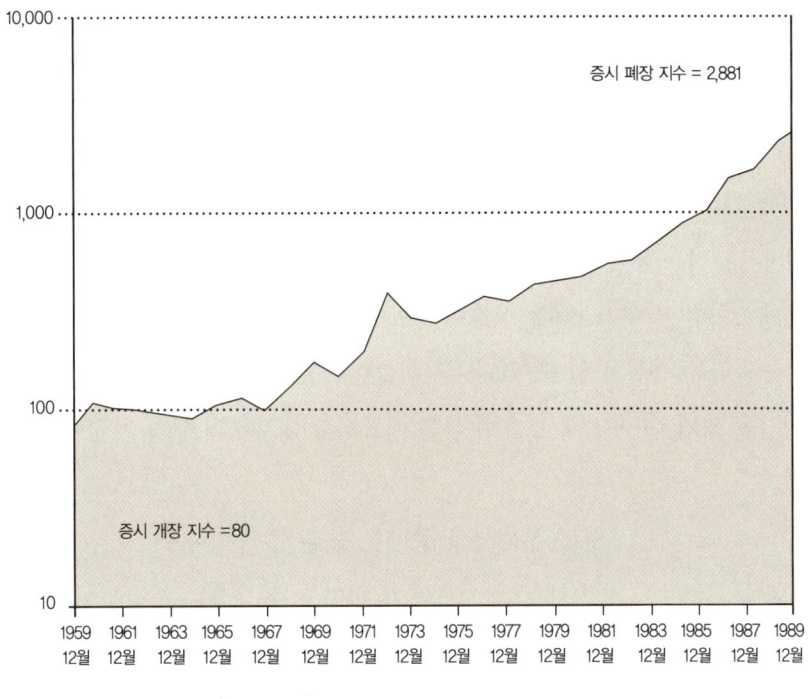

〈그림 4-4〉 도쿄 증권거래소 주가 지수(1959년 12월~1989년 12월)

출처: 〈블룸버그〉

청난 수익을 챙길 기회를 놓친 셈이다. 그 당시 자료에 의하면 미국이 아니라 유럽 쪽에서 더 많은 투자 자금이 투입되었다고 한다.

존 템플턴의 경우 주식을 매수한 후 참을성 있게 장기 보유함으로써 큰 수익을 올렸다. 1960년대 말 미국의 증시가 하락함에 따라 템플턴 그로스 펀드가 활기를 띠기 시작했다. 어떤 면에서 1960년대 말부터 일본 증시가 상승하면서 그의 해외 투자도 크게 확대되기 시작했다. 1969년 템플턴 그로스 펀드에 관한 고시 내용을 살펴보자(〈그림 4-3〉 참조).

〈그림 4-4〉를 보면 존 템플턴이 처음 일본에 투자한 이후 30년간 일본 증시의 지수가 크게 상승한 것을 쉽게 알 수 있다. 도쿄 증권거래소 주가지수(TOPIX)는 1959년 12월 31일 80에서 1989년 12월 31일 2,881까지 36배 상승했다. 대부분의 투자자는 주식에 투자하여 10배의 수익을 올리기를 원하면서 '텐배거'(10-bagger, 피터 린치가 처음 사용한 용어로 모든 투자자가 원하는 꿈의 수익률을 가리킨다―옮긴이)를 치는 꿈을 꾼다. 위의 사례에서처럼 지수가 36배 상승하였으므로 소외주에 투자하여 기다리면 가능하다는 사실을 알 수 있다. 존 템플턴의 경우 지수가 1980년대 말 최고점을 찍기 수년 전에 보유 주식을 매도하고 대부분의 투자 자금을 회수했다.

> 보유 주식을 좀 더 높은 수익을 창출할 수 있는 저가 주식으로 교환하는 것도 수익률을 극대화하기 위한 투자 방법 중의 하나다.

일부 투자자들 중에는 높은 수익을 올리기 위해 주식을 오랫동안 보유해야 한다고 주장하는 사람들이 있다. 하지만 경험 많은 바겐 헌터들은 다른 시장에서 좀 더 싼 주식을 발견하여 보유 주식을 빨리 팔아야 하는 상황이 올 수 있다는 사실을 잘 알고 있다. 보유 주식을 좀 더 높은 수익을 창출할 수 있는 저가 주식으로 교환하는 것도 수익률을 극대화하기 위한 투자 방법 중의 하나다.

보유 주식을 빨리 처분하기를 원치 않기에 그 주식이 예상 가치 이상으로 올랐을 때에도 계속 보유하고 있다면 그들은 투자가 아니라 투기를 하는 것이다. 여기서 언급하고자 하는 것은 '더 어리석은 바보' 게임이다. 이 게임은 주가가 원하는 만큼 오를 때까지 기다리다가 본인보다 더 어리석은 바보에게 주식을 매도하는 것이다. 이것은 과거에 매점하여 장기 보유했다가 엄청난 수익을 남기고 매도할 수 있었던 제이 굴드(Jay Gould, 19세기 미국 철도 회사의 경영자·금융업자·주식 투자가―옮긴이)와 주식 투기꾼이 있던 시절에나 먹힐 이야기다. 어느 경우든 바겐 헌터들은 이 게임이 어리석은 행동이라는 것을 알고 있다. 증시에서 이러한 게임을 해 보았자 열이면 열 모두 지게 되어 있다. 단기적으로는 손실을 피해 갈 수 있을지라도 결국에는 큰 피해를 보게 될 것이다.

기업의 숨은 가치를 찾아라

앞서 소외주를 매수했을 때 증시에서 올릴 수 있는 수익에 대해 논의했다. 하지만 제3장에서 언급한 바와 같이 우리는 증시 그 자체에는 관심이 없다. 우리는 과소평가된 증시를 대표하는 저가 주식 중에서도 개별적으로 엄선한 주식을 매수하는 바겐 헌터이기 때문이다. 회사 차원에서 논의할 때 반드시 살펴봐야 할 것으로 바겐 헌터가 지니고 있는 또 다른 중요한 능력이 있다. 지금까지 우리는 1960년대 일본의 주가가 어떻게 해서 잘못 책정되었는지에 대해, 즉 외국인 투자자들을 일본 시장에 투자하지 못하게 만드는 편견과 부정적인 분위기에 대해 살펴보았다.

하지만 일본 기업들에 대해 잘못 이해한 것이 또 한 가지 있다. 그것은 투자자들의 견해와는 전혀 관계없는 것이다. 그 당시 이 문제점을 알고 있는 투자자는 거의 없었다. 문제는 일본 기업들이 이익을 보고하는 방법을 규정한 기업 회계 원칙이 잘못되어 있다는 것이었다. 회계 이야기를 꺼냈다고 해서 지레 겁먹을 필요는 없다. 여기서 국제 회계 기준에 관해 구체적으로 다루지는 않을 것이다. 지혜로운 바겐 헌터라면 쉽게 발견할 수 있는 쉽고 간단한 문제다.

존 템플턴이 투자한 대표 기업을 한 예로 들어보자. 히타치(Hitachi)는 유명한 종합 전자 제품 제조 회사다. 그는 이 기업의 비합리적인 회계 방식에 대해 알게 되었다. 대부분의 사람들은 이 회사가 단일 기업이라고 알고 있지만 실제로 히타치는 다수의 자회사를 거느린 모기업이다.

당시의 기업 회계 원칙 때문에 히타치가 소유하고 있는 자회사에 의해 창출된 수익은 히타치 재무제표에 포함되지 않았다. 그러므로 모기업의 수익으로만 계산된, 즉 히타치가 소유한 자회사의 수익을 반영하지 않은 히타치의 주가 수익률(PER)은 아주 높았다. 이는 잘못된 계산법이었다. 존 템플턴이 자회사의 수익을 포함해 기업 전체의 가치를 계산하여 시장에서 매매되고 있는 주가와 비교해 보니 엄청난 차이가 있었다. 히타치는 PER 16(주가÷주당 순이익=16)에 거래되고 있었다. 하지만 히타치와 자회사들의 주당 순이익을 합한 금액으로 계산된 PER는 6이었다. PER 16과 6은 큰 차이였다.

존 템플턴은 모기업의 수익과 모기업이 거느리고 있는 모든 자회사의 수익을 통합했다. 그는 히타치의 주식을 매수함으로써 히타치뿐만 아니라 그 기업의 자회사에 대한 소유권도 획득하게 되었다. 그로부터 얼마 지나지 않아 일본 금융감독원은 모기업들이 자회사의 수익을 모두 포함하여 보고하도록 기업 회계 원칙을 바꿨다. 이로 인해 상장된 다수의 모기업들의 숨은 가치가 세상에 드러났다. 이후 증시에서 이들의 주가가 가파르게 상승 곡선을 그렸다.

여기에서 언급하고자 하는 것은 충분한 정보가 없다고 해서 일본에 투자하지 않은 것은 잘못이라는 점이다. 이 경우 충분한 정보가 없었던 것은 맞지만 존 템플턴에게 이것은 오히려 기회였다. 그는 다른 사람들이 모르는 정보를 수집하기 위해 많은 노력을 기울였기 때문이다. 물론 정보가 부족한 상황에서 무턱대고 투자를 해서는 안 된다. 하지만 저가 매수 기회를 아무 생각 없이 걷어차 버리지만 않는다면 큰 수익을 올릴 수 있을 것이다. 어쨌든 투자를 할 때 정보 수집을 게을리하면 큰 손실을 볼 수 있다는 사실을 명심해야 한다.

앞서 언급된 일본의 사례에서와 같이 회계 문제로 인해 그런 상황이 종종 발생한다. 엔론(Enron, 2001년 파산한 미국의 에너지 회사-옮긴이)의 경우를 살펴보자. 엔론은 회사의 손실을 감추기 위해 분식 회계를 하여 투자자를 속였다. 이런 상황 속에서 바겐 헌터들은 잘못된 정보에 오도되어서는 안 되며 진실을 밝혀 낼 수 있어야 한다. 일본에 투자하지 않은 것이나 엔론에 투자를 한 것이나 모두 실수를 저지른 것이다.

일부 투자자들의 경우 회계라는 말만 들어도 머리가 아플 수도 있다. 하지만 세상에는 많은 회계 전문가가 있다. 회계 업무는 그들에게 맡기면 된다. 당신이 투자하는 뮤추얼 펀드에는 불투명한 회계를 꿰뚫어 보고 숨어 있는 기회를 찾도록 도와 줄 전문가가 많다. 하지만 중요한 것은 당신이 고용한 투자 전문가가 당신의 자산을 어떻게 보호해야 하는지를 분명히 알려주어야 한다는 사실이다.

존 템플턴은 주식을 선택할 때 그 기업의 수익 창출 능력과 성장 가능성을 조사했다. 1960년대 초, 일본에 투자했을 때 그는 향후에 큰 수익을 가져다 줄 주식을 중심으로 매수했다. 예를 들어 일본 증시가 훌륭한 투

> 존 템플턴은 주식을 선택할 때 그 기업의 수익 창출 능력과 성장 가능성을 조사했다. 1960년대 초 일본에 투자할 때 그는 향후에 큰 수익을 가져다 줄 주식을 중심으로 매수했다.

자처라는 사실을 다른 투자자들이 알아채기 전에 도요타(Toyota)와 같이 성장 가능성이 높은 주식들을 찾아냈다. 그가 매수한 주식들은 미국 주식에 비해 수익성이 높았고 매출도 빠르게 성장했다.

미래 예상 수익 성장률을 계산하라

존 템플턴이 일본에서 어떤 식으로 투자했는지 알아보기 전에 혼란을 야기할 수 있는 용어들에 대해 먼저 정리해 보자. 증시에는 여러 유형의 투자자들이 있다. 크게 두 유형으로 나누어 볼 수 있는데, 하나는 가치 투자자이고 다른 하나는 성장 투자자이다. 가치 투자자는 성숙 단계에 접어든 성장 속도가 느린 산업에 투자하는 사람들이다. 이와 반대로 성장 투자자는 새롭게 설립된 기업들에 투자를 한다. 그들은 주가에는 별로 관심을 두지 않는다. 성장 가능성을 보고 투자하기 때문이다. 당신이 이런 선입견을 가지고 존 템플턴을 이 두 유형 중의 하나로 분류하려 한다면 그것은 잘못된 생각이다.

존 템플턴의 주된 투자 목적은 실질 가치보다 아주 저렴한 주식을 사는 데 있었다. 예를 들어 향후 10년 동안 두 자릿수의 성장을 보일 잠재력을 가진 주식을 사고자 했다. 여기에서 중요한 것은 그 회사가 성장을 하고 있다면 주가에 그 기업의 성장이 이미 반영되어 있으면 곤란하다는 것이다. 바겐 헌터들은 주가와 그 주식의 가치 사이의 차이가 큰 주식만을 매수해야 한다. 증시에는 언제나 이런 주식이 있게 마련이다.

다시 일본의 증시로 돌아가서 존 템플턴이 어떻게 저가 주식을 매수했는지 살펴보자. 그가 산 주식 중에는 대형 슈퍼마켓 체인인 이토요카도(Ito-Yokado)가 있다. 그 당시 이 주식의 주가 수익률은 10이었다. 일본이 산업 국가로 발전하면서 이 주식은 매년 30퍼센트의 수익률을 기록했다. 그는 미래의 수익을 위해 그 당시 지불하는 가격이 가치에 비해 현저하게 낮았기 때문에 저가 주식으로 판단했다. 그런 결론에 도달하게 되는 과정을 '비교 매수'(comparison shopping)라고 한다. 이는 바겐 헌터들에게 잘 알려져 있는 방법이다. 존 템플턴은 이토요카도를 매수할 때 잘 알려진 대형 슈퍼마켓 체인인 세이프웨이(Safeway)와 비교했다. 그는 매수 가격과 장기적인 예상 수익 성장률을 비교한 후 큰 차이가 있음을 확인하고 매수 결정을 내렸다. 그는 판단 자료로 간단하게 주가 수익 성장률(PEG)을 사용했다. 주가 수익 성장률은 주가 수익률(PER)을 주당 순이익(EPS) 증가율로 나눈 수치다. 그는 이토요카도와 세이프웨이의 주가 수익률을 미래에 예상되는 주당 순이익 증가율로 나누고 주가와 비교했다. 그 계산 결과는 다음과 같다.

〈이토 요카도〉

주가 수익률(PER) = 10

예상 주당 순이익(EPS) 증가율 = 30%

주가 수익 성장률(PEG) = 10 ÷ 30 = 0.3

〈세이프웨이〉

주가 수익률(PER) = 8

예상 주당 순이익(EPS) 증가율 = 15%

주가 수익 성장률(PEG) = 8 ÷ 15 = 0.5

이토요카도의 주가 수익 성장률이 세이프웨이의 주가 수익 성장률보다 낮기 때문에 이토 요카도의 주가 수익률이 높음에도 불구하고 그 회사의 주식이 상대적으로 더 저가라는 결론을 내릴 수 있다. 즉 이토요카도의 미래 예상 수익 성장률이 훨씬 높기 때문에 실질적으로 더 싸게 구입했다고 할 수 있다.

바겐 헌터로서 당신은 수익 성장률을 예상할 때 합리적인 수치를 얻기 위해 최대한 노력해야 한다. 예를 들어 주가 수익률이 30이고 예상 주당 순이익 증가율이 100퍼센트인 주식의 주가 수익 성장률도 0.3이 될 수 있다. 그러므로 자신의 예상이 객관적이며 합리적인지 반드시 자문해 보아야 한다. 어쨌든 당신의 능력으로 가장 정확한 예상 수익을 설정하고 가능한 한 가장 적은 돈을 지불하기 위해 철저하게 조사해야 한다.

> 성장하는 기업의 주식을 매입하면 큰 수익을 챙길 수 있다. 하지만 주가에 기업의 성장이 이미 반영되어 있다면 곤란하다.

주당 순이익 증가율을 설정했다면 그 증가율이 무엇을 의미하는지 다시 한 번 생각해 보라. 그리고 그 증가율을 더 작은 단위로 분리하고 분석해 보라. 예를 들어 다음과 같은 경우를 생각해 볼 수 있다. 주당 순이익이 5퍼센트의 성장을 보일 것으로 예상되는 기업의 주가 수익률 10이, 주가 수익률이 10이 되기 위해 주당 순이익이 50퍼센트로 증가해야 하는 기업의 주가 수익률 10보다 더 합리적일 수 있다. 주가 수익 성장률이 낮은 주식을 맹목적으로 매수하는 것은 낮은 주가 수익률의 주식을 맹목적으로 매수하는 것과 같다. 이토요카도의 경우 예상 주당 순이익 증가율 30퍼센트가 너무 낙관적인 것으로 보일 수 있겠지만 이 기업은 이후 수십 년간 성장할 수 있는 가능성이 있었다. 그 당시 존 템플턴은 일본의 1인당 국민소득이 계속 증가할 것이고 가까운 미래에 일본의 소비 패턴이 미국이나 유럽 같은 선진국과 비슷해질 것이라는 판단하고 투자를 시작했다.

비교 매수법을 적극 활용하라

바겐 헌터들에게 이토요카도의 성장 가능성을 예상하는 것보다 더 중요한 것은 '비교 매수법'이다. 존 템플턴은 항상 주식의 가치를 판단하기 위해 애널리스트들이 사용할 수 있는 가치 척도가 100가지가 넘는다고 말해 왔다. 하지만 그는 이중에서 비교 매수법을 자주 사용했다. 이 방법이야말로 저가 매수를 할 수 있는 최고의 전략이라고 판단했다. 바겐 헌터들은 이렇게 가치에 기반을 둔 판단을 함으로써 투자의 성공률을 끊임없이 점검할 수 있다.

이런 비교 매수법은 '주식을 언제 매도해야 하는가?'라는 질문을 접했을 때에도 유용하게 사용할 수 있다. 존 템플턴은 이 문제에 대해 여러 해 동안 생각한 후 "가장 좋은 시점은 보유 주식을 대체할 수 있는 더 좋은 주식을 발견한 때다."라는 결론에 도달하고 그것을 자신의 투자에 지속적으로 적용했다. 이러한 비교 관행은 매우 생산적이며, 그렇게 함으로써 주식을 독립적으로 조사할 때보다 매도 결정을 내리기가 훨씬 쉬워진다. 주가가 당신이 평가한 가치에 접근하면 대체할 주식을 찾을 때가 된 것이다. 그리고 당신이 평가한 가치보다 아주 저렴한 주식을 발견하면 보유 주식을 그 주식으로 바꾸면 된다. 하지만 너무 자주 주식을 바꿔서는 안 된다는 사실을 명심하라.

주식을 너무 자주 바꿀 가능성을 배제하기 위해 존 템플턴은 '50퍼센트 이상 저렴한 주식'을 발견할 때에만 교체하라고 조언했다. 예를 들어 보유하고 있는 주식이 100달러에 거래되고 있고 그 실제 가치가 100달러라면 50퍼센트 정도 과소평가된 주식으로 교체하라는 말이다. 즉 25달러에 거래되는 주식의 실제 가치가 37.5달러라면 50퍼센트 정도 과소평가되어 있기 때문에 (그리고 보유 중인 주식의 실제 가치가 주가와 동일하고 가격 이상의 가치를 더 이상 지니고 있지 않기 때문에) 보유 주식을 교체해야 한다.

이와 같은 원칙을 성공적으로 적용하기 위해서는 보유 주식보다 더 나은 주식을 끊임없이 찾아다녀야 하며, 보유하고 있는 주식의 가격이 더 오를 것이라는 환상에 빠져서는 안 된다. 최근 이룬 자신의 성공에 만족해 하며 여유를 부리는 것보다 조금이라도 더 저렴한 주식을 찾아다니는 것이 훨씬 나을 것이다. 이것은 과거에 집착하는 것보다 미래에 초점을 맞추는 것이 더 중요하다는 논리에 근거를 둔 것이다.

비교 매수법은 '주식을 언제 매도해야 하는가?'라는 질문을 접했을 때에도 유용하게 사용할 수 있다.

전문적인 바겐 헌터들은 프로 선수들과 매우 비슷하다. 보통 사람들은 마지막 거래 결과를 보고 당신을 평가한다. 게임을 할 때 앞서기 위해서는 항상 미래의 기회에 초점을 맞춰야 한다. 존 템플턴이 일본 증시가 붕괴되기 전에 일본에서 빠져나올 수 있었던 것도 항상 저가 주식을 찾아다녔기 때문에 가능했다. 일본 증시가 활황으로 사람들이 너도나도 투자에 열을 올리고 있을 때 존 템플턴은 자신의 포트폴리오에서 일본 주식 비중을 60퍼센트에서 2퍼센

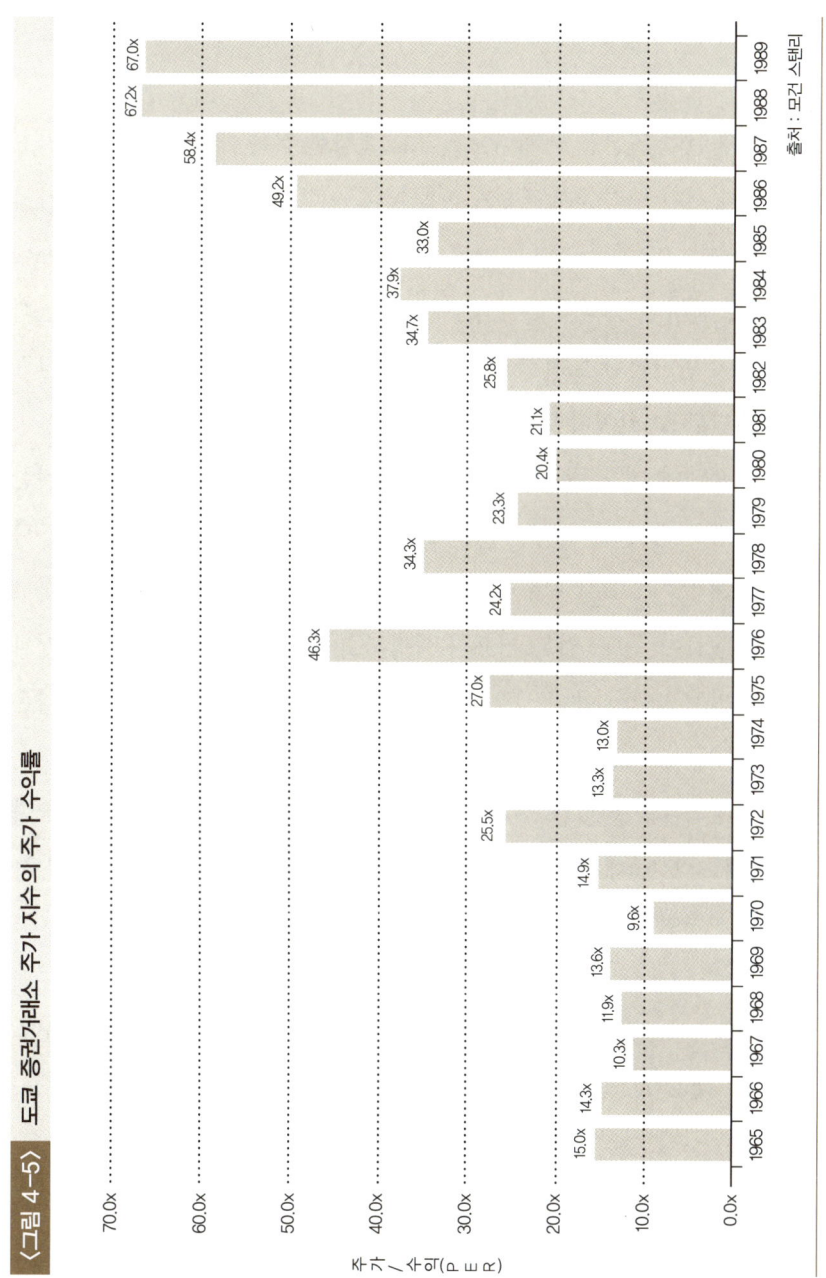

〈그림 4-5〉 도쿄 증권거래소 주가 지수의 주가 수익률

트 이하로 크게 줄였다. 항상 남보다 앞서 저가 주식을 찾아다니는 게 바겐 헌터들의 행동 패턴이다.

존 템플턴이 일본을 빠져나오겠다고 결정한 것은 캐나다, 호주 그리고 미국에서 저가 주식을 발견했기 때문이다. 이 결정은 주가를 기업의 가치와 비교하는 아주 단순한 계산에 입각한 것이었다. 질적 요인(qualitative factor)은 전혀 고려되지 않았다. 그는 의사 결정 과정에 질적 요인을 적용해 봐야 판단력만 흐려질 뿐이라고 생각했다. 바겐 헌터라면 항상 명료하게 판단할 수 있어야 한다.

존 템플턴이 이 전략을 어떻게 수행했으며 일본에서 빠져나가기 위한 의사 결정 과정에 어떠한 변수들이 적용되었는지 살펴보려면 〈그림 4-5〉를 참조해 보자. 〈그림 4-5〉는 일본 증시의 주가 수익률이 계속 상승하고 있었음을 보여 준다. 일본 경제가 성장하고 그것이 대외적으로 알려지자 투자자가 몰리면서 주가 수익률이 꾸준히 오른 것이다. 즉 일본 주식은 바겐 헌터들이 가장 싫어하는 주식이 되어 가고 있었다.

주가 수익률의 변화를 보여 주는 〈그림 4-5〉는 많은 것을 시사하고 있다. 첫째, 1960년대까지 사람들에게 잘 알려지지 않았던 일본 증시가 붕괴되기 직전인 1980년대 말에는 최고 정점에 올라 있음을 보여 준다. 그것은 무대에서 함께 춤출 상대가 없던 여자가 몇 년 안에 갑자기 무도회의 여왕이 된 것과 비슷하다. 주식 시장에서는 이런 일이 종종 일어난다.

또한 그림에서 명목상의 주가 수익률은 적절한 것으로 판단되지만 그 당시 지수는 외국인 투자자들이 선호하는 대형 주식들을 대표하는 것이었다. 외국인 투자자 입장에서 볼 때 대형 주식들의 정보는 입수하기가 쉽기 때문이다. 또한 항상 그런 주식을 찾는 투자자들이 있기 때문에 매도하기도 쉽다. 그래서 투자자가 그런 주식들을 보유하면 시장에 진입했다가 자유롭게 빠져나올 수 있다. 정보 입수가 쉽고 유동성이 좋기 때문에 인기도 많고, 그 결과 주당 순익에 비해 주가가 높다. 존 템플턴은 도쿄 증권거래소 주가 지수에서 대표적인 주식은 매수하지 않았다. 그는 주가가 주가 수익의 3배 내지 4배가 되는 주식을 찾았다. 그리고 가치에 비해 쌌기 때문에 남들에게 잘 알려지지 않은 주식을 선호했다.

진정한 바겐 헌터라면 비효율과 가격 사이의 관계를 항상 염두에 두고 그런 주식을 찾아다녀야 한다. 여기에서 강조하고 싶은 것은 존 템플턴이 1950년대와 1960년대에 일본에서 처음으로 발견한 주가와 미래 수익 사이에 존재하던 큰 차이가 일본 시장이 잘 알려지고 투자자들의 관심을 끌면서 사라져 버렸다는 사실이다.

도쿄 증권거래소 주가 지수의 주가 수익률을 5년간의 기업 수익 성장률로 나누어 보면 1970년대에 주가가 오르고 성장률이 둔화되는 두 가지 현상이 존재한다는 사실을 알 수 있다. 이 두 변수의 변화로 일본 증시는 존 템플턴이 투자를 시작했던 때보다 매력을 상실했다. 그로 인해 다른 국가의 증시가 더 매력적인 시장으로 부상하게 되었다. 〈그림 4-6〉에는 1970년대 존 템플턴이 일본을 떠나 더 매력적인 다른 시장으로 옮겨가게 된 근본 원인이 수치로 잘 나타나 있다. 10년간에 걸쳐 두 요인으로 인해 일본 주식의 주가 수익 성장률이 증가했다. 일본이 매력적인 투자처로 부상하면서 주가와 주가 수익률이 급등을 했고, 존 템플턴을 일본 시장에 끌어들였던 수익 성장률이 급감하게 된 것이다. 10년 동안 증시에 모여든 투자자가 돈을 더 지불하면 할수록 수익성은 점점 더 나빠지고 있었다.

다수의 투자자들은 지난 20여 년간 일본에서 일어난 경제적 변화에 대

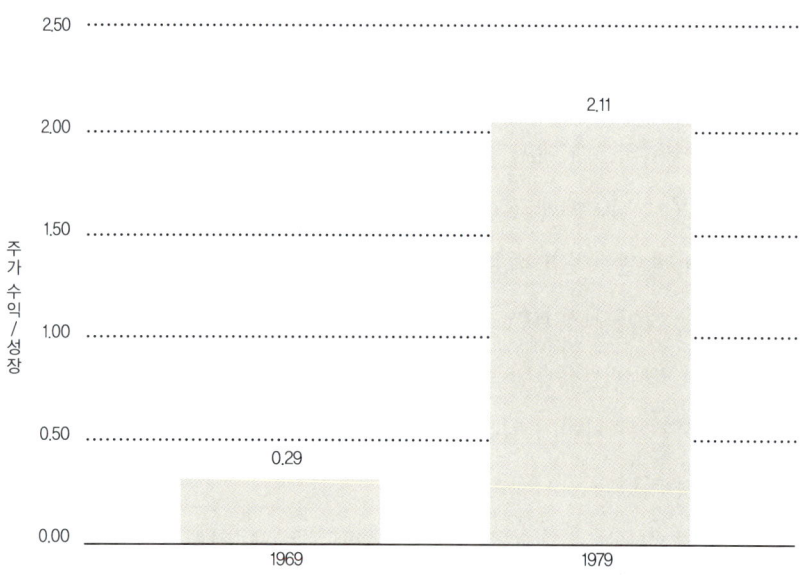

〈그림 4-6〉 도쿄 증권거래소(TOPIX) 지수의 주가 수익 성장률

출처 : 모건 스탠리, 일본 내무성

해 잘 알게 되었다. 결과적으로 투자자들이 일본에서 주식과 부동산 같은 자산에 지불하는 가격이 점점 올라가 수익을 챙길 수 없는 수준에까지 도달하게 된 것이다. 1980년대 말 자산 가격이 급상승한 이유는 여러 가지가 있다. 첫째, 경험이 부족한 투자자들은 증시가 항상 상승할 것이라고 믿고 투자를 한다. 그리고 증시가 버블 상태에 처했을 때조차도 리스크와 손실의 가능성을 경시하는 주식 중개인들이 많다. 어떤 경우에는 증시가 상승하는 이유가 단순히 전날 주가가 올랐기 때문일 때도 있다. 주가를 밀어 올리는 다수의 주식 투자자들은 매일 그들의 증권 계좌에 돈이 쌓이

는 것을 상상하면서 계속해서 주식을 매수한다.

  이 현상이 특히 위험한 것은 서류상의 부(富)만으로 사치스러운 행동을 해도 좋다고 생각하는 사람들의 소비를 자극하는 것이다. 이자율 인상으로 증시가 타격을 받았을 때 그들은 주가의 급락으로 뼈아픈 교훈을 얻었다. 이런 일이 벌어지고 있을 때는 존 템플턴이 일본 시장을 빠져나간 지 이미 오래된 시점이었다. 하지만 그는 일본 시장을 계속 주시했고 그가 떠난 이후의 일본 시장 흐름을 문서화했다. 세계 다른 시장에서 앞으로 직면하게 될지도 모르는 증시 버블 현상에 대비하기 위해서였다. 이에 대해서는 다음에 좀 더 자세히 살펴보기로 하자. 어쨌든 존 템플턴은 그런 버블 현상을 이용해 엄청난 수익을 거머쥘 수 있었다.

존 템플턴의 가치 투자 전략

1. 모두가 부정적인 견해를 보일 때 투자의 기회를 찾아라.
2. 다른 사람의 충고보다는 자신의 직관에 따라 판단하라.
3. 상식에 반하는 '역발상 투자 전략' 이야말로 가장 높은 수익률을 가져다준다.
4. 시장의 흐름이나 경제 전망이 아닌 개별 종목의 가치에 주목하라.
5. 수익 성장률을 예상할 때 자신의 예상이 객관적이고 합리적인지 확인하라.
6. 저가 매수를 원한다면 비교 매수법을 적극 활용하라.
7. 50퍼센트 이상 저렴한 주식을 발견할 때에만 갈아타라.
8. 게임에서 앞서기 위해서는 항상 미래의 기회에 초점을 맞춰라.

투자자들은 항상 나에게 '전망이 좋은 주식이 어떤 것이냐?' 고 묻는다.
하지만 이것은 잘못된 질문이다.
바람직한 질문은 '가장 전망이 좋지 않은 주식이 무엇이냐?' 고 묻는 것이다.
– 존 템플턴

INVESTING THE

TEMPLETON WAY

제 **5** 장

증시의 붕괴인가, 강세장의 출현인가?

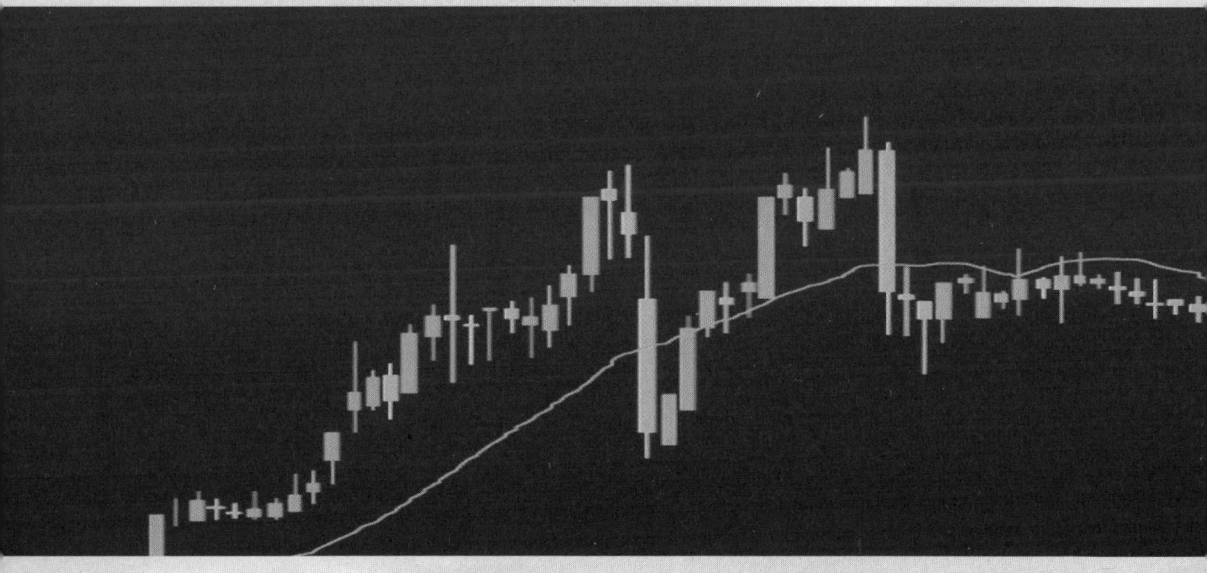

'주식의 죽음'(death of equities)이 거의 현실화될 것으로 보인다.
- 《비즈니스 위크》, 1979년 8월

누군가 단도직입적으로 주식은 무용지물이며 앞으로 어느 누구도 매수하지 않을 것이라고 말한다면 어떻게 하겠는가? 혹시 그 말이 우습게 들리는가? 아니면 이 질문이 너무 극단적이라고 생각하는가? 만약 이런 이야기가 가능할 수도 있다고 생각하는 사람이 있다면 자신의 어리석음에서 벗어날 수 있는 세계로 초대하고 싶다.

'주식의 죽음', 위험한 농담

갑자기 이런 질문을 던진 이유는 1970년대에 들어서면서 투자자들 사이에 이런 의견이 떠돌았기 때문이다. 그 당시 미국 증시는 장기 침체기에 들어서고 있었고 1970년대 내내 지지부진한 모습을 보였다. 만약 당신이 1970년에서 1980년까지 10년 동안 미국 증시에 투자했다면 아마도 거의 수익을 내지 못했을 것이다. 게다가 그때의 미국 내 인플레이션까지 고려한다면 결과적으로 큰 손실을 입었을 것이다. 주식 투자 대신 상품이나 부동산, 골동품 같은 수집품 등에 투자했다면 더 나았을 거라는 생각을 할지도 모른다. 이 같은 투자 대상은 인플레이션 때에도 가치를 잃지 않고 구매력을 유지하기 때문이다. 당신은 이런 유형의 투자 대상이 수익률이 더 높기 때문에 여기에 투자하지 않은 것을 후회하며 새로운 투자 기회가 오기를 학수고대했을 것이다.

새로운 시대의 도래는 상품과 관련된 투자로 많은 수익을 창출할 수 있을 것으로 생각되었다. 새로운 투자의 시대는 대단한 확신을 가지고 선포되었다. 1979년 8월 미국의 경제 주간지 《비즈니스 위크》는 '주식의 죽음'이라는 제목의 커버스토리를 실었다. 물론 그 커버스토리의 제목과 기사는 30년이 지난 지금은 우스갯소리로 간주된다. 현재 많은 투자자들은 그 시점이 훌륭한 매수 타이밍이었다고 생각한다. 1979년과 그 후 3년간 증시는 바겐 헌터들에게 환상적인 기회를 제공했다. 진정한 바겐 헌터라면 그 커버스토리와 기사 내용을 지지하는 견해를 비관주의의 표출로 생각했어야 한다. 다음 기사를 읽고 그 당시 비관적인 투자자들이 어떻게 행동했으며 어떤 생각을 가졌는지 살펴보자. 기사 내용은 다음과 같았다.

> 많은 투자자들은 오래 전에 주식보다 더 높은 수익을 가져다주고 인플레이션에 별 영향을 받지 않는 다른 투자 대상으로 갈아탔다. 지금 증시의 마지막 희망인 연기금(pension fund)도 주식과 채권 투자를 중단하고 부동산과 선물, 금, 다이아몬드 등으로 투자 대상을 바꾸고 있다. '주식의 죽음'이 거의 현실화될 것으로 보인다. 언젠가 증시 상황

이 바뀔 수도 있겠지만 한동안은 그렇지 않을 것 같다.

만약 바닥에서 주식을 매수하길 원한다면 이런 기사가 실릴 때가 가장 좋은 매수 시점이다. 현명한 바겐 헌터라면 이때가 기회라는 사실을 눈치 챌 수 있을 것이다. 첫 번째 단서는 첫 문장 "많은 투자자들이 오래 전에 주식보다 더 높은 수익을 가져다주는 다른 투자 대상으로 갈아탔다."라는 내용에서 확인할 수 있다. 무엇보다도 바겐 헌터가 되고 싶다면 대다수의 투자자와 함께 행동해서는 안 된다. 정확히 말하자면 대다수의 투자자가 가지 않는 곳으로 가야 성공할 수 있다. 그곳이야말로 저가 주식을 찾을 수 있는 가장 훌륭한 장소이다. 두 번째 단서는 "'주식의 죽음'이 거의 현실화될 것으로 보인다."라는 문장이다.

누군가가 존 템플턴에게 가장 비관적인 시점이 언제인지를 묻자 그는 '100명 중 99명이 포기할 때까지 기다리라'고 조언한 적이 있다.

그때 남은 매수자는 당신뿐일 것이다. 판단하기 쉽지 않지만 "'주식의 죽음'이 거의 현실화될 것으로 보인다."라는 견해가 당시 시장의 일치된 의견이라면 증시를 둘러싸고 있는 실망감과 비관의 정도를 가늠할 수 있다. 증시가 가장 비관적인 시점에 다다르고 있다는 데에는 분명한 징표가 있다. 그것은 "지금 증시의 마지막 희망인 연기금도 주식과 채권 투자를 중단하고 부동산과 선물, 금, 다이아몬드 등으로 투자 대상을 바꾸고 있다."라는 사실이었다.

이 말을 들으면 숨겨 놓은 주식까지도 모두 내다 팔 준비가 되어 있다

> 바닥에서 주식을 매수하길 원한다면 비관적인 기사가 실릴 때가 가장 좋은 매수 시점이다. 현명한 바겐 헌터라면 이때가 기회라는 사실을 눈치 챌 수 있어야 한다.

는 소리로 들린다. 그래서 마지막 매도자들이 시장을 빠져나갈 때가 되어 그들이 매도한 후에는 주가가 훨씬 더 폭락할 것이라고 생각한다. 하지만 꼭 그런 것만은 아니다. 이론적으로 매도자가 다 떠난 증시에는 매수자만 남아 있기 때문이다. 따라서 마지막 매도자가 시장을 떠나면 다른 분야의 매수자에게 관심을 기울여야 한다. 반대로 상품 시장은 어떨까? 그 시장은 한창 번창하고 있었고 이제 마지막 매수자가 진입하고 있었다. 그들이 진입한 후 그 상품을 매수하여 상품 가격을 올릴 수 있는 투자자가 또 남아 있는가? 그렇지 않다. 그들이 마지막이다. 증권 시장에서 마지막 매도자가 상품 시장에서 마지막 매수자가 되었을 때 이 두 시장들은 모두 반대되는 거래가 시작되는 시점에 놓이게 될 것이다. 즉 역발상 투자(contrarian investing)가 이루어진다는 말이다.

   이 기사를 보고 가장 먼저 떠오른 생각이 '증시가 저가 주식으로 가득 찰 것'이라고 생각한다면 당신은 진정한 바겐 헌터다. 하지만 이에 대해 논하기 전에 짚고 넘어가야 할 중요한 문제가 있다. 장기간에 걸쳐 증시를 연구하다 보면 항상 '어리석게 두각'을 나타내는 사람들이 있다. 그들이 어떻게 자신의 의견을 그토록 자신 있게 개진할 수 있는지는 모르겠지만 증시가 어느 한 방향으로 흘러가게 될 때마다 그들은 정확하게 모습을 드러낸다. 특히 증시가 너무 과열되어 있거나 버블 수준에 도달해 있을 때는 더더욱 그러하다. 증시에 대한 지나친 낙관주의가 주가를 크게 끌어올리는 것처럼, 증시에 비관주의가 팽배할 때 주가는 크게 떨어진다.

   이런 의미에서 볼 때 증시가 바닥을 기고 있는 동안 다양한 루머가 떠도는 것은 놀랄 만한 일이 아니다. 금융 패러다임이 바뀌었고 증시가 새로운 국면에 진입하여 주가와 기업의 가치가 더 이상 연관성이 없다는 오도된 소문들, 예를 들면 "우리는 새로운 금융 시대에 진입했다. 과거의 규칙은 더 이상 적용되지 않는다."와 같은 뜬소문들이다.

당신이 앞으로 이런 소문을 접하게 된다면 바겐 헌터로서 기회가 왔음을 감지해야 한다. 장기간 주가가 한쪽으로만 치우치는 경우 이런 소문이 돌 수 있다. 보통 그런 소문은 한 자산에 대해 지나친 돈을 지불하는 것을 정당화하려는 시도로 볼 수 있다. 그런 경우 이런 소문을 퍼트리는 사람들은 부동산이나 상품에 투자해야 하는 새로운 시대가 왔다고 주장하는 사람들이다. 이런 소문을 들어도 무언가 떠오르는 것이 없다면 그 배경에 대해 곰곰이 생각해 봐야 한다. 이런 소문과 함께 나돌 수 있는 것은 "국가의 금융 시장에 변화가 있음을 감지하지 못하거나 그 변화에 적응하지 못하는 사람들만 주식에 얽매여 있다."와 같은 말이다.

여러 계층에서 떠도는 이 같은 소문은 대부분 잘못된 것이다. 앞으로 1990년대 미국 기술주 버블 현상에 대해 이야기하겠지만 새로운 시대의 투자자들은 뒤에 남아 있는 굼뜬 투자자들을 공략하는 경향이 있다. 하지만 바겐 헌터로서 오랫동안 증시를 이끌어 온 그들을 절대 과소평가해서는 안 된다. 투자를 오래 했다는 게 장점이 됐으면 됐지 결코 장애가 되지는 않는다. 바겐 헌터로서 우리는 경험이 쌓이면서 지식도 함께 쌓여 간다. 게임은 오래 하면 할수록 더 나은 결과를 얻게 되는 법이다. 그래서 '국가의 금융 시장에 변화가 있음을 감지하지 못하는' 그들이 증시가 바닥을 칠 때까지 오랫동안 증시에 남아 있다는 게 아이러니하다. 그들은 뒤떨어진 투자자들이 아니다. 실제로 그들은 앞서 가고 있는 투자자들이다.

가치 투자자들은 이런 소문이 돌기를 바란다. 그들은 속으로 미소를 짓는다. 바겐 헌터로서 우리는 그들과 다를 바 없다. 과거의 사례를 보면 어떤 시점이든, 어떤 증시든 이와 같은 소문에 놀아나는 어리석은 투자자들은 존재한다.

소문보다는 주가 수익률을 확인하라

우리가 과거에 확실하게 경험할 수 있었던 비관적 사례 중의 하나는 1970년대의 막을 내리고 1980년대를 시작하던 미국 증시다. 1980년에 막 접어들었을 때 존 템플턴은 투자 자금의 60퍼센트를 미국에 투자했다. 인플레이션 때문에 주식 가치가 형편없이 떨어져 있었기 때문에 모든 사람들이 주식 투자를 꺼리고 있던 시점이었다. 투자자들은 건물에 불이 난 것처럼 미국 증시에서 도망치듯 떠나갔다. 하지만 존 템플턴은 그들과는 다른 입장을 취했다. 그는 시장 조사를 위해 조용히 증시로 들어갔다. 지난 10년 동안 미국 증시에 투자를 하지 않았기 때문에 그는 다른 투자자들처럼 손실을 보지 않았다. 손실이 아니라 지난 10년 동안 일본에서 엄청난 수익을 챙겼기 때문에 가장 성공적인 뮤추얼 펀드 매니저로 성장해 있었다.

아무도 미국 증시에 관심을 두지 않을 때 왜 그는 미국 증시를 낙관적으로 보았을까? 그의 대답은 간단했다. 아무도 미국 증시에 관심을 두고 있지 않았기 때문이다. 두 번째 대답은 그런 무관심 덕분에 다우 지수에 편입된 종목으로서 아주 훌륭한 기업의 주식들이 장부 가치나 수익에 비해 전례 없이 아주 저렴한 가격에 거래되고 있었기 때문이다.

존 템플턴은 증시를 조사한 후 미국 증시 역사상 주가가 그렇게 싼 적

〈표 5-1〉 다우존스 산업평균 지수의 주가 수익률 중 가장 낮았던 연도별 순위

순위	년도	PER
1	1979	6.8
2	1950	7.0
3	1978	7.3
4	1980	7.3
5	1949	7.6
6	1974	7.7
7	1948	7.8
8	1981	8.2
9	1988	9.0
10	1924	9.2

출처 : 밸류 라인

이 없다는 사실을 알게 되었다. 1929년 대공황 때를 포함한 결과였다. 이를 확인하기 위해 밸류 라인(Value Line)이 조사한 주가 수익률(PER)을 참조해 보자. 우리는 〈표 5-1〉에서 다우존스 산업평균지수 종목의 주가 수익률을 참조함으로써 1979년 평균 주가 수익률 6.8이 가장 낮은 수치였음을 알 수 있다. 밸류 라인의 다른 자료에 의하면 1920년대의 평균 주가 수익률은 14.2였다. 그때보다 1979년의 주가 수익률이 52퍼센트 더 낮았다는 계산이 나온다.

　1979년의 주가 수익률이 가장 낮지만 1970년대 말과 1980년대 초의 주가 수익률도 그렇게 큰 차이가 나지는 않는다. 이 자료를 보면 그 당시 투자자들이 증시를 얼마나 부정적으로 보았으며 이런 분위기가 그 후 수년 동안이나 지속되었음을 알 수 있다. 투자자들은 인플레이션과 고금리,

석유 파동, 인질 사건, 일본의 고도성장 등으로 시련을 겪고 있었다. 그들은 사면초가에 빠져 있었다. 경제적, 심리적 영향이 주가에 그대로 반영되었다.

다우존스의 주가 수익률이 역사상 가장 낮다는 것은 바겐 헌터들에게 매수를 하라고 신호를 보내는 것과 다름없었다. 미국 주식은 엄청나게 쌌다. 존 템플턴은 가치를 평가하기 위해서 주가 수익률를 포함하여 여러 가지 자료를 참조해야 한다고 강조했다. '주식의 죽음'은 존 템플턴이 적용했고 미래에 바겐 헌터들이 채택할 수 있는 투자 원칙들을 설명할 좋은 기회를 선사했다.

저가 주식을 매수하기 위한 여러 가지 가치 척도

저가 주식을 손에 넣기 위해 존 템플턴이 사용한 방법에는 증권 애널리스트들이 활용 가능한 '100가지 가치 척도'가 있다. 이 접근 방법을 사용하게 된 데는 두 가지 이유가 있었다. 첫 번째 가장 중요한 이유는 주식을 평가할 때 단 한 가지 방법만 사용한다고 했을 때 그 방법이 잘 먹혀 들어가지 않을 때가 있기 때문이다. 이 개념은 투자자가 평생 동안 한 시장에만 투자해서는 안 되는 이유와 비슷하다. 만약 한 지역이나 한 나라, 한 시장, 한 산업만을 고집한다면 실적이 평균 증시에도 못 미칠 때가 있을 것이다. 주가 수익률과 같은 하나의 측정 방법만을 사용하면 저가 주식을 찾는 데 한계가 있어 가치 있는 주식을 발견하지 못할 수도 있다. 그럴 때에는 주가 대 현금 흐름 비율과 같은 다른 척도를 사용하여 가치 있는 주식을 발견할 수 있다. 그런 이유로 바겐 헌터들은 여러 방법을 동원할 수 있는 능력을 갖춰야 한다.

존 템플턴은 장기간에 걸쳐 성공적이라고 입증되어 많은 사람들이 사용하고 있는 주식 선정 방법은 더 이상 효과적이지 않다고 생각했다. 예를 들어 시장 가치가 순운전자본(유동 자산과 유동 부채 간 차액—옮긴이)이나 재고보다 더 가치가 없는 기업의 주식을 매수하는 것과 같이, 벤저민 그레이엄의《증권 분석》에서 자세히 언급된 주식 선정 방법을 채택하기로 결정했다면 그에 적합한 주식을 찾기가 쉽지 않을 것이다. 즉 그가 그 방법을 찾아내고 적용한 다음 성공적인 방법이라고 세상에 알린 후에는 모두가 그 방법을 따를 것이기 때문이다. 그래서 저가 주식을 찾을 때 한 가지 방법만 사용하면 분명히 많은 기회를 놓치게 된다.

여러 가지 가치 척도를 사용해야 할 두 번째 이유는 다른 여러 방법을 사용함으로써 당신의 판단이 정확한지를 재차 확인할 수 있기 때문이다. 예를 들어 당신이 선정한 주식이 5가지 다른 측정 방법으로 저가라는 것을 확인할 수 있다면 그 주식이 저가 주식임이 좀 더 분명해질 것이다. 또 그렇게 함으로써 증시가 불확실할 때 심리적 안정감을 유지할 수 있을 것이다. 1970년대 말과 1980년대 초 증시가 '죽어 가고' 있을 때 적용되던 몇 가지 가치 측정 방법을 살펴보자. 이 방법이 생소하게 느껴질지도 모르지만 저가 주식 매수 과정에 대해 좀 더 자세히 알 수 있는 기회를 제공할 것이다.

1970년대 말과 1980년대 초 미국 증시에서 존 템플턴이 발견한 매력적인 사실 중 하나는 여러 기업의 주가나 시장 가치가 재무제표상의 자산 가치에 비해 턱없이 낮다는 것이었다. 시장 가치와 회계상의 자산 가치를 비교하는 잘 알려진 측정 방법은 주가 순자산 비율(price book value ratio, PBR)이다. 간단하게 말해서 이 비율은 총자산에서 총부채를 뺀 후 주당 순자산 가치를 구한 다음 그 금액으로 주가를 나눈 수치다. 즉 주가와 1주당 순자산을 비교한 것이다. 이 계산을 할 때 바겐 헌터들이 구하고자 하는 수치는 낮은 숫자로 아마 1이나 1 이하의 숫자일 것이다.

이 비율에 대한 해석은 재무제표에 나타난 기업의 순가치에 해당하는 금액을 주가로 지불해야 한다는 이론에 기반을 둔 것이다. 당신이 기업의 가치보다 낮은 금액으로 주식 가격을 지불한다면 저가 주식을 매수하는 것으로 생각해도 좋다. 중요한 것은 그 비율이 1 또는 1 이하인 경우로 증시가 그 기업에 관심을 두지 않아 그 비율이 주가에 반영되지 않은 상태여야 한다는 것이다. 반대로 증시가 그 기업이 주식 투자에 대한 리스크를 보상할 수 있을 정도의 수익을 창출할 수 있다고 믿고 있다면 주가 순자산 비율은 그 주식이 얼마나 인기 있느냐에 따라 1 이상 또는 그보다 훨씬 더 높은 수치를 보일 것이다. 그 비율에 대한 공식은 다음과 같다.

주가 ÷ 주당 장부 가치 = 주가 순자산 비율(PBR)
주당 장부 가치 = (총자산 − 총부채) ÷ 총발행 주식 수

이 비율은 그동안 줄곧 증시에서 사용되어 왔다. 하지만 1970년대 말과 1980년대 초에는 미국 경제에 특이한 현상이 벌어지고 있었다. 두 자릿수 인플레이션이 투자자들의 발목을 잡고 있었다. 그리고 두 자릿수 인플레이션 때문에 주가 순자산 비율의 개념이 기존과는 달라져 버렸다.

예를 들어 존 템플턴은 두 자릿수 인플레이션 때문에 장부 가치와 관련된 주가가 이미 투자자들을 끌어들일 정도로 낮아졌을지라도 그 비율이 주가가 얼마나 할인된 상태인지 확실하게 보여 주지는 못한다고 주장했다. 그는 자산의 대체 가치(replacement value)가 기업의 대차 대조표에 명시된 자산 가치보다 훨씬 더 높았다는 것을 근거로 제시했다. 즉 우리가 기업을 운영하고 있는데 5년 전에 1,000만 달러를 들여 공장을 건설했다고 가정해 보자. 그 후 인플레이션으로 인해 매년 물가가 15퍼센트 상승했다면 지금 그와 같은 규모의 공장을 지으려면 그때보다 훨씬 더 많은 돈이 들 것이다. 15퍼센트의 상승을 고려하면 아마도 2,000만 달러 정도가 소요될 것이다. 예를 들어 그 공장이 강철 제품으로 지어졌다고 하자. 강철 가격이 공장을 지은 후 매년 15퍼센트씩 오르면 가격 증가 때문에 그 공장을 다시 건축하기 위해서는 훨씬 더 많은 자금이 필요할 것이라는 말이다.

이러한 논리를 사용하여 우리는 주가가 자산에 비해 저렴할 뿐만 아니라 그 자산을 대체하기 위해 필요한 비용보다 훨씬 더 낮다는 것을 확인할 수 있다. 존 템플턴은 조사 결과 1982년 말 주가가 자산의 대체 가치와 비교하여 사상 유례없이 낮다는 사실을 알게 되었다.

〈그림 5-1〉은 1920년대부터 다우 지수에 편입된 기업들의 주가 순자산 비율을 보여 준다. 1978년부터 1982년까지 그 비율이 1 이하로 떨어졌음을 알 수 있다. 그 기간 동안 인플레이션으로 물가 상승률이 10퍼센트가 넘었다는 것을 고려할 때 주가는 엄청나게 낮은 것이었다. 이 관계를 더 자세히 살펴보기 위해 그래프를 보고 다우 지수 종목들의 주가 순자산 비율이 1 이하였던 또 다른 시기인 1932년대로 돌아가 보자. 1929년 대공

〈그림 5-1〉 다우 지수 편입 종목의 주가 순자산 비율

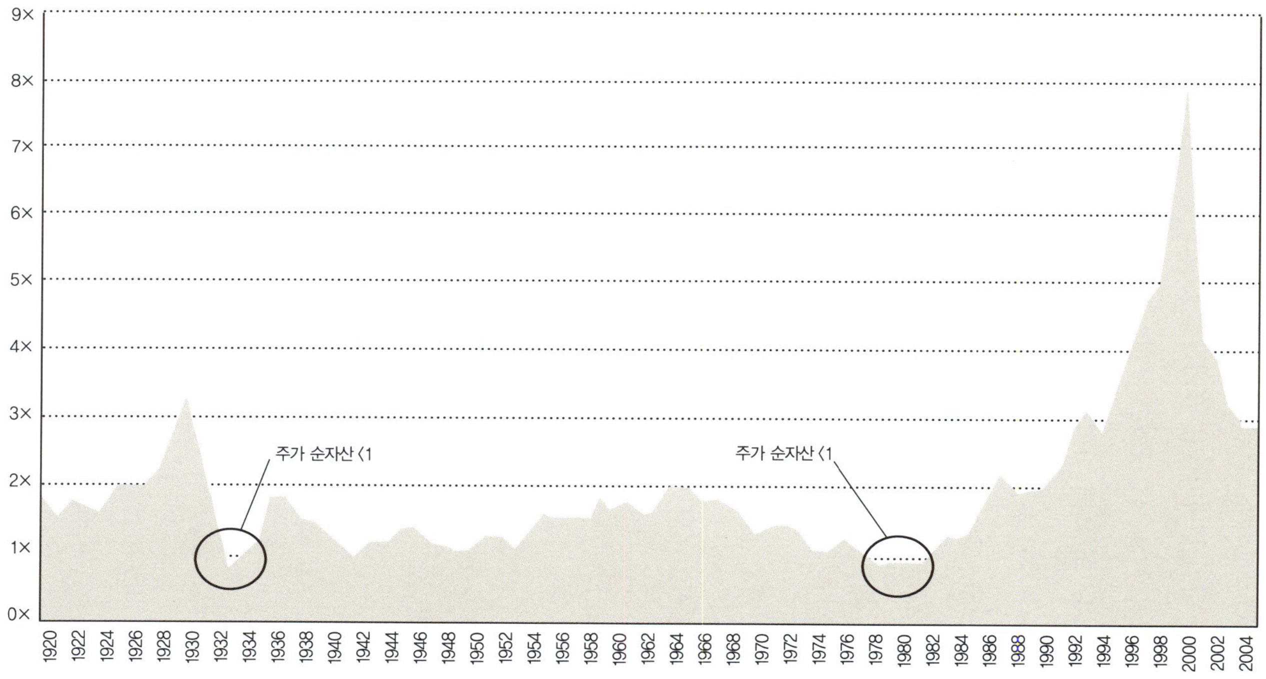

주가 순자산 <1

주가 순자산 <1

출처 : 밸류 라인

황 이후 그 비율이 가장 낮은 시점이었다. 대공황이 진행 중이던 1932년은 1970년대 말과 1980년대 초와는 달리 물가가 하락하는 디플레이션이 있던 시기였다. 1932년 다우 지수가 1929년의 9분의 1 수준으로 급락했지만 주식은 저가 주식이 아니었다. 다우 지수에 편입된 기업들의 자산의 대체 가치가 장부 가치에 비해 20퍼센트 정도밖에 저렴하지 않았기 때문이다. 즉 다우 지수 기업들이 소유하고 있는 자산을 대체하기를 원한다면 물가 하락 때문에 20퍼센트 정도 적게 비용이 소요될 것이다. 간단히 말해서 1932년 그 기업의 자산 가치가 대체 가치에 비해 과대평가 받았다는 것이다.

우리는 0.79였던 1932년 다우 지수 편입 종목의 주가 순자산 비율을 가지고, 자산의 대체 가치를 사용해 실제 주가 순자산 비율이 1.0에 더 가까워지게 만들 수 있다. 반대로 1970년대 말과 1980년대 초의 주가 순자산 비율을 대체 비용 면에서 해석하면 자산을 대체하는 비용이 자산의 장부 가치보다 70퍼센트가 더 높다는 사실을 확인하게 될 것이다. 이것은 수년 동안 거의 모든 물가를 인상시키며 미국을 강타한 인플레이션 때문이었다. 1982년 다우 지수 편입 기업들의 주가 순자산 비율이 1.0으로 계산되었을지라도 그 기업들의 장부 가치를 인플레이션을 고려하여 다시 계산해 보자. 우리는 그로 인한 가격 인상분과 자산을 대체할 때 소유자로서 부담해야 할 비용을 보상해 주기 위해 그들의 가치를 70퍼센트 더 높게 책정해야 한다. 1932년 비율을 계산할 때처럼 자산의 대체 가치와 관련된 가격을 계산하기 위해 이 논리를 사용한다면 1982년 비율이 1.0에서 0.59로 낮아진다는 사실을 확인하게 될 것이다. 즉, 기본이 되는 주가 순자산 비율만 참조하는 일반 투자자들이 생각하는 주가보다 실제로

〈표 5-2〉 주가 순자산 비율

다우존스 산업 평균	1932	1982	조정된 장부 가치	1932	1982
장부 가치	81.8	881.5	대체 가치	65.4	1,498.6
지수 가격(index price)	64.6	884.4	지수 가격(index price)	64.6	884.4
주가 순자산 가치	0.79	1.0	가격/대체 장부 가격	0.99	0.59

는 40퍼센트가 더 저렴했다.

〈표 5-2〉를 보면 이 관계가 좀 더 쉽게 이해가 된다. 전통적인 방식에 의해 계산된 주가 순자산 비율을 가지고 가격 변동에 따른 비율을 비교하면 일반 투자자들이 보지 못하는 가치를 확인할 수 있다.

우리는 〈표 5-2〉에서 두 가지 중요한 교훈을 얻을 수 있다. 바겐 헌터들에게 가장 중요하고도 실용적인 교훈은 재무 비율(financial ratio)을 잘 해석할 줄 알아야 한다는 것이다. 〈표 5-2〉를 보면 1982년 후반의 다우존스 산업 평균의 주가 순자산 비율이 1.0 정도라는 것을 알 수 있다. 물론 이 비율은 낮은 비율이다. 하지만 지혜로운 투자자들은 대차 대조표상의 자산의 취득 원가(historical cost)가 현재의 가치에 비해 낮게 책정되었다는 사실을 확인할 수 있을 것이다. 경제학자들은 명목 가격에 대립되는 것으로써 자산의 실질 가격에 관심을 가진다. 부단히 노력을 하는 바겐 헌터들만이 대체 가치 면에서 볼 때 미국 시장에서 주식이 그때처럼 저렴했던 적이 없었다는 것을 알 수 있을 것이다.

이 대체 가치 분석과 제4장에서 언급했던 존 템플턴이 일본 시장에서 숨어 있는 가치를 발견했던 분석 방법 간에는 일맥상통한 점이 있다. 일본의 경우 존 템플턴은 모회사가 거느리는 자회사들의 발표되지 않은 수익을 확인하여 계산에 넣었다. 미국의 경우 그는 미국 기업들의 자산 가치를 시장 가치에 맞춤으로써 숨은 가치를 찾아냈다. 두 경우 모두 일반 투자자들이 보지 못하는 정보를 발굴해 낸 것이다.

두 경우 모두 "자산의 진정한 가치란 무엇인가?"라는 질문에 대한 답을 찾아낸 것이다. 분석 과정에서 회계 관행으로 숨겨져 있던 진실을 밝힌 것이다. 그러한 회계 관행 때문에 일반 투자자들은 오도되고 있다. 바겐 헌터들은 자료를 정확하게 분석하고 해석할 줄 알아야 한다. 일본의 경우 자회사의 수익이 재무제표에 포함되지 않았으며 미국의 경우 기업들이 재무제표에 명시된 장부 가치 이상의 가치를 지니고 있었다. 1982년 존 템플턴은 투자자들이 1932년의 저가 주식보다 그 후 50년이 지난 1982년에 더 저렴한 저가 주식들이 있다는 사실을 모르고 있었다고 말했다. 시장에서 저가 주식들을 꾸준히 찾는 투자자들만이 1982년 미국 증시에서와 같은 기회를 놓치지 않을 수 있을 것이다.

> 바겐 헌터는 자료를 정확하게 분석하고 해석할 줄 알아야 한다. 일본의 경우 자회사의 수익이 재무제표에 포함되지 않았고 미국의 경우 기업들이 재무제표에 명시된 것 이상의 가치를 지니고 있었다.

다시 가치를 측정하는 방법에 관해 살펴보자. 우리는 주가 수익률과 같은 가치 측정 방법을 한 가지 이상 사용해야 한다. 그 당시 미국의 주식들은 그처럼 저렴한 적이 없었다. 투자자들에게 엄청난 기회가 주어지고 있었다. 다우존스 산업평균지수에 편입된 종목의 주가 수익률과 가격 대 대체 가치의 비율 이외에도 주가가 저렴하다고 판단되는 여러 다른 정보가 있었다.

존 템플턴이 발견한 정보는 그 당시 기업 인수 합병이 빈번했다는 점이었다. 투자할 기업을 찾고 있는 바겐 헌터들에게 존 템플턴이 조언하는 것은 그 기업을 조사하는 데 사용하는 시간만큼 그 기업의 경쟁 업체에 대해서도 조사를 하라는 것이다. 그는 한 기업에 대한 가장 좋은 정보는 그 기업에서가 아니라 그 기업의 경쟁 업체에서 얻을 수 있다고 말하곤 했다. 왜냐하면 좋은 기업은 그들이 경쟁을 하는 기업들에 대해 많은 것을 알고 있기 때문이다. 그들은 경쟁자들의 장점과 단점을 자세히 알고 있다. 또 그들은 평범한 바겐 헌터들보다 사업 환경에 대해 더 잘 알고 있다. 이러한 모든 것들을 고려해 볼 때 기업은 능력 있는 경쟁 업체를 자신의 사업으로 끌어오기 위해 계속해서 관심을 갖고 경쟁 업체를 주시하고 있다. 물론 기업마다 이유가 다르겠지만 기업 인수를 하는 주된 목적은 장점이 많은 기업을 끌어들여 자사의 약점을 보완하는 것이다.

인수되는 기업의 수가 급격하게 증가하고 있을 때 존 템플턴은 그것을 기회로 생각했다. 그 당시 주식은 기업의 내재 가치에 비해 너무 낮은 가격에 거래되고 있었다. 경쟁 업체가 인수할 때 지불하고자 하는 금액이 그 기업의 시장 가치보다 50퍼센트 내지 100퍼센트 높았다. 눈치 빠른 바겐 헌터들은 기업들의 시장 가치를 면밀하게 조사했다. 인수 수준에 비해 기업들의 주가가 너무 낮았다. 바겐 헌터들이 이를 확인하는 방법은 '법인세, 이자, 감가상각비 차감 전 영업 이익'(우리는 이를 EBITDA(에비타)라고 부른다)과 주식의 기업 가치를 조사하는 것이다. 한 회사의 기업 가치는 기업의 주식 가치에 부채를 더하고 대차 대조표상의 현금을 뺀 금액이다. 이것은 기업을 인수할 때 기업의 가치를 결정하는 방법이다. 주주로부터 주식을 사고 그 기업의 부채를 떠안거나 갚아야 하기 때문이다.

기업 가치 = 주식의 시장 가치(시가 총액) + 총부채 − 현금이 계산식은 기업의 인수 가치가 영업 이익과 관련 있다는 개념에서 만들어진 것이다. 보통 펀드 매니저들은 EBITDA가 '현금 같다'고 말한다. 그것이 종종 '현금 수익' 대신에 사용되기 때문이다. 하지만 여기에는 분명히 우리가 깨닫지 못한 부분이 있다. 예를 들어 기업의 가치를 EBITDA로 나누어서 기업의 가치가 EBITDA의 3배라는 사실을 알게 되고, 그 업계의 경쟁자들이 다른 기업들을 EBITDA의 6배에 매수하는 것을 보았다면 우리 주식이 저렴하다는 결론을 내릴 수 있을 것이다. 여기에서 이론적 근거는 시장에서 누군가가 그 주식이 저렴하다는 사실을 알게 된다는 것이다. 그 사람이 그 주식을 사는 바겐 헌터일 수도 있고 그 기업을 인수하는 경쟁 업체일 수도 있다. 1980년대 초의 사례로 돌아가서 존 템플턴은 기업이 그들의 경쟁 업체를 그 기업의 주가보다 50퍼센트 또는 100퍼센트 더 지불하고 인수하는 것이 매우 논리적인 가치 척도를 사용한 것이라고 생각했다.

그 외에 존 템플턴이 1980년대 초 증시에서 본 것은 많은 기업이 사업을 해서 벌어들인 현금으로 자사 주식을 사들이고 있는 모습이었다. 존 템플턴이 주목할 수밖에 없는 상황이었다. 매수 가격이 저렴했기 때문에 수백 개의 기업들이 공개 시장에서 자사 주식을 사들였다. 존 템플턴은 기업이 자사주를 사들이는 것은 기업의 가치에 비해 주가가 지나치게 하락했다는 것을 보여 주는 것이라고 생각했다. 기업을 경영하는 사람들이 외부 사람들보다 그들 기업의 가치에 대해 더 잘 알 것이기 때문이다. 기업들이 시장에서 자사 주식을 사서 소각했기 때문에 기업의 주당 순이익(EPS)이 증가하게 되었다. 주당 순이익이 증가하고 기업의 가치가 높아지기 때문에 많은 주주들이 기업의 이러한 조치를 환영했다. 행동주의 주주들은 기업이 넉넉한 현금을 보유하고 있거나 혹은 과다한 현금을 보유하고 있지만 새로운 사업에 투자하지 않을 경우 이런 자사 주식 매수 조치를 적극적으로 지지했다. 다른 주주들도 배당금보다 주식 환매를 선호했다. 배당금을 받게 되면 정부에 세금을 내야 했기 때문이다.

주가가 기업의 가치보다 낮고 조만간 증시의 흐름이 바뀔 수 있다고 판단하게 된 마지막 단서는 엄청난 양의 현금이 사용되지 않고 방치되고 있다는 사실이었다. 그 당시 존 템플턴은 이것에 대해 다음과 같이 말했다.

"나는 과거의 어느 때보다 더 많은 현금을 가지고 있는 사람들을 보았다."

그들은 보험 회사와 연기금과 같은 기관 투자자들과 미국보다 더 비싼 수준에서 거래되고 있는 증시에서 온 외국인 투자자들이었다. 그 당시 존 템플턴은 미국 연기금이 약 6,000억 달러의 여유 자금을 보유하고 있다는 사실을 알게 되었다. 연기금 전문가들은 연기금이 보유하게 될 자금이 그 후 12년 동안 3조 달러에 달할 것이라고 예측했다. 그것은 투자하게 될 자금이 그 당시보다 5배나 더 많아진다는 것을 의미했다. 연기금이 보통주에 50퍼센트(실제로 평균 55퍼센트였다)만 투자해도 평균적으로 1.5조 달러가 시장에 흘러 들어왔다. 1982년 증시 전체의 가치는 1.25조 달러에 달했다.

돈이 어디론가 흐를 것이기 때문에 매수세가 유입되면 주가가 오를 가능성이 매우 높았다. 이것은 수익이 증가하고 내재 가치가 높아지면 매수세가 유입되어 주가가 오른다는 전통적인 사고방식과는 대조되는 이론이었다. 어쨌든 존 템플턴은 이 연기금의 증시 투자로 주가가 오르더라도 2배까지는 뛰지 않을 것이라고 생각했다. 하지만 그 당시 미국의 주가가 매우 낮은 수준이라는 사실은 인정했다. 물론 이 현금은 '주식의 죽음' 이론과 관련이 있을지도 모른다. 이들 기관 투자자들이 증시로 돌아오지 않고 대신 부동산, 상품, 수집품 등에 보유 현금을 사용할 수도 있었다.

대부분의 투자자들은 연금이나 보험료가 우표와 같은 수집품에 투자될 것이라고 생각하지 않는다. 하지만 그 당시 상품이나 수집품에 투자하는 건 매우 흔한 일이었다. 하지만 주식은 그렇지 못했다. 그 당시 인플레이션이 끝나가고 있으며 증시에 뒤덮인 먹구름이 조만간 걷힐 것임을 알고 있는 사람은 존 템플턴 외에 거의 없었다.

1982년 존 템플턴은 루이스 루케이서(Louis Rukeyser)가 진행하는 '월 스트리트 위크'(Wall Street Week)라는 텔레비전 프로그램에 출연한 적이 있다. 인플레이션, 실업, 고금리 그리고 불경기 등으로 미국이 몸살을 앓고 있던 때였다. 이 프로그램에서 그는 경기가 좋아질 것이라고 단언했다. 그는 바겐 헌터로서 기업의 가치에 비해 주가가 지나치게 하락했음을 알고 있었다. 이 장에서 언급했듯이 존 템플턴은 자신의 가치 척도 방법을 사용하여 증시가 죽어 가고 있지 않다고 확신할 수 있었고, 다른 사람보다 앞서서 증시의 부활을 예측했다. 존 템플턴은 향후 10년 내에 다우 지수가 3,000에 이를 것이라고 장담했다.

그 당시 다우 지수는 800대 초반에서 거래되고 있었다. 그런 상황에서 존 템플턴은 10년 내에 지수가 4배까지 오를 것이라고 예측한 것이다. 그 당시 누구도 인정할 수 없는 발언이었다. 투자자들은 그가 제정신이 아니라고 생각했다. 당시 그런 예측은 현실성이 없는 것처럼 보였을지 모른다. 하지만 존 템플턴은 미국 주식이 지금까지 자기 경험상 가장 저렴하다고 평가했다. 그리고 자신의 예측을 보완하기 위해 약간의 설명과 간단한 수식을 곁들였다.

존 템플턴은 기업의 이익이 평균 7퍼센트로 성장하고 인플레이션이 6퍼센트 내지 7퍼센트로 예상되면 전체적인 이익은 1년에 약 14퍼센트 증가할 것이라고 말했다. 그 14퍼센트가 매년 복리로 증가한다면 이 기업의 주식 가치는 5년 동안 거의 2배가 될 것이다. 그리고 그 다음 5년 동안 또 다시 2배로 늘어날 것이다. 어쨌든 그는 그 당시 기관 투자자들이 투자를 하지 않은 유휴 자금이 많았기 때문에 지수를 끌어올릴 숨은 힘이 있다고 믿었다. 결국 투자 환경도 좋지 않고 나쁜 소문으로 주가가 바닥을 기고 있었으므로 증시의 개선 가능성은 어느 때보다도 높았다. 그 후 9년간에 걸쳐 그의 예측이 정확했다는 게 입증되었다.

진정한 가치 투자자로 명성을 얻다

〈그림 5-2〉에서 보는 바와 같이 존 템플턴의 예측대로 1991년 지수가 3,000을 넘어섰다. 그 결과 그는 투자의 귀재로 더 높은 명성을 얻게 되었다. 여기서 주목해야 할 것은 다른 투자자들이 희망이 없다고 판단한 상황 속으로 걸어 들어가서 확신을 가지고 자신이 원하는 것을 끝까지 추구한 그의 '정신력'이다. 다른 투자자들이 관심을 두지 않는 외딴 곳에 홀로 들어가 저가 주식을 찾는 것이야말로 존 템플턴이 가치 투자에서 성공할 수 있었던 비법이다.

존 템플턴이 지적했듯이 진정한 바겐 헌터가 되고 싶다면 다른 투자자들이 외면하는 주식에 관심을 갖는 것이 가장 중요하다. 어떤 이유에서인

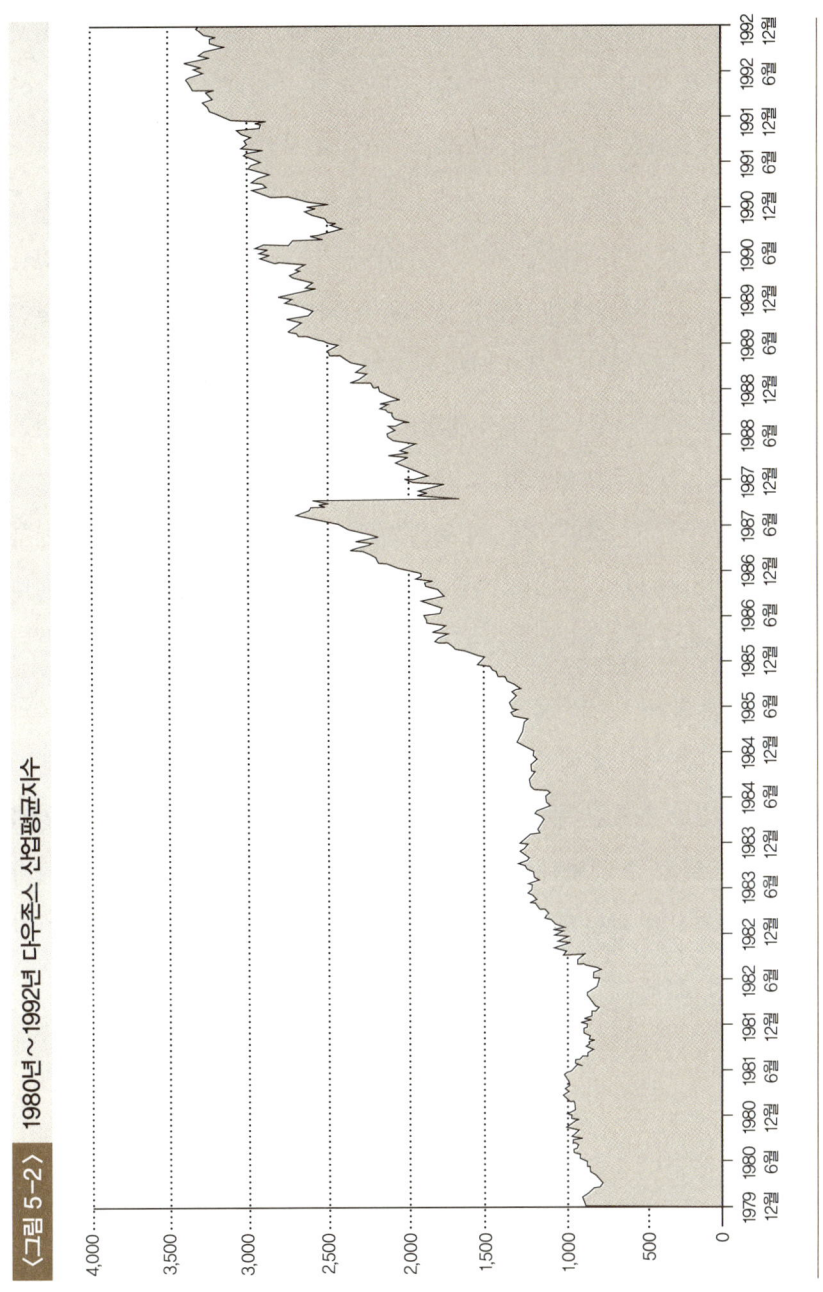

<그림 5-2> 1980년~1992년 다우존스 산업평균지수

지는 모르지만 주가가 하락했을 때가 주식을 매수하기에 가장 적절한 시점이라고 생각하는 투자자들조차도 실제로는 그렇게 하기를 꺼린다. 이것은 아주 오래된 현상이다. 너도나도 주식을 시장에 내어 놓으면 아무도 사려고 하지 않는다. 여러 상점에서 모든 물건을 50퍼센트 할인해서 판다고 했을 때 그 상품의 구매를 꺼리는 구매자가 있을까? 물론 없을 것이다. 하지만 증시에서는 주식을 할인해서 팔려고 하면 투자자가 꺼린다.

> 다른 투자자들이 희망이 없는 것으로 판단한 상황 속으로 걸어 들어가 확신을 가지고 자신이 원하는 것을 끝까지 추구하라.

당신의 투자 방법이 근본적으로 기업의 가치에 기반을 두고 있으며 그 가치에 비해 가장 낮은 가격의 주식을 찾는다면 '주식의 죽음'과 같이 시장이 주는 기회를 절대로 놓치지 말아야 한다. 하지만 단지 시장 관측자, 언론 보도, 지인 등에게서 조언을 구한다면 전망이 좋지 않은 시점에서 그들은 분명히 당신의 투자를 만류할 것이다. 이와는 반대로 당신이 독립적으로 판단하고 여론보다는 숫자 같은 자료에 더 관심을 기울인다면 어떠한 시장 조건에서도 살아남을 수 있고 유효한 투자 전략을 짤 수 있을 것이다. 다시 말해서 원래 가치에 비해 아주 저렴하게 거래되는 주식을 발견하고 다른 모든 투자자들이 그 주식에 관심을 두지 않는다면 가장 비관적인 상황에 있다고 할 수 있으며 동시에 투자하기 가장 적절한 시점에 있다고 할 수 있다.

존 템플턴의 가치 투자 전략

1. 소문보다는 주가 수익률을 확인하라.

2. 바겐 헌터는 재무 비율을 잘 해석할 줄 알아야 한다.

3. 특정 기업에 대한 가장 좋은 정보는 그 기업의 경쟁 업체에게서 얻을 수 있다.

4. 일관성을 유지하는 것이 가장 높은 수익률을 올리는 투자 전략이다.

5. 금융 위기의 상황에서 자신의 포트폴리오를 다시 한 번 평가하고 그것을 지켜라.

6. 주식 시장에 떠돌고 있는 예측에 의존하지 마라. 이것은 대부분 잘못된 것으로 판명되거나 잦은 매매를 부추긴다.

7. 독립적으로 판단하고 여론보다는 숫자 같은 정확한 데이터에 관심을 기울여라.

INVESTING THE

TEMPLETON WAY

제6장

주식 시장, 그 광기의 역사

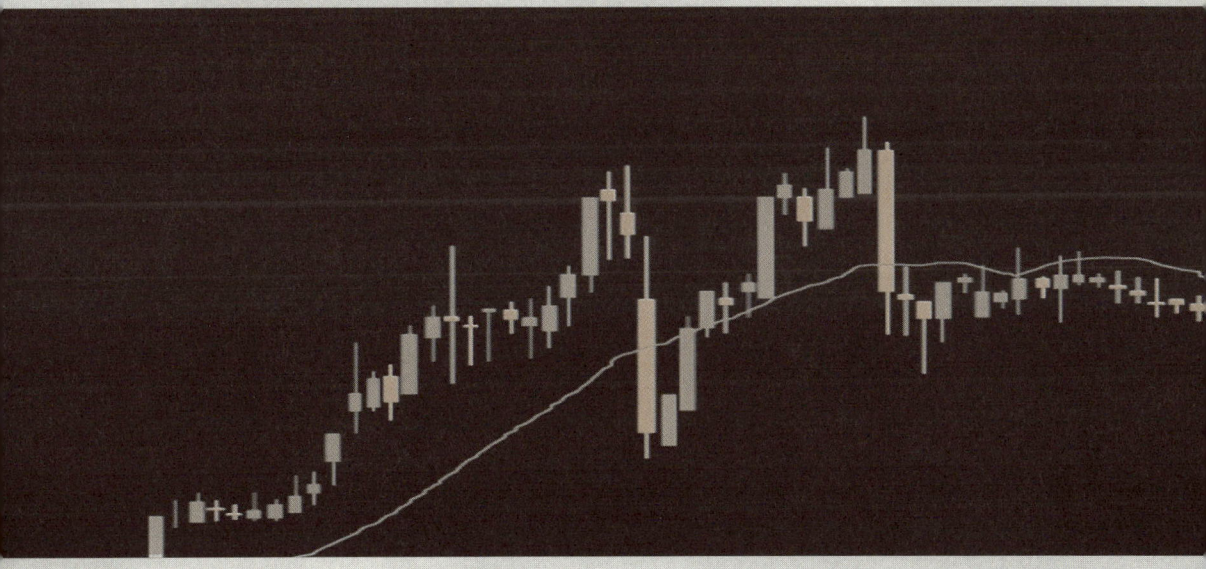

영어에서 가장 비싼 네 단어는 'this time it's different.'(이번만은 다르다)이다.
– 존 템플턴

나는 대학을 갓 졸업한 1999년 초 조지아 주 애틀랜타에 위치한 모건 스탠리 딘 위터(Morgan Stanley Dean Witter, 1997년 딘 위터, 디스커버 앤드 컴퍼니, 모건 스탠리 그룹 등 세 회사가 합병하여 설립한 세계적인 금융 서비스 회사―옮긴이)에 입사하면서 금융계에 첫발을 내디뎠다. 더 갭(The Gap)이라는 기업의 주식 1장으로 여덟 살 때부터 주식 투자를 시작했지만 1990년 말 증시에 대해서는 어떤 준비도 되어 있지 않았다. 그 당시 기술주들의 기업 공개(IPO) 건수가 급증하고 있었다. 그래서 투자 은행, 증권 회사 그리고 '신(新)경제'를 주도하며 하이테크 기술 회사를 운영하는 20대 젊은 사장들에게 막대한 자금이 몰리고 있었다.

당시는 그 산업에 투자해야 할 가장 좋은 시점이었다. 2000년 기술주 붕괴로 너도나도 투매를 할 때까지는 기술주 덕택에 주식 시장이 초호황을 누렸다. 나는 2001년 여름 헤지 펀드를 시작하면서 시장에서 많은 경험을 쌓았다. 이 장에서는 1999년과 2000년의 시장 상황에 대해 살펴보려고 한다. 이 이야기는 아버지와 내가 1999년 초 바하마에 있는 존 템플턴 할아버지를 방문하면서 시작된다. 그곳의 수도인 나소에 도착한 후 라이포드 케이 클럽(Lyford Cay Club)의 풀장 옆에서 점심 식사를 하기 위해 존 할아버지와 함께 앉아 있을 때였다. 무슨 말을 해야 할까 망설이다가 불쑥 질문을 던졌다.

"할아버지, 혹시 기술주를 사신 적이 있으세요?"

존 할아버지는 조용히 나를 바라보시더니 들고 있던 콜라 잔을 내려놓고 미소를 지으며 다음과 같이 말을 했다.

"테네시 주의 윈체스터에서 어린 시절을 보내던 어느 여름밤 이웃집 현관 밖에 많은 사람들이 모여 있었단다. 무슨 일인지 궁금해서 형과 함께 달려가 보았지. 많은 이웃 주민들이 누군가를 기다리며 어두컴컴한 그 집 문 앞에 서 있더구나. 그때 한 남자가 미소를 지으며 현관문 밖으로 나왔는데 우리에게 잠깐 기다리라는 몸짓을 했지. 그가 집 안으로 다시 들어가고 얼마 후 집 안이 환해졌단다. 그곳에 모인 사람들은 탄성을 지르며 박수를 쳤지. 그것은 '전기'였는데 그것이 세상을 영원히 바꿔 놓았지. 하지만 전기 관련 주식들이 나온 것은 훨씬 이전이었단다."

증시의 역사는 반복된다

그때 존 템플턴은 수세기 동안 발생했던 금융 시장의 버블에 대해 설명했다. 이야기는 1630년대 네덜란드에서 튤립이 유행하던 때까지 거슬러 올라갔다. 그리고 그는 또 프랑스 투기꾼들이 일으킨 미시시피 버블

(Mississippi bubble), 영국의 사우스 시 버블(South Sea bubble, 1720년 해운 회사인 '사우스 시 컴퍼니'가 의회의 승인을 얻어 사업 이권을 따내고 국가 부채를 인수한 후 주가가 폭등하는 과정에서 일부 세력이 차익을 챙기고 손을 떼자 그 즉시 주가가 폭락하여 소액 투자자 대부분이 피해를 본 사건—옮긴이) 그리고 철도의 일시적이고 비정상적인 호경기(boom and bust) 등을 언급했다. 근래에 들어와서도 무선 통신, 자동차, TV 분야에서 투기로 인한 버블이 발생했다.

존 템플턴은 이런 사건에 관심이 많아 템플턴 재단 출판부로 하여금 《대중의 미망과 광기》(Extraordinary Popular Delusions and the Madness of Crowds)의 재판을 발간하도록 했다. 존 템플턴이 이러한 경제 활동에 대해 설명하는 모습을 보고 내가 놀란 이유는 각각의 사례마다 경제 활동 환경과 인간의 행동이 일맥상통하는 데가 있다고 생각했기 때문이다. 이런 사건을 연구하다 보면 시점은 달라도 사례마다 유사한 데가 있다는 사실을 발견할 수 있다. '인터넷 버블'을 기억한다면 18세기에 영국에서 발생한 사우스 시 버블과 유사한 상황이었다는 걸 확인할 수 있을 것이다.

자동차 산업을 살펴보자. 1900년대 초 자동차 산업 초기에는 그 사업에 진입 장벽은 거의 없었다. 1990년대와 2000년대에 닷컴 기업이 폭발적으로 증가했듯이 1900년과 1908년 사이에 미국에서 자동차가 상업화되면서 500개 정도의 자동차 회사가 문을 열었다. 초기 자동차 제조업자들은 대규모 생산업자가 아니라 대부분 부품 조립업자였다. 그것은 마치 닷컴 기업들이 단순히 아이디어만 가지고 웹사이트를 제작하는 것과 같았다. 어느 경우든 사업을 시작하는 데 큰돈이 들지 않았다. 하지만 결국 경쟁력이 있는 기업만 살아남았다. 일반 투자자들은 초기에 사업에 뛰어든 많은 기업들의 운명을 깊이 고려했던 것 같지는 않다.

자동차 산업과 닷컴 기업이 태동한 시기 사이에는 거의 100년이라는 간격이 있지만 버블이 붕괴된 후의 모습은 비슷한 점이 많다. 먼저 버블이 붕괴되자 둘 다 기업의 수가 극적으로 줄었다. 새로운 산업이 떠오를 때 일반 투자자들은 보통 신생 기업들을 과대평가하는 경향이 있다. 그래서 그들은 새로운 산업의 신생 기업들을 적극적으로 지원한다. 투자자들은 '믿을 수 없는 기업'에도 자본을 공급했다. 하지만 투자자에게서 자금을 끌어들이는 대신 점차 자기 능력으로 돈을 벌어들이는 경쟁력 있는 기업들이 두각을 나타내자 대다수의 무능한 기업들은 자취를 감추었다. 투자자들이 자금 공급을 중단하자 기업들이 문을 닫게 된 것이다. 그로 인해 무능한 기업들을 도운 순진한 투자자들은 많은 돈을 잃었다. 제너럴 모터스나 이베이(eBay) 같이 성공한 기업은 극소수에 불과했다.

주식 투자 열풍이 불 때마다 나타나는 또 다른 공통점은 주가가 하락할 거라는 위험에는 관심을 두지 않고 증시 상황을 지나치게 낙관적으로 전망한다는 사실이다. 이 낙관주의는 전형적으로 그 산업이 급성장할 것이라고 성급하게 단정하는 데서 비롯된다. 투자자들은 또 이런 성장이 중단 없이 이루어질 것이라고 성급하게 판단한다. 1910년대 자동차 산업이 급성장할 때 투자자들은 그 성장이 언제까지나 계속될 것이라는 지나친 낙관론에 빠져 있었다.

인터넷과 함께 도입된 신경제와 같이 자동차의 발달도 우리를 '새로운 시대'로 이끌었다. 투자자들이 주장하는 새로운 시대는 '고속 교통의 시대'를 의미했다. 여기에서 우리는 20세기든 21세기든 상관없이 기술 버블이 항상 '새로운 시대'라는 개념을 동반한다는 사실을 알 수 있다. 1910

년대의 고속 교통의 시대와 1990년대 후반부터 2000년까지의 신경제 때의 신문 보도를 살펴보면 두 버블 사이에 유사성이 있음을 알 수 있다. 1912년 《뉴욕 타임스》에 실린 다음과 같은 기사를 보면 고속 교통의 '새로운 시대'에 진입하면서 그것이 중단 없이 성장할 것이라는 예측을 내놓고 있음을 확인할 수 있다.

자동차를 일시적으로 유행하는 제품으로 간주하는 사람들이 많은데 그것은 잘못된 생각이다. 지금은 고속 교통의 시대이며 실제로 자동차가 매우 필요한 시대가 왔기 때문에 수요가 줄어든다는 것은 상상할 수도 없다.

'수요가 줄어든다는 것은 상상할 수도 없다'는 말은 일방적인 견해인가, 아니면 설득력 있는 주장인가? 이 말이 1999년 말 잡지 《와이어드》(Wired)에 실렸다고 생각해 보자. 조지 길더(George Gilder, 《길더 테크놀로지 리포트》의 발행인, IT분야 전문가이자 작가—옮긴이)와의 다음과 같은 인터뷰에서도 우리는 '중단 없는 급성장'이라는 가정을 확인할 수 있다.

나는 인터넷이 일시적인 유행이라고 생각하지 않는다. 인터넷은 우리에게 엄청난 기회를 제공할 것이다. 수많은 보고서에 따르면 인터넷 트래픽(internet traffic)이 향후 5년 동안 1,000배 정도 증가할 것이라고 한다. 그것은 우리가 현재 인터넷 회사를 운영하고 있다면 현재의 트래픽이 5년 후 트래픽의 1,000분의 1 수준밖에 되지 않는다는 것을 의미한다. 이 속도라면 10년 후에 트래픽은 100만 배 증가할 것이다.

'100만 배 증가'라니. 그것은 지나친 낙관론이다! 물론 자동차 산업과 인터넷 산업은 둘 다 세상을 바꾸어 놓았다. 하지만 우리는 바겐 헌터이고 증시 전체가 그런 의견에 동의하여 버블을 확대시킨다면 주가가 지나치게 과대평가되어 위험한 투자 대상이 된다는 사실을 잊어서는 안 된다. '바겐 헌팅'을 하려면 가장 먼저 주가와 그 주식이 대표하는 기업의 차이를 구분할 줄 알아야 한다. 자동차 산업의 경우 투기꾼들은 낙관적인 생각만 하고 주가와 관계없이 주식을 사들였다. 그들은 투자한 기업들이 세계를 변화시키고 그들의 성장을 어느 누구도 막을 수 없기에 주가가 계속 오를 것이라고 확신했다. 투기꾼들은 항상 그런 생각에 현혹되어 주가가 급등할 것이라고 판단하기 때문에 투자를 한다. 다음은 1916년 월 스트리트 거래에 관해 보도된 언론 기사의 일부를 발췌한 것이다. 이를 통해 자동차 산업의 성장에 대한 무분별한 가정이 증시에 어떤 결과를 가져왔는지 쉽게 알 수 있다.

> 바겐 헌팅을 하려면 가장 먼저 주가와 그 주식이 대표하는 기업의 차이를 구별할 줄 알아야 한다.

요즘 증권 회사에 다녀온 투자자라면 자동차 주식 열기가 어느 정도인지 잘 알 것이다. 이제 막 자동차 주식을 매수한 한 투자자는 아직 자동차를 가지고 있지 않은데 조만간 투자 수익으로 자동차를 구매할 예정이라고 말했다. 소형 자동차를 소유하고 있는 또 다른 투자자는 조만간 얻게 될 수익으로 더 큰 자동차를 구매할 계획을 세우고 있다고 했다.

주식 투기꾼들은 소비 성향이 강하다. 그들은 부(富)를 잡을 기회를 잡으면 그 부가 지속될 것이라고 생각한다. 투기꾼들은 투자에 성공하면 새로운 부를 소비하고 싶은 충동을 억제하지 못한다. 이 경우 자동차 주식으로 수익을 올리면 그들은 새로운 차를 살 것이다. 1990년대 말 인터넷 버블이 진행되는 동안 취미로 인터넷 주식에 손을 댄 데이 트레이더(day trader)들과 투자자들은 이런 투기꾼들 때문에 자신도 모르는 사이에 투기 열풍에 휩쓸리게 되었다. 대다수의 데이 트레이더들은 강세장을 부추기는 엄청난 범죄를 저지르고 증권 시장에서 손을 뗐다. 물론 그들의 계획은 증시에서 계속 돈을 벌어 그 돈으로 개인적인 만족을 위해 소비를 할 작정이었다. 한 예로 데이 트레이딩으로 수익을 올려 그 수익으로 소비를 늘린 한 초등학교 4학년 교사에 대한 《월 스트리트 저널》의 기사를 읽어 보자.

미시간 주 블룸필드 힐스(Bloomfield Hills)의 한 초등학교 4학년 교사는 위트 캐피털(Wit Capital)과 이트레이드(E*Trade)를 통해 새롭게 상장된 기업의 주식을 매수하고 단기간에 매도하여 큰 수익을 올렸다. 그는 최초 투자 자금 2,000달러로 프라이스라인닷컴(priceline.com) 같은 주식에 투자하여 원금을 9만 달러까지 불릴 수 있었다. 그는 그 돈으로 부활절 휴가 기간 동안 가족과 함께 마우이에 여행을 다녀온 후 DVD 플레이어를 구입하고 주택을 수리했다.

1900년대 초 자동차 주식 투자자들은 투자로 큰 수익을 올려 차를 살 수 있었다. 그리고 1990년대 데이 트레이더들은 투자 수익으로 여행을 하고 전자 제품을 살 수 있었다. 시대는 다르지만 이야기는 거의 비슷하다. 하지만 투자자들이 지나치게 소비를 하면 심각한 상황을 초래할 수도 있다. 왜냐하면 그동안 축적한 재산은 다음 거래에서 순식간에 날아가 버릴 수 있기 때문이다. 이와 비슷하게 대다수의 일반 투자자들이 주가 상승을 예상하고 소비를 한다면 주가가 하락하는 경우 경제에 매우 부정적인 결과를 초래할 것이다. 장기간에 걸쳐 주가가 상승할 때 소비도 지속적으로 증가한다면 투자자들은 결국 최악의 상황에 처하게 된다. 1989년 일본 증시와 부동산 버블의 붕괴 그리고 1929년 대공황 당시도 그와 같은 상황이 발생했다. 소비와 주가 상승 사이의 관계는 1720년 영국에서 발생한 사우스 시 버블 때 밝혀진 경제 패러다임이다.

18세기에 발생했던 사우스 시 버블의 붕괴는 그 후 많은 투자자들을 고통에 빠트렸다. 이런 버블 붕괴를 초래한 전문적인 주식 투기꾼들이 대부분의 다른 투자자들과 달랐던 것은 다른 투자자들이 수년간에 걸쳐 할 수 있는 일을 단 2, 3개월 만에 끝냈다는 점이다. 사우스 시 버블은 영국 의회가 해운 회사인 사우스 시 컴퍼니와 협상을 하면서 시작됐다. 그 협상은 사우스 시 컴퍼니가 영국의 많은 부채를 떠안는 대신 중남미와 독점적으로 거래할 수 있도록 정부가 보장을 해준다는 내용이었다. 그리고 정부 부채의 과거 채권자들에게는 사우스 시 컴퍼니의 주식을 주고 지속적으로 매년 6퍼센트의 배당금을 지급한다는 내용이었다. 물론 주식의 보유자는 주가가 오르면 당연히 그에 대한 혜택도 받게 된다. 첫 번째 협상이 이루어진 후 영국 왕은 국가의 부채를 줄이기를 원한다고 국민들 앞에서 발표했다.

사우스 시 컴퍼니의 경영자들은 이 기회를 이용해 그와 비슷한 방법으로 자사의 주식을 더 발행하고 영국의 모든 부채를 인수할 계획을 세웠다. 의회의 승인이 떨어지고 주식이 발행되자 남아메리카에 매장된 엄청난 금광과 은광 그리고 그로 인해 챙길 수 있는 부에 대한 생각이 일반 투자자들을 사로잡았다. 게다가 회사의 중역들은 주가를 끌어올리기 위해 소문을 퍼트리고 다녔다. 미지의 대륙에서 엄청난 돈을 벌어들일 수 있다는 말에 사우스 시 컴퍼니의 주식을 사기 위해 너도나도 몰려들었다. 1990년대 데이 트레이더의 행동을 보고 놀란 사람들이라면 1720년 사우스 시 컴퍼니 주식에 대한 데이 트레이더의 행동에도 당혹해 했을 것이다. 그러니까 18세기 영국에도 버블이 있는 곳이면 데이 트레이더들이 있었다. 증시에서 일확천금을 얻기 위해서는 뭐든지 희생할 수 있다는 그들의 의지는 그 누구도 막을 수 없었다. 《폴 몰 가제트》(Pall Mall Gazette)에 실린 다음 기사를 읽으면 사우스 시 전문 주식 투기꾼들이 순진한 투자자들을 어떻게 끌어들였는지 쉽게 알 수 있다.

> 부동산을 소유하고 있는 사람들은 선조들이 물려준 부동산까지 모두 팔았다. 일반 투기꾼들뿐만 아니라 철학자, 교수, 장관, 디자이너 심지어 과부도 소유하고 있던 부동산을 모두 처분하여 사우스 시 컴퍼니의 주식을 매수하기 위해 혈안이 되었다.

인터넷 버블처럼 사우스 시 버블도 사회의 수많은 구성원들을 끌어들였다. 여기서 얻을 수 있는 분명한 사실은 쉽게 돈 벌기를 원하는 인간의 마음은 시대와 지역을 초월해 똑같다는 사실이다. 아무리 훌륭한 사람도 증시의 먹잇감이 될 수 있다. 아이작 뉴턴(Sir Isaac Newton)도 이 버블에서 상당히 많은 돈을 날렸다. 한 과부는 친척에게 보내는 편지에서 사우스 시 컴퍼니의 주식에 대한 그녀의 경험을 다음과 같이 밝혔다.

> 모두 사우스 시 컴퍼니에 대한 이야기뿐이야. 여자들은 주식을 사려고 보석을 팔고 그 주식을 갖게 되어 행복해 하고 있어. 제이미는 행운이 자기에게 찾아온 것을 다행으로 생각하며 요즘 항상 얼굴에 미소가 가득하단다. 휘트워스 씨는 사우스 시 컴퍼니 주식 1,000주를 두 달 후 500에 살 수 있는 선매권(refusal)을 얻기 위해 나에게 200기니(guinea, 21실링에 해당하는 영국의 옛 금화. 1기니는 대략 1파운드에 해당한다.―옮긴이)를 주었지. 나는 혹시 그가 약속을 지키지 않을까 봐 은근히 걱정이 되는구나. 어쨌든 나는 부자 과부가 될 거야. 내 인생에 지금처럼 돈을 벌 수 있는 기회가 생긴 적은 없었어.

그 여자의 친척 중 한 명도 다음과 같은 편지를 보냈다. 그도 역시 증시에서 쉽게 수익을 챙길 수 있다고 확신했다.

> 나는 요즘 주식 매매로 돈벼락 맞은 느낌이야. 사우스 시 컴퍼니가 배당금을 준다고 발표한 후 그 회사 주가가 폭등했거든. 사람들은 사우스 시 컴퍼니 주식을 450에 살 수 있는 선매권을 얻기 위해 주가의 50퍼센트를 제시하고 있지. 조만간 주가가 500이 될 거라고 생각해.

사우스 시 컴퍼니 주식에 거품이 형성되어 있는 동안 대부분의 일반 투자자들은 주식 투기꾼을 비난하는 사람들을 곱지 않은 시선으로 바라보았다. 하지만 1720년 전직 재무 장관 로버트 월폴은 사우스 시 컴퍼니의 주식 발행에 공개적으로 반대했다. 그는 사우스 시 컴퍼니의 주식 발행에 대해 다음과 같이 주장했다.

많은 사람들이 주식 매매에 빠져 정상적인 사회생활을 못하고 있다. 사우스 시 컴퍼니는 경솔한 사람들을 파멸의 길로 끌어들이기 위해 위험한 미끼를 던지고 있다. 투자자들은 건전한 노동에 의한 수익보다는 부를 거머쥘 수 있으리라는 허황된 꿈에 도취해 있다. 그들은 인위적으로 주가를 끌어올리고 있다. 사우스 시 컴퍼니는 배당을 내세워 부적절한 투자에 사람들을 끌어들이고 있다.

월폴의 지적은 옳았다. 그는 자신도 모르게 투기에 빠져드는 순진한 데이 트레이더들에게 경종을 울렸다. 하지만 그의 우려와 경종은 제대로 받아들여지지 않았다. 여기서 한 가지 교훈을 얻을 수 있다. 무엇인가에 열광하는 사람들에게 전통적인 지혜를 제시하는 사람은 누구라도 대중들에 의해 무시될 수 있다는 것이다. 이것은 데이 트레이더들이 놀라운 수익을 올리는데도 바겐 헌터들이 참여하지 않아 공공연히 비난을 샀던 닷컴 열풍 때도 마찬가지였다. 가장 주의할 점은 열광적인 사람들이 지나치게 자신을 과신할 때 투기꾼들은 더욱 신용을 얻게 된다는 것이다.

닷컴 산업의 버블

닷컴 산업에 버블이 있던 동안 두 명의 훌륭한 가치 투자자인 줄리안 로버트슨(Julian Robertson)과 워렌 버핏은 폭등한 기술주를 매수하지 않아 투자자들에게서 비난을 받는 듯 보였다. 1999년 12월 27일 투자 전문지 《배런스》(Barron's)는 '워렌 버핏, 무엇이 잘못인가?'라는 제목의 커버 스토리를 게재했다. 그 기사는 1999년 워렌 버핏의 수익이 급감했으며 새로운 유형의 전문 투자자들에게 뒤떨어지고 있다고 평했다.

> 버크셔의 실적이 매우 저조하다. 많은 투자자들이 2000년에 70세가 되는 버핏이 너무 보수적으로 변하고 있으며, 심지어는 시대에 뒤떨어진 것 같다고 평가하고 있다.

이 기사는 1979년 '주식의 죽음'라는 제목의 기사처럼 시간이 지나고 나면 농담으로 간주될 수 있지만 그 당시만 해도 농담으로 들리지 않았다. 금융 전문가들과 다수의 데이 트레이더들은 바겐 헌터들의 저조한 실적을 비웃었다. 1999년 12월 《월 스트리트 저널》에 게재된 기사를 읽어보자. 데이 트레이더로 변신한 사회사업가의 이야기다.

> 캘리포니아 주 레돈도 비치(Redondo Beach)에 사는 한 사회사업가는 과거에 주식을 1주도 매수한 적이 없었다. 그녀는 증시가 자신과는 맞지 않다고 생각했다. 그녀는 "저는 증시를 잘 모릅니다."라고 솔직히 말했다. 그녀는 어느 날 운전을 하다가 한 기업이 러시아와 계약을 체결했다는 라디오 뉴스를 들었다. 관심이 생긴 그녀는 전화를 걸어 자세한 정보를 입수한 후 증권 회사에 계좌를 개설하고 그 기업의 주식 100주를 주당 12달러에 샀다. 그 기업은 MCI 월드컴 사(MCI

WorldCom Inc.)였다. 그녀의 원금 1,200달러는 지금 1만 6,000달러가 되었다. 그녀는 이후 종목을 늘려 레드 햇(Red Hat Inc.), 야후(Yahoo! Inc.), 제너럴 일렉트릭(GE), 아메리칸 온라인(American Online Inc.) 등의 주식을 보유하고 있다.

"2년 후 제 투자 자금은 2배로 늘었습니다. 놀라운 일이죠. 사업을 해서는 꿈도 못 꿀 액수입니다."

월 스트리트의 대규모 투자자들과 더불어 일반 개인 투자자들도 1990년대 막강한 금융 파워 그룹으로 부상했다. 그들은 자신들의 순자산 가치를 그들의 기대 이상으로 끌어올리고 있으며 증시는 기록적인 신고점을 향해 달리고 있다. 개인 투자자들은 이제 뉴욕 증권 거래소 거래량의 30퍼센트 이상을 차지하고 있다. 1989년에는 15퍼센트도 되지 않았다. 요즈음은 사무실뿐만 아니라 자동차 판매 대리점, 술집, 공장과 같은 장소에 가도 사람들이 주식 투자에 대해 이야기하는 것을 자주 듣게 된다.

성공적인 주식 선정 덕분에 그녀는 주말에만 사업을 하고 주중에는 집에서 매매에 전념했다. 그녀는 "저는 하루에 3, 4번 매도를 하고 또 3, 4번 매수를 합니다."라고 말했다. 그녀의 목표는 남편과 함께 은퇴 후 살 수 있는 자금을 마련하기 위해 매년 15만 달러를 수익으로 벌어들이는 것이었다.

그녀는 그런 와중에 모멘텀 투자(momentum investing, 장세가 상승세냐 하락세냐 하는 기술적 분석, 시장 심리 그리고 분위기 변화에 따라 추격 매매하는 투자 방식 – 옮긴이)가 얼마나 뿌리 깊은 것이며 가치 주식에 집중하는 게 얼마나 시대에 뒤떨어진 것인지를 증명할 수 있는 투자 원칙을 개발했다. 그녀는 "가치 투자자들은 매수한 다음 한동안 보유하라고 말합니다. 하지만 주가가 계속 하락하면 주식을 팔고 쉬어야 할 때가 있습니다."라고 말한다.

그녀는 덧붙여 말했다.

"투자 원칙이란 손실을 보는 주식은 과감하게 매도하고, 주가가 오르면 보유하라는 것입니다. 하지만 주가가 하락하면 처분해서 손실은 10퍼센트 내외로 유지해야 합니다."

어쨌든 MCI 월드컴은 회계 부정 사건으로 수년 후 파산했다. 데이 트레이더들이 지나치게 기술주에 집착한 결과 피해를 입게 된 사례라고 할 수 있다. 그들의 주식 선정 방법은 모멘텀 투자에 기반을 두고 있었다. 간단히 말해 올라가는 것은 사고 내려가는 것은 팔았다. 즉 다수의 행동을 따르는 것이다. 경험이 많은 바겐 헌터들은 기술주가 머지않아 폭락할 것임을 어렵지 않게 예견할 수 있었다.

기술주 버블이 형성되는 동안 MCI 월드컴은 인간의 행동과 주식 투기꾼 사이에 깊은 연관성이 있음을 보여 주었다. 자산 버블이 만들어지는 이유 중 하나는 기업이 발표하는 회계 자료를 순진한 투자자들이 의심 없이 믿어 버리기 때문이다. MCI 월드컴은 여러 기업의 인수 합병에 의해 탄생한 거대한 통신 회사였다. 1990년대 말 무수한 인수 합병을 통해 만들어진 불명예스러운 CEO 버니 에버스(Bernie Ebbers)의 작품이었다. 그의 계획은 주가를 부풀려 경쟁 업체를 인수함으로써 통신 산업을 하나의 거대한 기업으로 통합하려는 것이었다. 이 기업의 최대 야망은 1,150억 달러에 통신 업체 스프린트(Sprint)를 인수하는 데 있었다. 하지만 독점

금지법 때문에 그들의 야망을 이룰 수 없었다. 그리고 얼마 되지 않아 기술주 버블이 붕괴하기 시작했다. 그는 MCI 월드컴의 주식을 담보로 4억 달러를 빌렸다. 만약 주가가 하락한다면 지불 능력을 상실할 상황이었다.

인터넷 버블이 붕괴되어 MCI 월드컴 주가가 하락하기 시작했을 때 그는 회계 부정을 저질러 주가를 조작했다. 회사의 경영난이 악화되고 있다는 사실을 숨겨서 주가가 하락하는 것을 막을 요량이었다. 그전까지는 성장을 거듭해 왔지만 스프린트 인수가 실패로 돌아간 후 사업은 기울기 시작했다. 회계법인이 아서 앤더슨(Arthur Andersen)에서 KPMG(컨설팅 전문 업체―옮긴이)로 바뀐 후 감사 과정에서 회계 부정이 드러났다. 결국 투자자들은 1,800억 달러를 잃었다. 이것은 오랫동안 치밀하게 계획된 작전이었다. 에이브러햄 화이트(Abraham White)를 뿌듯하게 만든 사건이기도 했다. 여기서 당신은 에이브러햄 화이트가 누구인지 궁금할 것이다.

1904년 무선 통신 버블에서 우리는 무선 통신이 미국인들의 지갑을 열게 하는 것을 목격했다. 20세기 초 기술주 버블이 있는 동안 무선 통신은 부에 대한 미국인들의 상상력을 사로잡았다. 그 버블은 무선 통신의 굴리엘모 마르코니(Guglielmo Marconi, 이탈리아 무선 통신 발명자―옮긴이) 시스템으로 시작되었다.

마르코니는 증류주 제조업을 하는 부유한 가정에서 태어난 아일랜드계 이탈리아 인이었다. 어린 시절 그는 이탈리아 볼로냐 대학 교수에게 물리학을 배웠다. 그 당시 그 교수는 송신기와 수신기 사이에 같은 주파수로 신호를 송신하는 것을 실험하고 있었다. 마르코니는 연구를 거듭한 끝에 전화 통신 기술과 전자파 기술을 통합하여 메시지를 무선으로 송신하는 방법을 발명해 냈다. 학계에서 비슷한 실험이 진행되고 있었지만 마르코니는 자본가로서 그 기술을 상업적으로 응용하고자 했다. 오랜 연구 개발 끝에 그는 특허를 신청했다. 이탈리아 해군에서 그의 시스템 테스트가 성공적으로 마무리되자 사업을 구상하여 사촌에게 투자를 제의했다. 그 후 얼마 되지 않아 마르코니 무선전신회사(Marconi Wireless Telegraph Company)가 탄생했다. 그는 자금을 더 끌어들이기 위해 자신의 기술을 시연해 보였다. 그는 영국 해협을 건너 프랑스까지 메시지를 보냈다. 그리고 아메리카 컵 요트 대회 결과를 AP 통신에 송신했다. 매스컴과 광고를 통해 그는 자신의 기술을 많은 사람들에게 알렸다. 하지만 그 기술에는 한계가 있었다. 전송 거리가 56킬로미터에 불과했던 것이다.

성공적인 홍보 덕분에 예상 경쟁자들이 게임에 참여했고 기술을 상업화했으며 부를 거머쥘 수 있었다. 게다가 경쟁 업체들이 출현하기 시작했다. 그중 하나는 젊은 예일대 출신 박사인 리 드 포레스트(Lee De Forest)였다. 그는 동창생들의 후원 아래 미국무선전신회사(Wireless Telegraph Company of America)를 설립했다. 이 회사는 1901년 아메리카 컵 요트 대회 결과를 퍼블리셔스 프레스 어소시에이션(Publisher's Press Association)에 송신했다(마르코니가 처음 송신한 지 2년 후였다). 이때 마르코니도 같은 내용을 AP 통신에 송신했다. 두 회사 모두 같은 주파수를 사용했고 그래서 서로 전파 방해를 일으켰다. 또 제3의 무선 회사가 출현했다. 그 회사는 미국무선전화전신회사(American Wireless Telephone and Telegraph Company)였다.

기술 면에서 마르코니가 업계의 선두에 있었기 때문에 포레스트는 자금을 더 끌어들여 회사를 키우고자 했다. 처음에는 자금을 확보하는 데 성공하는 것 같았지만 에이브러햄 화이트라는 사람을 만날 때까지 1년 동안 정체 상태였다. 화이트는 1896년 150만 달러어치 채권을 발행하기 위한 우표 입찰권을 따내 월 스트리트에서 유명해진 사람이다. 그는 미국 무선전신회사의 사장이 되었고 포레스트는 부사장이 되었다.

사장으로서 화이트의 전략은 투자자에게서 가능하면 많은 자금을 끌어오는 것이었다. 그들은 무선 탑을 차에 설치하여 월 스트리트에 주차해 놓았다. 그리고 대중의 관심을 끌기 위해 애틀랜타에 사용하지 않는 대형 무선 탑을 세웠다. 광고를 위한 것이었다. 오래 지나지 않아 화이트는 500만 달러(오늘날의 가치로 약 1억 1,600만 달러)의 자본금을 끌어들일 수 있었다. 그 후 그는 국제무선회사(International Wireless Company)와 회사를 합병했다. 합병 기업의 규모는 1,500만 달러였다(2006년의 가치로 3억 5,000만 달러).

주목적은 가치 없는 주식을 일반 투자자들에게 파는 데 있었다. 화이트는 경영권을 확보하자마자 포레스트를 해고했다. 하지만 포레스트가 그렇게 순진한 사람은 아니었다. 그는 일기에 다음과 같이 기록했다. "조만간 나는 어리석은 사람들에게 당할 것이다." 화이트에게 해고당한 포레스트는 특허를 침해하면서 장비를 미국 해군에 팔았다.

아무튼 그때 화이트는 회사의 주가를 끌어올리기 위해 허위 회계 자료를 언론에 발표하고 공모 안내서를 투자자들에게 보냈으며 광고도 냈다. 다음은 투자자들을 대상으로 한 화이트의 허무맹랑한 연설 내용이다.

지금 저희 회사에 수백 달러를 투자하면 평생 돈 걱정 하지 않고 살 수 있습니다. 저희는 현재 여러 가지 신제품들을 개발 중입니다. 당사의 주가는 2년 내에 1,000퍼센트 상승할 것입니다. 기업이 배당금을 주기 시작하면 주가는 무제한 상승할 게 분명합니다. 여러분의 아이들을 위해 지금 100달러를 투자하면 성인이 되었을 때 그들은 이미 부자가 되어 있을 것입니다.

일반 투자자들로부터의 주식 매매 대금은 재무제표에 수입으로 기록되었다. 수입을 늘리는 유일한 방법은 더 많은 주식을 매도하는 것이었다. 주식 판매가 정체되면 수입도 없었다. 주식 판매를 촉진하기 위해 그는 다음과 같이 말했다.

시중에 매매되고 있는 주식은 많지 않습니다. 여러분에게 기회를 드리겠습니다. 여러분들은 주식을 손에 넣고 여러분이 하고 싶은 대로 하고 벌고 싶은 대로 돈을 벌면서 살 수 있는 꿈의 세계로 가시겠습니까? 아니면 다른 이들이 돈을 벌고 있을 때 주저하고 의심하며 그 기회를 놓쳐 버릴 겁니까? 결정은 여러분의 몫입니다. 나이 들었을 때를 잘 생각해 보시고 지금 바로 매수하십시오. 지금이 바로 기회입니다.

화이트는 회사가 보유한 기술을 과대 선전하면서 거의 매수를 강요하다시피 했다. 그는 루스벨트 대통령에게 18개월 내에 무선 메시지를 마닐라까지 보낼 수 있다고 약속하는 전보를 백악관에 보냈다. 또 샌프란시스코와 뉴욕 간에 통신 시설을 설치하겠다고 약속하기도 했다. 또 대서양 해안에서 중국까지 메시지를 보낼 것이라고 약속했다. 그 후 얼마 되지 않아 화이트는 마르코니를 포함해 무선 업계의 모든 회사들을 합병할 목적으로 연합무선전신회사(United Wireless Telegraph Company)가 설립되었다는 기사를 언론에 보도했다. 마르코니 회사 관계자들은 격분하여 화이트를 특허 침해로 소송을 제기했다.

1910년 에이브러햄 화이트의 사기극은 끝이 났다. 연방 수사국의 수사관들은 뉴욕 사무실을 급습하여 회계 자료를 압수해 갔다. 수사관들은 회사의 자산 1,400만 달러가 실제로는 존재하지 않는다는 사실을 밝혀냈다. 회사 총자산 가치는 40만 달러에 불과했다. 중역들은 주식을 1911년까지 양도할 수 없는 것으로 스탬프를 찍어 일반 주식 보유자들이 자유롭게 매도할 수 없게 했다. 그들은 또 주가를 한 번에 5달러씩 계속 끌어올렸다. 처음에 1.5달러에 매각했으나 50달러까지 끌어올렸다. 한편 중역들은 주식을 팔 수 없도록 함으로써 무선 회사 주식에 광분하고 있는 2만 8,000명의 주주들의 돈을 착복하고 있었다. 연방 수사국은 화이트로부터 당시 주당 50달러 하던 1,500만 주의 주식을 몰수했다. 1910년 당시 7억 5,000만 달러로 지금 가치로 추산하면 162억 달러에 달했다.

주식 공모주, 위험한 파티에 쉽게 동참하지 마라

버니 에버스와 에이브러햄 화이트의 이야기는 주식 투기꾼의 부정적인 면을 잘 보여 주고 있다. 두 사건 모두 사기꾼들이 순진한 투자자들을 어떻게 이용하는지 잘 보여 준다. 하지만 완전히 합법적인 상황에서도 순진한 투자자들은 터무니없는 가격에 공모 주식을 살 수 있다.

시중에서 새로 상장되는 공모 주식을 살 기회는 많다. 버블이든 어떠한 시장 상황에서든지 주식 공모가 있을 때마다 바겐 헌터들은 본능적으로 주의를 기울인다. 어떤 경우라도 주가를 최대치로 높이려는 분위기에 휩쓸리지 마라! 기업은 그들이 주가를 최대한 높일 수 있을 때 주식 공모를 한다. 따라서 공모주는 절대로 저가 주식이 아니다!

1999년 12월 증시에 기술주의 버블이 형성되기 시작했다. 하지만 가치투자자들은 몸을 사리며 그 파티에 동참하지 않았다. 그들은 가장 먼저 주가 수익률을 확인했고 현금 흐름에 신경을 썼으며 자본 수익률을 계산하고 대차 대조표를 점검했다. 그들은 기업의 전략과 경영자들의 과거 실적을 확인했다. 하지만 결국 과거 전통 산업의 주식들이 새로운 기술주에게 자리를 내주었다.

그 당시 증시에서 일어나고 있는 상황을 관심 있게 바라보던 경험 많은 투자자들은 언제나처럼 증시를 주의 깊게 연구하고 새로운 투자 시대를 맞이할 준비를 했다. 증시는 마치 서커스장 같았다.

1999년 부모님은 크리스마스를 함께 지내기 위해 나의 집을 방문했다. 아버지가 방으로 들어오면서 존 할아버지에게서 팩스를 받았노라고 말했다. 팩스에는 존 템플턴이 공매도를 하도록 권장하는 나스닥 기술주 목록이 적혀 있었다.

공매도란 투자자가 주식을 실제로 소유하고 있지 않거나 혹시 갖고 있다고 하더라도 그것을 사용하지 않고 타인에게서 주식을 빌려 주식을 매도하는 것을 말한다. 이렇게 하는 것은 주가가 하락할 것을 예상하고 그 차익을 얻기 위해서이다.

주가가 하락하여 더 낮은 가격에 다시 사들이면 처음에 매수한 금액과의 차이가 결국 수익이 된다. 예를 들어 한 주당 50달러에 매도를 했다고 가정해 보자. 그런 다음 40달러에 다시 사들일 경우 차액인 10달러가 수익이 된다. 하지만 매도 이후에 주가가 60달러로 오르면 10달러의 손해를 보게 된다.

100퍼센트의 수익을 올릴 수도 있는 공매도는 '순진한' 투자자들을 위한 투자법은 아니다. 50달러로 공매도한 주식이 '0달러'로 하락하면 투자자는 100퍼센트의 수익을 올리게 된다. 그 경우 투자자는 값어치가 없는 주식을 그것을 빌려 준 사람에게 다시 넘기고 50달러의 수익을 챙기는 것이다.

거래의 메커니즘은 치워 버리고 상황의 핵심에 다가가 보자. 알다시피 주가에는 상한선이 없다. 이 말은 결국 손실 잠재력이 무한대라는 것을 의미한다. 그래서 증권 계좌에 충분한 현금을 넣어 두어야 한다. 하지만 안전장치를 위한 것은 아니다. 오히려 술을 너무 많이 마신 사람을 술집에 들어오지 못하게 하는 것과 비슷하다. 술집은 술을 마시고자 할 때 가는 곳이기 때문이다.

> 가장 먼저 주가 수익률을 확인하고 현금 흐름에 신경 쓰면서 자본 수익률을 계산하고 대차 대조표를 점검하라.

공매도 거래는 리스크가 높다. 그럼에도 불구하고 공매도를 하는 투자자들에게는 유명한 경제학자이자 성공적인 투자자인 존 메이너드 케인스(John Maynard Keynes)의 다음과 같은 말을 들려주고 싶다.

"증시는 당신이 지불 능력이 있는 것보다 더 오랫동안 비합리적일 수 있다."

버블 붕괴가 있기 몇 년 전 몇몇 바겐 헌터들은 나스닥에서 기술주들을 공매도하려고 했다. 하지만 그것은 마치 달리는 버스 앞으로 걸어 들어가는 것과 같았다. 우리는 제2장에서 화제주(story stock)를 피해야 한다고 주장한 바 있다. 즉 기업의 경제적 가치와 맞지 않게 지나치게 높게 가격이 형성된 주식은 언제 하락할지 모르기 때문에 피해야 한다.

1990년대 말 나스닥에서 거래된 기술주들은 '화제주 명예의 전당'에 올려야 한다. 화제주는 그 특성상 전형적으로 투자자들을 끌어들이는 제품을 가지고 있다. 하지만 일부 화제주는 그런 제품이 없는 경우도 있다. 전통적인 사고방식으로 생각했을 때 기업으로 간주되지 않고 단지 하나의 사업 아이디어로 판단되는 회사를 대표하는 주식이 있다. 증시 버블의 후반기에 투자자들이 그러한 주식에 터무니없이 높은 가격을 지불한 것은 그 사업을 뒷받침하는 아이디어를 보고 한 것이었다. 사업 계획은 시대에 뒤떨어진 것이었다. 1999년 신규 기업이 받을 수 있는 가장 훌륭한 조언은 회사명 앞에 'e'를 붙이는 것이었다. 'e'자만 들어가면 그 신생 기업들에 자금을 대는 투기꾼들의 눈에는 성공이 확실한 것처럼 보였다. 그것은 신경제였고 세상을 바꾸고 있었다. 물론 훌륭한 기업도 있었다. 하지만 수많은 억측이 주가를 지나치게 끌어올렸다. 1999년 12월 나스닥의 평균 주가 수익률이 151.7이나 되었다(〈그림 6-1〉 참조). 바겐 헌터들은 그 주가가 명백한 거품이라는 사실을 알았다.

높은 주가 수익률이 암시하는 바와 같이 1999년 나스닥은 폭주 기관차 같았다. 그것은 나스닥 주식을 공매도할 생각을 한 바겐 헌터들에게도 문제가 되었다. 다시 말하지만 그것은 마치 달려오는 버스에 걸어 들어가는 것 같았다. 그것은 신경제가 원동력이 된 무법의 고속도로였다. 1999년 후반기 나스닥은 매일은 아니더라도 매주 새로운 기록을 갱신했다. 투자자들이 계속해서 매집을 했기 때문에 주가는 계속 올라갔다. 주식 초보자들도 한 번의 거래 후 주식 천재라는 소리를 들었다. 그 당시 증시의 특징은 '모멘텀 투자'였다. 그것이 유일한 투자법이었다. 그밖에는 달리 생각할 게 없었다. 주식 가치 평가 개념이나 주가가 그 주식을 대표하는 기업

〈그림 6-1〉 1995년~1999년 나스닥 월별 주가 수익률

에 의해 결정되어야 한다는 개념은 그늘에 가려 빛을 보지 못했다.

앞에서 우리는 '바겐 헌팅'의 함정에 대해 살펴보았다. 함정들 중 하나가 다수의 투자자들에 앞서 저가 주식을 확인하고 그들이 저가 주식을 더 낮은 가격에 매도하는 모습을 계속 주시해야 한다는 것이다. 하지만 확인한 저가 주식에 너무 일찍 투자를 하고 그 주가가 계속해서 하락하는 것을 보는 것은 안타까운 일이다.

적절한 매수 타이밍 분석법

그럼 이제 그 반대의 경우를 생각해 보자. 주식을 공매도할 준비가 되어 있는 바겐 헌터로서 당신은 매수세가 약해지기 전에 너무 일찍 공매도를 할 가능성이 있다. 이것 때문에 바겐 헌터 방식에 기초한 공매도가 실패로 돌아갈 수 있다. 종종 바겐 헌터들은 공매도를 한 경우 주가가 오르기 때문에 손실이 커지기 전에 주식을 비싸게 사서 결제를 해주는 경우도 있을 것이다. 결제를 해준 후에는 주가가 내려도 소용없다.

공매도를 하는 투자자들은 공매도를 너무 빨리해서 손실을 보는 경우가 있다. 이를 염두에 두고 1999년 말 존 템플턴이 어떤 방법으로 공매를 했는지 한번 살펴보자.

존 템플턴은 숨어 있는 '보석'을 발견하기 위해 증시를 다른 시각으로 바라보았다. 그는 공매도에서 손실보다는 수익을 창출할 수 있는 접근 방법을 모색했다. 증시 버블에서 심리적인 요인이 작용한다면 그것은 '탐욕'일 것이다. 탐욕은 인간의 오래된 결점일 뿐만 아니라 증시에서 자주 볼 수 있는 모습이다.

  수익을 현금화한 후 한동안 증시를 떠나고 싶어 하는 매수자들이 있었다. 그들은 증시에서 자주 주식 공모를 한 기술 기업의 젊은 중역들이었다. 기업들이 중역들에게 보상을 해주기 위해 신주를 발행할 때 그들에게 많은 양의 주식을 할당해 주는 게 관행이었다. 증시를 통해 주식 공모를 하기 전에는 그들이 회사의 주인이나 다름없기 때문이다.

  버블 붕괴가 있기 직전인 1999년과 2000년 주식 공모 시장에서 젊은 중역들은 기업의 주식을 일반 투자자들에게 매도함으로써 거금을 챙길 수 있었다. 그것은 적어도 서류상으로 볼 때 부자가 되는 가장 빠른 길이었다. 그리고 증시에서 기술주의 인기가 절정에 달해 있었다. 그러므로 그러한 기술 기업의 경영자들에게는 엄청난 혜택이 주어졌다.

  주식 공모는 자본 시장의 중요한 기능이다. 주식 공모는 주식의 소유권을 건전한 방법으로 이전할 뿐만 아니라 회사에 부족한 자금을 공급해 주는 근간이 된다. 자금이 필요한 경우는 여러 가지가 있을 수 있다. 대표적으로 사업 확장과 같은 때가 그런 시점이다. 예를 들어 주식 소유자는 자금을 확보하는 대신 일반 투자자들에게 소유권의 일부를 포기한다. 그리고 일반 투자자들은 주식 공모를 할 때 그 기업의 주식을 살 기회를 갖게 된다. 물론 주식 공모 후에 그 돈은 단지 매도자와 매수자 사이에 손만 바꼈을 뿐이지 회사가 더 많은 주식을 발행하지 않으면 회사로 흘러 들어가지 않는다.

  바겐 헌터로서 우리는 주식 공모 때 일반적으로 우리에게 유익한 두 가지 사항을 관측할 수 있게 된다. 하나는 경영자들이 일반 투자자가 그 주식을 매수하기를 열렬히 원하는 시점에 주식 공모를 한다는 것이다. 실제로 어느 누구도 주가의 최고점과 최저점이 되는 시점을 알 수 없지만 주식 공모가 갑자기 많아지면 일반적으로 주가가 높은 수준에 올라와 있다는 것을 감지할 수 있다. 왜냐하면 경영자나 증권 인수업자들은 공모를 할 때 기업을 위해 최대한 많은 자금을 끌어들이려고 노력하기 때문이다. 그래서 그들은 강세장의 끝마무리에서 공모하길 원한다. 다른 하나는 주식 공모가 있을 때 그 주식에 대한 매수세가 매우 강하기 때문에 공모 가격이 그 주식의 내재 가치 이상에서 책정된다는 것이다. 일반적으로 주식 공모가 있은 후 몇 달이 지나면 주가가 떨어지는 게 일반적이다. 그 주식이 증시에서 자유롭게 거래가 될 때쯤이면 수요와 열기가 식기 때문이다.

이러한 이유로 존 템플턴은 뮤추얼 펀드를 관리할 때조차도 공모 주식은 좀처럼 사지 않았다. 최초 공모가 시작된 이후 몇 개월 또는 몇 년이 지나면 훨씬 더 좋은 가격에 살 수 있기 때문이다. 그는 저가 주식을 찾는 투자자들에게 주식 공모가 적절한 투자 기회가 아니라고 말했다.

1999년과 2000년 주식 공모 시장에서는 신주 발행이 주가가 부풀어진 주식을 일반 투자자들에게 팔아 엄청난 자금을 거두어들일 수 있는 가장 빠른 방법이었다. 대부분의 경우 그것은 순진한 투자자들을 이용하는 것이었다. 기술주 버블에 참여한 투자자들 중에 일부 주식 보유자들은 주식 매도를 원했을 것이다. 회사의 경영자들이나 내부자들은 자신들이 어떤 주식을 보유하고 있는지 잘 알고 있었기 때문이다. 그래서 빨리 처분하고 수익을 챙기고 싶었을 것이다. 내부자들은 신경제가 가져다준 기회를 악용하고 부를 거머쥐었다.

하지만 일반적으로 증시에는 주식 공모가 실시되고 일반 투자자들이 공모주를 매수한 이후 일정한 기간 동안 내부자들이 따라야 할 규정이 있다. 즉 내부자는 매수한 주식을 최소 6개월 동안 보유해야 한다. 보통 이 기간을 '매각 제한 기간'(lockup period)이라고 한다. 존 템플턴은 증시에서 실시되는 모든 기술주 주식 공모에 대해 조사하고 그들의 매각 제한 기간을 알아냈다. 그래서 내부자들이 자신의 주식을 언제부터 매각할 수 있는지 알 수 있었다. 그는 내부자들이 분명히 주식을 매도할 것이라고 생각했고 그들이 주식을 매도하게 되면 그것이 촉매 역할을 하여 더 많은 투자자들이 주식을 시장에 내놓을 것이라고 확신했다. 그 시점에서 기술주 보유자들이 매일 주가의 흐름을 보고 매도할 것인지, 매수할 것인지를 결정할 것이기 때문이다. 즉 데이 트레이더들이 주가가 오르는 것을 보면 그 흐름을 타기 위해 매수할 것이다.

하지만 그때 당시 기술주는 매수세가 유입되면서 주가가 날마다 끊임없이 오르고 있었다. 그럼에도 불구하고 주가가 떨어지기 시작하면 계속 소유할 만한 호재가 없는 상황이었다. 내부자가 직접 주가를 내리는 사람은 아니겠지만 그들이 대량으로 주식을 매각하면 연쇄 반응을 일으킬 도화선 역할을 할 것이다. 그리고 그 연쇄 반응이 전체적으로 기술주의 붕괴를 가져올 것이었다.

존 템플턴은 내부자들이 대량으로 매도할 것을 예상하면서 매각 제한 기간이 끝나기 11일 전쯤 기술주를 공매도 해야겠다는 전략을 세웠다. 그는 공모 가격에 비해 주가가 3배 이상 급등한 기술주에 집중했다. 가치가 그 정도 올랐으면 내부자들이 대량으로 매도할 만한 충분한 사유가 될 것이라고 생각했기 때문이다. 그는 자신의 기준에 부합하는 주식 84종목을 찾아 각 종목마다 220만 달러어치를 공매도하기로 결정했다.

그는 기술주 버블이 붕괴되면서 주가가 급락할 것을 예견하고 자신의

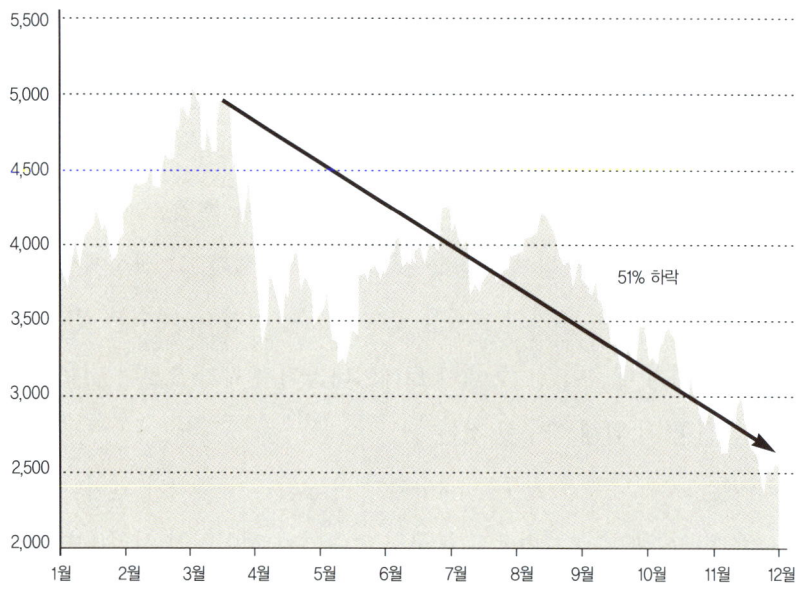

〈그림 6-2〉 2000년 1월 ~ 12월 나스닥 지수

돈 1억 8,500만 달러를 공매도에 투자했다. 2000년 3월 두 번째 주에 그의 예상대로 주가가 급락하기 시작했다(〈그림 6-2〉 참조).

우리는 존 템플턴이 비관주의가 극도로 팽배했을 때가 언제인지 확인하는 방법에 대해 질문을 받은 적이 있다는 걸 기억한다. 그는 그때를 마지막 보유자가 포기하고 주식을 처분함으로써 이론적으로 더 이상 매도자가 없으며 매수자만 남아 있을 때라고 대답했다. 이 논리를 거꾸로 해서 2000년도 기술주에 적용하면 증시에 더 이상 매수자가 없고 매도자만 남아 있을 때가 최대로 낙관주의가 팽배했을 때다. 2000년 3월 10일, 나스닥 지수가 5,132로 역사적인 신고점을 기록했을 때가 그때였다. 나스닥이 그와 같이 최고점을 기록한 날 《월 스트리트 저널》에 "보수적인 투자자들조차도 기술주가 일시적으로 인기가 있는 주식이 아니라는 생각이 팽배해 있다."라는 제목의 기사를 실었다.

41세의 한 펀드 매니저는 1980년대 중반 미국 증시 대폭락 이후 보수적으로 포트폴리오를 구성해 왔다. 그는 주로 듀폰(Dupont), 존슨 앤드 존슨, 프록터 앤드 갬블(P&G) 같은 안전한 블루칩 주식으로 포트폴리오를 짰다. 그는 수익의 30배 이상에서 거래되고 있어 위험도가 높은 기술주들은 정상이 아닌 것처럼 보였다고 회상했다. 그때 그에게 하나의 기회가 찾아왔다. 신생 소프트웨어 회사 레드 햇(Red Hat)에 대한 정보를 입수하게 된 것이다. 12개 기업들이 이 회사와 비슷한 일을 하고 있었다. 그는 후회하기 시작했다.

"나는 투자자들이 사고방식을 완전히 바꿨다는 사실을 깨닫기 시작했다."

그는 신경제가 도래했기 때문에 기저귀, 화학 제품, 반창고 등을 만드는 전통적인 기업은 더 이상 이 시대의 주인공이 될 수 없다는 사실을 깨달았다.

자녀들은 그에게 "아빠는 파티에 늦게 참석해서 못 추던 춤까지 추려고 한다."라고 비난했다.

하지만 그는 다음과 같이 말했다.

"나는 시스코 시스템스, 루슨트 테크놀로지스, 오라클, 월드컴, 보다폰 등이 미래를 위해 보유해야 할 핵심주들이라고 생각한다."

과거 보수적 투자자였던 그는 또 다음과 같은 말을 남기기도 했다.

"그것은 철로가 깔려 나라가 완전히 달라졌을 때와 같다. 예를 들어 1년 전만 해도 우린 휴대 전화가 없었다. 하지만 이제 막 대학교에 입학한 딸의 휴대 전화까지 합치면 우리 집엔 총 4대의 휴대 전화가 있다. 1994년 MBA를 졸업할 무렵 나에게는 컴퓨터가 없었다. 하지만 이제는 4대의 컴퓨터가 있다."

그는 무모한 투기꾼이 아니었기 때문에 주의 깊게 새로운 주식을 연구했다. 그리고 가을이 오자 행동에 옮기기 시작했다. 그는 그해 4월까지만 해도 조롱하던 인터넷을 이용해 연구를 하고, 채팅룸과 게시판을 조사하며 기술주를 사들였다.

그는 최근 몇 개월 동안 심경에 변화를 일으킨 수많은 미국의 투자자들 중 한 사람이다. 오랫동안 그들은 새로운 패러다임을 비웃고 기술주를 사들이는 투자자들을 당연히 벌을 받게 될 어리석은 투기꾼이라고 조롱했다.

이제 이런 보수적인 투자자들조차 자신들의 어리석음을 인정하고 기술주를 사들이기 시작했다. 이러한 구조적인 변화가 기술주의 고향인 나스닥 지수를 급격하게 끌어올렸다. 지수가 1999년 8월 이후 100퍼센트 상승한 것이다. 11월에 3000을 돌파했고 12월에 4000을 돌파했으며 목요일 5000을 넘어섰다. 한편 P&G, 듀폰, 이스트먼 코닥 같은 전통주의 고향인 다우 지수는 생기를 잃어 가고 있었다. 하지만 스탠더드 앤드 푸어스(S&P) 500지수는 그래도 비교적 완만한 상승세를 보였다.

불과 수개월 동안에 많은 투자자들이 블루칩 주식에 대한 정의를 바꿨다. 수세대 동안 포트폴리오의 중심을 이루던 코카콜라, 필립 모리스, AT&T와 같은 주식들은 더 이상 블루칩이 아니고 시스코, 인텔 그리고 광섬유 전문 업체인 JDS 유니페이스와 같이 과거에 잘 알려지지 않은 기업들이 그 자리를 차지했다.

9월 1일 이후에도 남아 있는 구경제의 주식들이 포트폴리오의 40퍼센트 이상을 차지하고 있었음에도 불구하고 기술주 덕분에 다우 지수가 8.5퍼센트 하락한 것에 비하면 훨씬 더 높은 수익률을 기록했다.

다른 투자자들도 마찬가지였다. 보수적인 투자자들이었던 그들도 자산 관리 전문가들을 찾아가 그들이 관리하고 있는 뮤추얼 펀드나 포트폴리오에 신경제 주식을 포함시켜 달라고 요구했다. 많은 투자자들이 투자 방향을 바꾸면서 그러한 요구가 증가하고 있다.

나스닥이 역사상 최고점을 돌파하던 날 신문에 게재된 기사다. 이 기사에서 보는 바와 같이 마침내 최후의 매수자들이 증시를 찾아왔다. 마지막까지 저항하던 투자자까지 가세한 것이다. 하지만 지금까지 여러 사례에서 잘 드러난 것처럼 그것은 잘못된 판단이었다. 그날 워렌 버핏과 줄리안 로버트슨을 겨냥한 기사를 살펴보자.

워렌 버핏은 구경제의 산물이다. 그의 포트폴리오를 보면 알 수 있다. 버핏의 버크셔 헤서웨이가 보유한 주식들 중에 대형주 5종목은 고점에서 15퍼센트나 하락한 상태다. 질레트는 51퍼센트 하락했고, 워싱턴 포스트는 19퍼센트, 코카콜라는 47퍼센트, 아메리칸 익스프레스는 27퍼센트, 프레디 맥(Freddie Mac)은 42퍼센트 하락했다. 일부에 의해 우량주로 평가되던 버크셔 헤서웨이 주식도 48퍼센트나 하락했다.

또 월 스트리트에서 오랫동안 가장 현명한 투자자로 간주되던 헤지 펀드 매니저 줄리안 로버트슨에 대해 살펴보자. 그는 미국에서 가장 부유한 투자자들의 돈을 관리하고 수백만 달러를 벌어들였다. 하지만 그는 경험이 부족했다. 지난해 그의 타이거 펀드는 19퍼센트나 하락했고 1월에는 6퍼센트가 더 빠졌다. 그는 구경제의 대표 주식인 유에스 에어웨이스(US Airways)에 거액을 투자하고 큰 손실을 보았다.

1년도 지나지 않아 나스닥 지수가 급락하면서 3월 고점에서 51퍼센트나 하락했다. 추측할 수 있겠지만 지수가 급락한다고 해서 그 지수 내의 개별 주식의 주가도 급락할 것이라고 단정해서는 안 된다. 존 템플턴이 공매도한 기술주 가운데 공매도한 시점에서 가치가 95퍼센트 하락한 종목들이 많았다. 이 포지션에 대해 몇 가지 예를 들어보자. 〈그림 6-3〉에서 〈그림 6-5〉까지 살펴보면 매각 제한 기간의 만료일과 포지션의 가치 그리고 포지션을 취한 후의 수익 등을 확인할 수 있다.

파운드리 네트웍스(Foundry Networks)의 경우 존 템플턴의 공매도가 나스닥 버블의 최고점과 일치하지만 증시가 처음 붕괴되기 시작한 이후인 2000년 11월에 공매도를 한 바이요(Vyyo)의 경우는 그렇지 않다는 사실을 알 수 있을 것이다. 이는 우리에게 시사하는 바가 크다. 지나치게 낙관적인 관점에서 비관적인 상태로 접어들기까지 제법 시간이 걸린다는 사실을 잘 보여 주고 있다. 적게는 수개월에서 때로는 수년이 걸리기도 한다. 비관적인 관점에서 낙관적인 상태로 접어드는 것도 마찬가지다.

여기까지 우리는 나스닥 버블의 정상에서 공매도를 둘러싸고 있는 환경에 관해 살펴보았다. 하지만 이것을 실제로 활용하는 기법에 대해서는

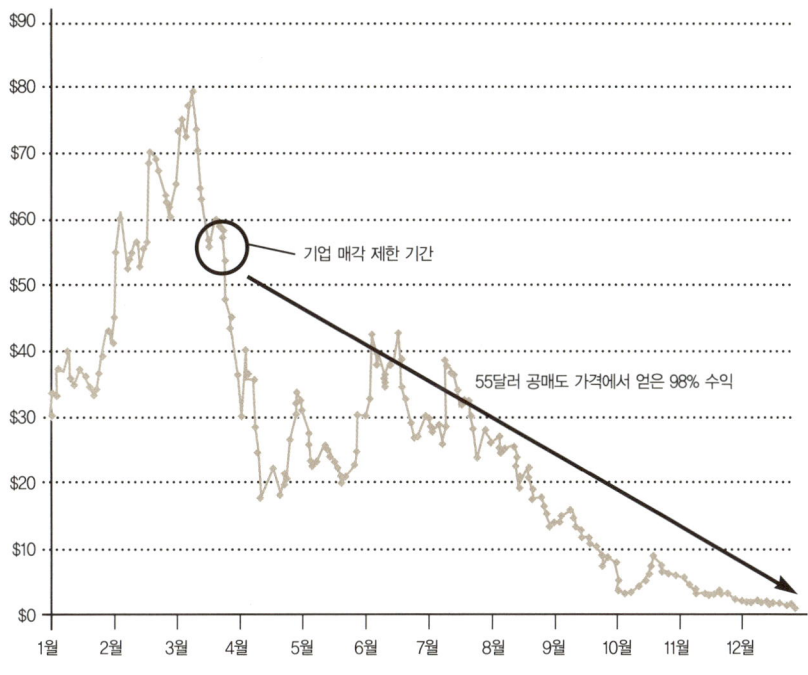

〈그림 6-3〉 브레이크어웨이 솔루션(Breakaway Solution)의 월별 주가 변동(2000년도)

거의 소개하지 못했다. 가격이 급등한 주식을 미래에 공매도하기를 원하는 바겐 헌터들은 존 템플턴이 공매도 거래에 적용한 기법을 잘 활용한다면 높은 수익을 챙길 수 있을 것이다.

존 템플턴의 첫 번째 원칙은 절대 손해를 보지 말라는 것이며, 두 번째 원칙은 첫 번째 원칙을 잊어서는 안 된다는 것이다. 공매도를 했을 경우 손실을 피하기 위해 취해야 할 조치 중 하나는 엄격하게 지켜야 할 원칙을 미리 정해 놓는 일이다. 예를 들어 존 템플턴은 나스닥 주식을 공매도

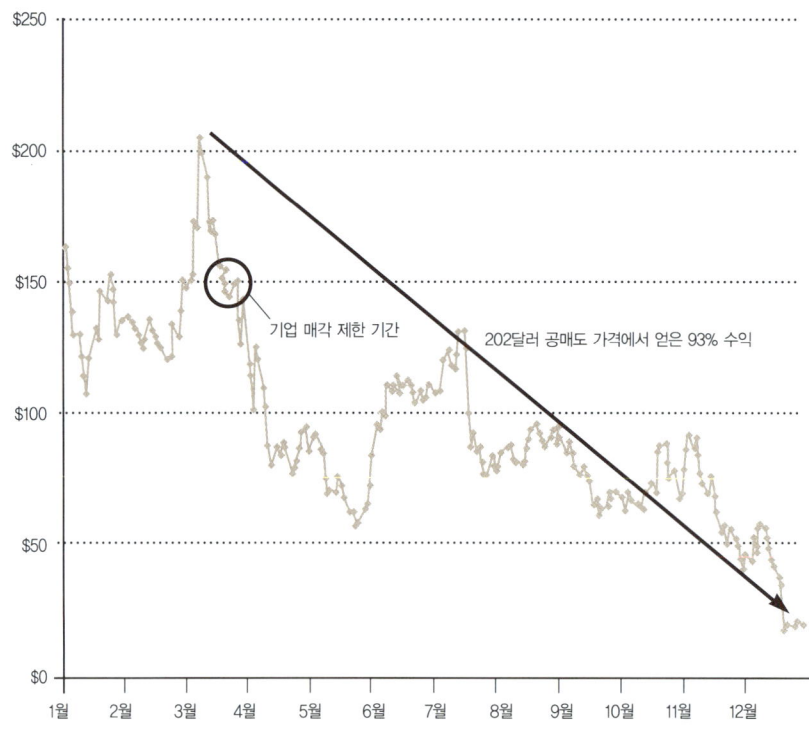

〈그림 6-4〉 파운드리 네트웍스 월별 주가 변동(2000년도)

했을 때 의사 결정 과정에 관한 몇 가지 원칙을 정해 놓았다.

제1원칙은 손실을 최소화하기 위해 손실의 수준을 미리 정해 놓는다는 것이다. 존 템플턴은 나스닥 주식 공매도의 경우 매각 제한 기간이 끝나 주가가 오르는 주식을 주의 깊게 관찰했다. 당신도 포지션을 설정한 후 어느 정도 가격이 오르면 정리한다는 원칙을 세워야 할 것이다. 이 가격 수준은 주관적이며 바겐 헌터들이 감수할 수 있는 선이어야 한다. 가격을

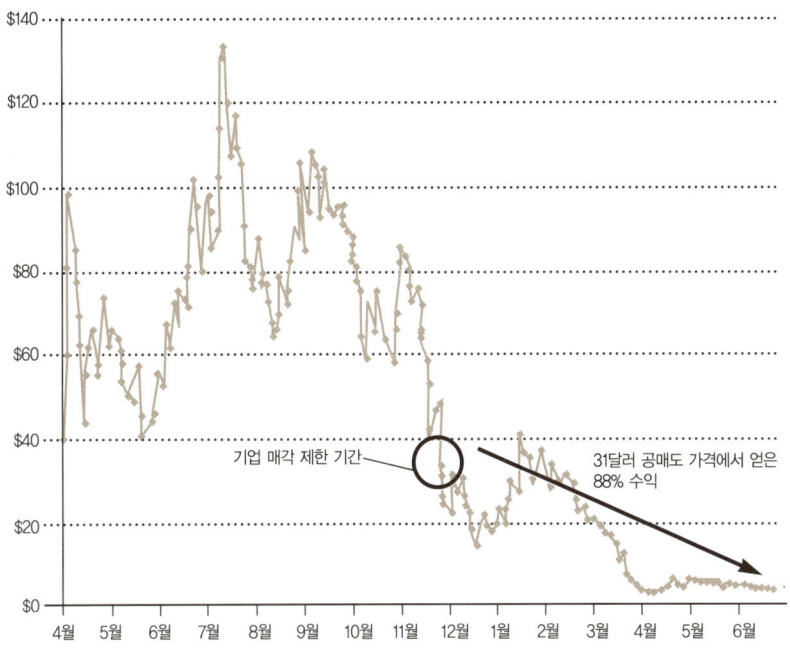

〈그림 6-5〉 바이요의 월별 주가 변동(2000년~2001년)

설정해 놓지 않는 공매도자들은 손실을 줄이기 위해 위험한 심리 게임을 하게 된다. 당신이 주가가 더 오르지 않을 것이라고 생각할 때에도 주가는 오를 수 있다! 케인스의 조언을 기억하자.

"증시는 당신이 지불 능력이 있는 것보다 더 오랫동안 비합리적일 수 있다."

같은 맥락으로 바겐 헌터는 사전에 계획한 수준의 수익을 챙겨야 한다. 예를 들어 존 템플턴은 나스닥 주식을 공매도했을 때 매매 금액에 관해 지침을 정해 놓았다. 이 경우 그는 공매도를 한 후 주가가 95퍼센트 하락하거나 12개월의 수익 기준으로 주가 수익률이 30 아래로 떨어질 때 수익을 챙기는 것으로 미리 정해 놓았다. 이 수익 원칙은 손실 원칙만큼 중요하다. 바겐 헌터들이 지나치게 욕심을 부리는 것을 방지할 수 있기 때문이다. 객관성을 잃는 것보다는 수익의 수준을 가능한 범위 내에서 미리 정해 놓자는 것이 이 원칙의 취지다.

> 공매도했을 경우 손실을 피하기 위해 엄격한 원칙을 정해야 한다. 첫째 원칙은 절대 손해 보지 말라는 것이고, 둘째 원칙은 첫째 원칙을 잊어서는 안 된다는 것이다.

2000년 나스닥 주식의 붕괴를 야기한 중요한 요소 중의 하나가 '탐욕'이었다는 사실을 잘 알 것이다. 2000년 1분기에만 시장에서 약 780억 달러의 주식 공개가 있었다. 그리고 이 기간 동안 매각 제한 기간이 끝난 주식도 1,110억 달러어치가 되었다. 어느 의미에서 보면 기술주 버블은 탐욕과 내부자들의 대규모 주식 매각에 의해 붕괴되었다고 해도 과언이 아니다.

포커에 비유하면 기술주 버블은 대규모 '허세 부리기'(bluff)가 분명했다. 현명한 포커 플레이어들은 그것이 허세 부리기라는 것을 알고 있었다. 하지만 그것은 큰 도박이었다. 어떤 시점에선지 모르지만 그들은 도박판에 남아 허세를 부리는 것보다는 다른 기회를 보고 그 자리를 떠나는 게 좋겠다고 생각했을 수도 있다. 하지만 노련한 사람들은 탐욕스러운 다른 플레이어들의 약점을 살피며 때를 기다리다가 그날 저녁 판돈을 모두 따고 유유히 사라질 수도 있다.

존 템플턴은 그렇게 해서 정확히 9억 달러를 벌어들일 수 있었다.

'데이 트레이더들이여! 존 템플턴의 지혜를 배우자.'

존 템플턴의 가치 투자 전략

1. 지나친 낙관론을 경계하라.

2. 증시의 역사는 반복된다. 역사의 흐름을 읽어라.

3. 주식 공모주, 위험한 파티에 쉽게 동참하지 마라.

4. 스스로 공부하라. 그것이 어렵다면 전문가의 도움을 받으라.

5. 현명한 투자자는 항상 변화의 조짐을 찾으려고 애쓰고, 자신의 투자 자산을 안전하게 보호하기 위해 주의를 게을리하지 않는다.

6. 주식 투자란 기업의 일부를 사들임으로써 그 기업의 재산을 공유하는 것이다. 사고팔기를 반복하는 것은 진정한 투자가 아니다.

7. 공매도했을 때 반드시 지켜야 할 투자 원칙은 첫째, 절대 손해 보지 말라는 것이고, 둘째는 첫째 원칙을 잊지 말라는 것이다.

INVESTING THE

TEMPLETON WAY

제 **7** 장

주식, 언제 매수해야 하는가?

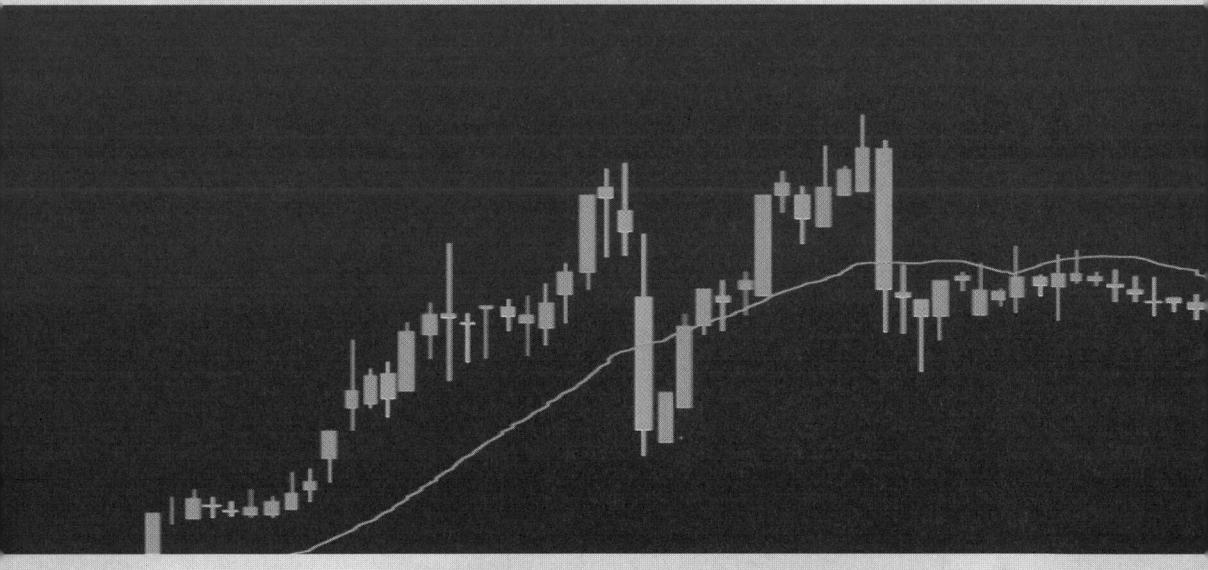

중국어로 '위기'(危機)는 두 글자로 구성되어 있다.
하나는 '위험'을 뜻하고 다른 하나는 '기회'를 뜻한다.
- 케네디 대통령

존템플턴이 살아오면서 늘 반복적으로 언급했던 격언이 있다.
"매수하기 가장 적절한 때는 바로 거리에 피가 낭자할 때다."
 겁을 주려고 하는 말이 아니라 가장 좋은 매수 기회는 위기가 닥친 후 증시에 투매 현상이 있을 때라는 말이다.

증시에 투매 현상이 나타날 때가 매수 기회다

 증시의 관점에서 볼 때 2001년 뉴욕에서 발생한 9·11 테러는 금융 시장에서 지난 수세기 동안 발생했던 수십 건의 다른 사건들과 별반 다를 바가 없었다. 그 결과는 거의 대부분 주식의 투매 현상으로 나타났다. 2001년 9월 17일 증시가 개장했을 때 잘 훈련받은 바겐 헌터들은 증시에서 엄청난 기회를 발견할 수 있었다.

존 템플턴은 증시의 위기를 미래의 수익 창출 기회로 만드는 방법을 잘 알고 있었다. 특히 그는 전쟁과 같은 위기가 가져다주는 투자 기회를 너무나 잘 알고 있었다. 유럽에서 제2차 세계대전이 발발했을 때인 1939년 주식을 대량으로 매수한 것을 포함해 그는 여러 차례 비슷한 경험을 했다. 바겐 헌터로서 그는 주식이 내재 가치와 무관하게 투매될 때 거기에 엄청난 투자 기회가 있다는 사실을 잘 알고 있었던 것이다. 매도자들이 두려워하는 위기의 정점에서 투자를 해야 큰 수익을 올릴 수 있다. 경제 위기가 과대평가될 때 훨씬 더 큰 기회가 주어진다.

위기 직후 주식을 매수하는 전략은 바겐 헌터들이 정상적인 증시 상황에서 매일 적용하는 것과 같은 전략을 현재의 위기에 적용하는 것이다. 그 전략이란 다음과 같다. 첫째, 바겐 헌터는 가격이 급락하거나 내재 가치보다 훨씬 낮은 주식을 찾는다. 저가 주식을 매수할 수 있는 가장 좋은 기회는 주가가 급격하게 변동할 때이다. 둘째, 바겐 헌터는 잘못된 판단으로 주가가 급락하는 상황을 기다려야 한다. 장기적으로는 문제가 없으나 일시적으로 어려움을 겪게 되는 상황을 말한다. 즉 바겐 헌터들은 매도자의 근시안적인 판단으로 야기된 일시적인 변화의 결과로 주가가 급락한 주식을 찾아야 한다. 셋째, 바겐 헌터는 전망이 가장 좋을 때가 아니라 가장 좋지 않을 때 주식을 매수해야 한다.

위기는 모든 사건을 과열 상태로 몰아간다. 위기로 투매 현상이 발생하면 바겐 헌터들이 바라는 상황이 찾아온다. 몇 달, 몇 주 아니면 단 하루 만에 찾아올 수도 있다. 그에 대한 반응도 오래 지속되지 않는다. 모든 투자자들이 성급하게 투매를 할 때까지 침착하게 기다릴 수만 있다면 저가

> 모든 투자자들이 성급하게 투매를 할 때까지 침착하게 기다릴 수만 있다면 저가 주식을 손쉽게 얻을 수 있는 절호의 기회를 얻을 수 있다.

주식을 손쉽게 얻을 수 있는 절호의 기회를 얻을 수 있다.

요약해서 말하면 바겐 헌터들은 주가가 급변할 때 기회를 포착할 수 있다. 투매 현상이 발생할 때 주가는 급변한다. 또 바겐 헌터들은 투자자들이 잘못 판단하고 있는 곳을 공략해야 한다. 투매는 지나친 두려움 때문에 오판을 하는 데서 발생한다. 위기에 처했을 때 사람들의 두려움은 과장되기 마련이다. 투자자들의 반응도 마찬가지다. 전형적인 반응은 위기가 닥쳤을 때 매도를 하는 것이다. 매도세 역시 과장된다. 바겐 헌터들은 매도자들이 단기적인 문제로 그들의 마음속에 과장해서 인식한 문제점을 이용한다. 과거를 돌이켜보면 위기가 닥친 초기에 투매 현상이 더 강하게 나타나며 시간이 갈수록 매도세가 약해진다는 걸 알 수 있다. 그래서 공포 분위기가 사라지면 주가도 다시 오르기 시작한다.

바겐 헌터들은 정확한 상황 판단을 하고 이런 시장 상황에서 수익을 만들어 낼 수 있어야 한다. 시장에서 투자자들이 투매를 할 때 주식을 매수하면 장기적으로 투자 실적을 크게 향상시킬 수 있다. 당신이 경험이 많든 그렇지 않든 상관없다. 장기적인 투자 계획을 가지고 있다면 1987년 10월 19일과 같이 증시 붕괴가 있을 때 큰 수익을 올릴 수 있다.

복리의 마법에 주목하라

스테디와 와이즈라는 두 사람의 투자 사례를 통해 이 사실을 구체적으로 살펴보자. 이 두 사람은 각자 10만 달러씩 저축을 했고, 1987년 10월 둘째 주에 증권 회사를 통해 주식 투자를 하기로 마음먹었다. 두 사람은 주초 증권 회사를 방문하여 증권 계좌를 개설하고 투자 준비를 마쳤다. 두 사람은 투자 경험이 별로 없었지만 매우 신중했다. 그들은 모두 제너럴 일렉트릭(GE)과 같이 장기적으로 성장 가능성이 높은 기업의 주식을 사기로 결정했다. 스테디는 1987년 10월 16일 금요일 증권 회사에 전화를 해서 GE 주식 10만 달러어치의 매수 주문을 했다. 하지만 와이즈는 매수에 대해 주말 동안 좀 더 생각한 후 다음 주 월요일 아침 다시 전화하기로 했다. 1987년 10월 19일 월요일에 두 사람은 모두 충격에 빠졌다. 그 날은 '블랙 먼데이'(Black Monday) 즉 증시 역사상 낙폭이 가장 큰 날로 역사 속에 기록된 날이었기 때문이다. 다우 지수가 하루만에 22.6퍼센트나 폭락했다. 스테디는 17퍼센트의 손실을 입더라도 즉시 투매를 하고 싶었다. 하지만 공황 상태에 빠져 있는 상황에서 매도하는 것은 어리석은 짓이라고 판단하여 당분간 주식을 보유하기로 결정했다. 정말 훌륭한 결정이었다.

이와는 반대로 와이즈는 투매 현상이 벌어지는 모습을 보고 GE 주식 매수 주문을 냈다. 하락세가 지속되고 있었기 때문에 싼 가격에 주식을 살 수 있는 좋은 기회라고 판단했기 때문이다. 그녀는 수화기를 들고 증권 회사에 전화를 했지만 아무도 전화를 받지 않았다. 여러 차례 전화를 했지만 계속 통화할 수 없었다. 그날 꼭 주식을 사야겠다고 생각한 그녀는 주문을 하기 위해 직접 증권 회사를 방문했다. 하지만 회사에서도 직원들은 보이지 않았다. 책상 뒤로 돌아가 보니 그들은 책상 밑에 숨어 있었다. 그녀는 담당 직원을 일으켜 당장 매수 주문을 내라고 요구했다. 직원은 일할 의욕이 없는 것처럼 보였으나 그녀가 원하는 대로 주문을 냈다. 이 또한 정말 잘한 일이었다!

스테디와 와이즈는 모두 그 후 19년 동안 GE 주식을 보유하고 그 기업이 성장하는 것을 지켜보았다. 그들 모두 블랙 먼데이 기념일인 2006년 10월 19일에 보유 주식을 처분하기로 했다. 스테디의 계산에 따르면 배당금을 포함시키기 전 연간 수익률이 11.8퍼센트에 달했다. 와이즈의 연간 수익률도 13퍼센트였다. 그녀가 투자 경험이 아주 없는 상태에서 처음 매수한 주식의 수익임을 감안하면 훌륭한 결과였다.

11.8퍼센트의 수익을 올린 스테디와 13퍼센트의 수익을 올린 와이즈는 1987년 자신들이 취한 조치가 훌륭했다는 사실을 알아야 한다. 하지만 두 사람 사이에 존재하는 1.2퍼센트라는 수익 차이는 원금 10만 달러에 해당하는 큰 차이를 만들어 냈다. 예를 들어 스테디는 주식을 팔 때 원금 10만 달러가 83만 2,519달러가 되어 있었다. 반면 와이즈의 10만 달러는 101만 1,203달러가 되어 있었다. 와이즈는 블랙 먼데이 덕분에 좀 더 저렴한 가격에 주식을 구입하여 더 높은 수익을 올릴 수 있었던 것이다.

중요한 사실은 매년 수익에서 이렇게 조그만 차이가 복리로 누적되면 금전적으로 큰 차이를 만들 수 있다는 것이다. 이것이 복리의 마술이다. 이것은 대부분의 투자자들이 모르는 사실 중 하나로 수익률 차이가 3~4퍼센트만 되어도 일반 투자자와는 다른 뛰어난 투자자로 분류될 수 있다. 증시에서의 공황 상태를 잘 이용하면 투자

> 미래에 공황이 닥쳤을 때 투자를 할 수 있는 배짱이 있는 사람이라면 이미 훌륭한 투자자가 될 자격을 갖춘 셈이다.

방법에 있어서나 수익 면에 있어서 일반 투자자들을 크게 앞설 수 있다. 많은 투자자들이 팔 때 매수를 하면 다수를 따르지 않게 되고 수익의 규모도 다수와는 다를 것이다. 좋은 결과를 얻게 될 것이라는 뜻이다. 증시가 공황 상태일 때 바겐 헌터들에게 가장 중요한 점은 그러한 기회를 놓

치지 않고 이용할 수 있어야 한다는 것이다. 미래에 공황이 닥쳤을 때 투자할 수 있는 배짱이 있는 사람이라면 이미 훌륭한 투자자가 될 자격을 갖춘 셈이다. 상황이 악화되었을 때 매수 결정을 할 수 있는 투자자라면 분명히 증시에서 남다르게 두각을 나타낼 수 있을 것이다.

장기적인 수익을 극대화하라

증시에서의 투매 현상은 여러 가지 원인으로 발생할 수 있다. 정치적인 사건(위협, 암살), 경제적 사건(원유 금수 조치, 아시아 금융 위기), 전쟁(한국전쟁, 걸프전, 9·11 테러) 등 그 원인도 다양하다. 원인이 무엇이든 간에 어떤 악재 때문에 투매가 이루어지면 바겐 헌터들은 다른 투자자들이 팔기를 원하는 주식을 살 준비를 해야 한다. 존 템플턴은 이런 상황에 처했을 때 "매도자의 편의를 도모해 주자."라고 주장했다.

〈표 7-1〉은 지난 50여 년 동안 증시에서 일어났던 사건들을 나열한 것이다. 그때마다 투매가 이루어졌다. 사건과 발생 일자 외에 이 표는 저점에 다다를 때까지 걸린 일자를 기록해 놓았다. 매 사건마다 투매가 잦아들 때까지 얼마의 시일이 걸렸는지 대략적으로 알 수 있을 것이다. 때때로 위기로 인한 투매는 50일 동안 지속될 수도 있고 하루 만에 끝날 수도 있다. '위기 이전에 투자한 10만 달러의 성장'이라는 항목에서 우리는 사건이 있기 전날 다우 지수 종목에 투자되어 5년간 보유한 10만 달러 투자금액의 성장을 추정할 수 있다.

이 자료에서 우리는 몇 가지 유용한 정보를 이끌어 낼 수 있다. 맨 왼쪽

<표 7-1> 최근의 위기 사례

위기	사건 발생 일자	저점까지의 기간(일자)	저점까지의 변화율(%)	위기 이전에 투자한 10만 달러의 성장	위기 이후에 투자한 10만 달러의 성장
진주만 공격	1941/12/7	12	−8.2%	$146,633	$166,767
한국전쟁	1950/6/25	13	−12.0%	$200,262	$231,698
아이젠하워 대통령 심장마비	1955/9/26	12	−10.0%	$120,036	$134,239
블루 먼데이 — 1962년 공황	1962/5/28	21	−12.4%	$149,929	$162,778
쿠바 미사일 위기	1962/10/14	8	−4.8%	$146,593	$160,313
케네디 대통령 암살	1963/11/22	1	−2.9%	$131,733	$135,918
1987년 증시 붕괴	1987/10/19	1	−22.6%	$141,287	$183,380
유나이티드 에어라인 기업인수(LBO) 실패	1989/10/13	1	−6.9%	$140,451	$151,421
걸프전	1990/8/2	50	−18.4%	$162,122	$200,219
아시아 금융 위기	1997/10/27	1	−7.2%	$107,781	$117,910
9·11 테러	2001/9/11	5	−14.3%	$118,596	$140,039

항목을 보면 다양한 사건들이 증시를 붕괴시키고 대규모 투매 현상을 야기한다는 사실을 알 수 있다. 전쟁의 발발이나 국가 지도자에 대한 위협과 같은 정치적 사건은 냉철한 이성을 소유한 바겐 헌터에게 아주 좋은 기회를 제공한다. 증시의 투매에 의한 심리적 갈등에도 불구하고 바겐 헌터는 그런 상황에서 매수를 했을 때 올릴 수 있는 수익에 집중해야 한다.

그에 대한 혜택은 분명하다. 각각의 경우 장기적인 안목을 가진 투자자들은 그러한 투매가 있을 때마다 매수를 해서 투자액을 불려 나가면서 수익을 증가시켜야 한다. 이러한 사실을 확인하고 싶다면 〈표 7-1〉의 오른쪽 내용을 살펴보자. 오른쪽 항목은 수년 후 위기가 잊힐 정도가 됐을 때 달라진 금액을 보여 준다. 그때가 되면 투매에 대한 기억이 희미하게 남아 있을 것이다. 하지만 매수함으로써 얻게 된 혜택은 분명하게 보일 것이다. 우리가 얻을 수 있는 정보가 두 가지 더 있는데, 하나는 표에서 알 수 있는 바와 같이 시간이 지나면서 증시에는 투매를 하게 만드는 사건들이 계속해서 일어난다는 것이다. 쉽게 설명하기 위해 여기에서 언급된 사례보다 더 이전에 발생했던 아주 잘 알려진 많은 사건들을 포함시키지 않았다. 투자자들은 이제 미래에도 위기나 공황 상태로 인해 증시에서 또 다른 투매 사태가 발생할 수 있다는 사실을 알게 되었을 것이다. 하지만 그런 일이 매일 발생하는 것은 아니라는 사실도 알아야 한다. 〈표 7-1〉에서 보는 바와 같이 그런 일은 10년에 2, 3번 정도 일어난다는 사실을 추측할 수 있다.

> 증시의 투매에 의한 심리적 갈등에도 불구하고 바겐 헌터들은 그런 상황에서 매수를 했을 때 올릴 수 있는 수익에 집중해야 한다.

앞서 언급한 바와 같이 투자자로서 당신은 이런 위기가 아주 드문 기회라는 것을 깨닫고 미래에 이런 일이 다시 온다면 적극적으로 이용할 줄 알아야 한다. 가까운 장래에 그런 기회가 다시 오지 않을 수도 있기 때문이다. 노련한 바겐 헌터들은 그런 사건들을 목마르게 기다린다. 그 사건들이 엄청난 기회를 제공해 주기 때문이다. 증시에서 팔기를 원하는 투자자가 있을 때마다 그 주식을 꼭 사야 한다는 절박함을 가져야 한다.

증시에서 대부분의 투자자들이 두려움으로 매도할 때 매수자가 되어야 한다는 기본적인 상식에도 불구하고 그렇게 하기는 쉽지 않다. 심리적 갈등이 생기기 때문이다.

한 가지 가능성을 생각해 보자. 예를 들어 당신이 운이 없어서 투자 손실을 입을 수도 있다. 그럴 경우 당신은 손실을 본 투자 자금에 관심을 쏟을 것이다. 하지만 귀한 시간을 기존 투자에 대한 걱정에 허비한다면 당신이 앞으로 해야 할 매수에 관심을 기울이지 못할 것이다. 두려움으로 인해 당신이 매도를 하거나 매도에 관심을 기울인다면 당신도 대다수 투자자들과 다를 바 없게 될 것이다. 매수를 하기 가장 좋은 시기는 증시에 '피'가 낭자할 때다. 그 '피' 중 일부가 당신의 것일지라도 마찬가지다. 수익이 감소하고 손실이 증가하는 것을 보고만 있어서는 안 된다. 방어적 자세만 취하지 말고 적극적으로 저가 주식을 찾아 나서라. 투자 목적은 장기적인 수익을 극대화하는 것이다.

투자 손실에 직면하게 되더라도 증시 붕괴에 관한 언론 보도가 있을 때 그 부정적인 상황을 잘 이용할 줄 알아야 한다. 일단 나쁜 소식이 발표되면 수천 명의 '치킨 리틀'(Chicken Little, 월트 디즈니 제작 어린이용 3D 애니메이션 영화-옮긴이)이 TV나 신문, 인터넷 등을 통해 "하늘이 무너진다."라며 사태를 심각하게 받아들인다. 현명한 바겐 헌터들은 이런 정보가 나돌 때 정말로 증시가 붕괴될 것인지에 대해 자문해 보아야 한다. 역사가 반복적으로 증명해 왔듯이 증시는 절대 붕괴하지 않는다.

바겐 헌터의 역할은 이 영화의 폭시 록시의 역할과 아주 비슷하다. 그는 병적인 흥분 상태를 확인하고 그 상황을 자신에게 이롭게 이용한다. '치킨 리틀'에서 사건을 보도한 언론인들은 그 문제를 집중적으로 부각시키고 사건을 확대한다. 증시에서 위기로 인한 투매 현상을 보도할 때 주로 강조되는 것은 현재 발생한 사건과 과거에 발생한 악명 높은 사건들 사이의 유사성이다. 그들은 투자자들로 하여금 1929년 대공황이나 1987년 증시 대폭락 같은 과거의 악몽을 떠올리게 한다. 어떻게 보면 이런 언론 보도는 매우 교훈적이다. 우리는 역사를 돌아보고 현재의 문제에 어떻게 대처해야 하는지 알게 되기 때문이다. 예를 들어 1962년도 공황인 '불루 먼데이'(Blue Monday) 때 《뉴욕 타임스》의 기자들은 1929년 대공황 때와 유사하다고 보도했다. 그들은 1929년 대공황 때 경험했던 사람들을 만나 인터뷰를 하며 현재의 사태가 어떻게 될 것인지 알고자 했다.

결과적으로 블루 먼데이는 1929년 대공황과는 달랐기 때문에 그들의 보도는 접하지 않는 것이 더 좋았을 것이다. 블루 먼데이 이후 몇 주 동안에 걸쳐 증시가 12.4퍼센트 하락했지만 1929년 대공황 때와는 달랐다. 이와 비슷하게 1989년 10월 13일 유나이티드 에어라인의 모기업이 자금 부족으로 인수 절차가 마무리되지 않을 것이라는 언론 보도가 나가자 증시가 6.9퍼센트 하락했다. 그 발표가 있은 후 다른 인수 건들도 자금 부족으로 완결되지 못할 것이라는 우려 때문에 너도나도 주식을 내놓았다. 하루 후인 10월 14일 《뉴욕 타임스》에는 1987년 증시 대폭락을 인용하며 "1987년이 다시 오는가?"라는 제목의 기사가 실렸다. 하지만 결론적으로 그렇게 되진 않았다.

> 다수가 팔 때 사면 이점이 있음에도 불구하고 그런 일을 하기 위해서는 용기가 필요하다. 다수와 다른 길로 가는 데에는 많은 용기가 필요하다.

실제로 언론에서 발표한 1987년 대폭락과 1989년 투매 사이의 유사성은 모두 우연의 일치에 불과했다. 1987년 10월 증시가 폭락했을 때 언론은 성급하게 1929년 대공황이 다시 찾아올 가능성이 있음을 언급했다. 표제는 다음과 같았다. "지수가 22.6퍼센트인 508포인트 하락했다. 1987년도 1929년과 같을 것인가?" 다행히 월 스트리트의 전문가들은 언론과의 인터뷰에서 1987년 폭락이 또 다른 대공황으로 이어지지는 않을 것이라고 응답했다.

언론이 투자자들의 두려움을 증폭시켜 주식을 저가에 매도하게 하는 것이 안쓰럽기는 하지만 바겐 헌터들에게는 하늘이 준 기회인 셈이다. 나쁜 소식이 바겐 헌터들에게는 좋은 소식인 것이다. 나쁜 소식을 접하게 됨에 따라 대부분의 투자자들은 증시 상황을 부정적으로 바라볼 것이다. 그 부정적인 견해 때문에 주가는 급락하게 된다. 어떻게 보면 언론은 바겐 헌터들을 대신해서 주식 보유자에게 너무 늦기 전에 주식을 처분하고 빨리 증시를 떠나라고 말해 주는 대변인 같다. 언론은 저가 주식을 찾는 사람들을 위해 일하고 있는 셈이다.

"하늘이 무너집니다. 주식을 팔고 빨리 떠나십시오!"

다수가 팔 때 사면 이점이 있음에도 불구하고 그렇게 하기 위해서는 용기가 필요하다. 처음에는 간단한 일이라고 생각할지 모르지만 다수와 다른 길로 가는 것은 쉬운 일이 아니다. 차라리 다수와 함께 행동하는 게 훨씬 쉽다. 하지만 증시에서는 다수와 함께 행동하는 것은 그저 평범한 길을 가는 것일 뿐이다.

약세장에서 승부를 걸어라

개인적으로든 역사적으로든 사람들에게 훌륭한 지도자가 누구냐고 물으면 어려운 시절에 역경을 잘 극복한 사람이라고 대답한다. 대개 사람들은 지도자를 평가할 때 모든 것이 순조롭게 잘 진행이 될 때가 아니라 어려운 시기에 그 지도자가 한 행동으로 그를 평가한다. 정치, 스포츠, 사업 등 모든 분야가 다 비슷하다. 조지 워싱턴은 뉴욕을 잃은 후 반격을 해서 미국 독립 전쟁을 승리로 이끌었다.

이와 비슷하게 성공하는 투자자들은 강세장이 아니라 약세장에서 큰 수익을 올렸다. 증시가 급락하는 역경 속에서 적극적으로 기회를 포착하고 수익을 올리기 위해서는 기업을 분석하는 것 이상의 능력이 필요하다. 그러기 위해서는 확신과 용기가 필요하다. 위기를 이겨내는 유일한 방법은 스스로의 능력을 믿고 자신의 행동이 옳다는 확신을 갖는 것이다.

투자자들은 증시에 대량 매물로 인한 주가 급락 사태가 있을 때 심리적으로 불안해진다. 존 템플턴은 대량 매물이 발생하기 훨씬 이전에 매수 결정을 내렸다. 템플턴 펀드를 운영할 때 존 템플턴은 건실한 기업 중 주가가 너무 높은 종목을 기록했다. 그는 어떤 이유에서든 저가 주식이라고 생각이 들 정도로 주가를 끌어내리는 투매 현상이 발생하면 그 주식을 매수하도록 항상 그 매수 목록을 증권 회사에 맡겨 놓았다.

> 위기를 이겨내는 유일한 방법은 스스로의 능력을 믿고 자신의 행동이 옳다는 확신을 갖는 것이다.

예를 들어 한 기업이 전망이 좋고 훌륭한 경영자에 의해 운영이 되고 있지만 주가가 높거나 내재 가치에 가까운 상태라면 주가가 60달러로 떨어질 때까지 기다렸다가 매수하라고 주문을 냈다. 좀 지나친 주문처럼 보일지 모르지만 그는 저가가 아닌 주식은 쳐다보지도 않았다. 증시의 역사를 되돌아보면 주가가 그렇게 하락한 때가 있었다. 1987년 증시 폭락 때 주가는 하루만에 22.6퍼센트가 급락했다. 통계적으로 불가능한 것처럼 보이지만 종종 이런 일이 발생한다. 바겐 헌터로서 당신은 이런 저가 매수의 기회를 놓쳐서는 안 된다.

사전에 결정된 가격에 주가를 매수하기 위해 미리 매수 주문을 해 놓음으로써 대다수가 팔 때 매수해야 한다는 정신적 압박에서 벗어날 수 있다.

매수를 결정하기 위한 가장 적절한 타이밍은 두뇌가 명석할 때, 그리고 당신의 판단이 사사로운 일에 영향 받지 않을 때다. 위기 때마다 종종 사사로운 일에 영향을 받는 경우가 생기는데 그렇게 되면 정확한 판단을 하기가 어려워진다. 첫째, 증시에서 많은 투자자들이 매도를 하여 주가가 급락하면 투자자들의 판단력이 흐려진다. 둘째, 당신이 저가 주식이라고 생각하는 주식만 매수를 한다는 규칙을 정하고 그에 따라야 한다. 당신이 원하는 주식과 그 기업의 가치를 잘 조사하면 좀 더 정확한 판단을 내릴 수 있다. 예를 들어 증시에서 투매가 이루어지고 주가가 하락했다고 해서 저가 주식을 매수했다고 생각해서는 안 된다. 과대평가된 기업의 주가가 약간 하락했다고 해서 저가 주식이라고 할 수는 없기 때문이다.

효과적인 기업 분석법

시장 가격보다 훨씬 싼 가격으로 주문을 내면 시장 변동성(market's volatility)을 최대한 이용할 수 있다. 아이디어의 핵심은 변동성을 이용해 수익을 극대화하는 것이다. 증시에서는 불확실성이 만연할 때가 변동성이 가장 크다. 이런 순간을 잘 이용하지 못하면 넓은 바다 한 가운데서 거친 파도에 따라 등락을 되풀이하는 것처럼 느껴질 것이다.

이 전략을 수행하기 위한 또 다른 고려 사항은 당신이 선택한 기업의 특성과 관련된 것이다. 불경기나 경기 침체기와 같이 다양한 사건들이 증시의 급락을 초래할 수 있다는 사실을 이해한다면 기업을 선정할 때 그 기업의 대차 대조표가 올바르게 작성되었는지 확인해야 한다. 그것은 부채가 많지 않은 기업을 고르기 위해서다. 즉 경기가 좋지 않을 때에도 부채에 허덕이지 않을 기업이어야 한다. 당신은 이 두 가지 상황을 모두 고려해야 한다. 매출이나 수익이 악화될 때 부채를 감당할 수 없는 기업에 투자한다면 잘못된 투자를 하는 것이다.

경제 환경이 악화될 때 기업이 어떻게 운영이 될 것인지를 알아볼 수 있는 두 가지 방법이 있다. 첫 번째 방법은 그 기업의 대차 대조표에 얼마나 많은 부채가 있으며 별도의 채무 관계가 있는지를 확인하는 것이다. 이를 위해 부채 금액과 기업 가치 그리고 부채 금액과 그 부채를 감당할 수 있는 기업 능력을 비율로 계산할 수 있어야 한다. 이 분석에는 여러 가지 비율들이 사용되고 있다. 그중 몇 가지만 소개하면 다음과 같다.

부채 대 자기 자본 비율 = (단기 부채 + 장기 부채) ÷ 주주의 자기 자본

이 비율은 애널리스트 사이에서 기업이 기업 가치 이상의 부채를 떠안고 있는지를 판단하는 기본적인 방법으로 잘 알려져 있다. 벤저민 그레이엄은 기업 가치 이상의 부채를 떠안고 있는 기업을 피하는 것을 투자의 제1원칙으로 삼았다. 그러므로 부채 대 자기 자본의 비율이 1보다 크면 이 원칙을 적용하여 투자를 하지 않았다.

순부채 대 자기 자본 비율 = (단기 부채+장기 부채)−현금 ÷ 주주의 자기 자본

이 비율은 부채에서 기업이 보유하고 있는 현금을 빼는 것을 제외하면 위의 공식과 거의 동일하다. 이 금액은 기업이 채권자들에게 실제로 떠안고 있는 부채 금액이다.

EBITDA 보상율 = 이자 비용, 세금, 감가상각비용 차감 전 순이익 ÷ 이자 비용

이 비율은 기업이 이자를 지불할 능력이 얼마나 있는지 빠르게 측정하기 위해 채권자들이 종종 사용한다. 이 방법은 이자 비용, 세금, 감가상각비용 차감 전 이익 계산에 사용하여 기업이 이자와 세금을 지불하기 전, 또는 회계 관련 현금 이외의 감가상각비용을 차감하기 전 기업의 순이익을 간결하게 알 수 있다. 이 아이디어는 기업이 이자 지불 때문에 어려움을 겪기 전 기업 이익에 포함된 스프레드(spread, 원가와 매출가의 차이-옮긴이)나 쿠션(cushion, 예비비-옮긴이)의 금액을 계산하는 것이다. 예를 들어 EBITDA(법인세, 이자, 감가상각비 차감 전 영업 이익) 보상율이 6이면 그 기업의 이익이 이자 지불을 6회 할 수 있다는 것을 의미한다.

총부채 대 12개월 EBITDA 보상율 = (단기 부채 + 장기 부채) ÷ 이자 비용, 세금, 감가상각비용 차감 전 순이익(지난 12개월 동안)

EBITDA 보상율과 비슷하게 이 비율은 이익과 관련하여 이 기업이 얼마나 많은 부채를 떠안고 있는지 보여 준다. 이 경우 3 또는 그 이하의 비율은 보수적인 기준이 된다.

이 비율을 적용할 때 기준으로 제공하는 숫자가 각 산업마다 다르다는 점에 유의해야 한다. 예를 들어 식료품 회사와 같이 매출과 이익이 매우 안정된 기업은 광업 회사와 같이 경기 침체기에 손실을 쉽게 보며 경기의 영향을 강하게 받는 기업보다 더 많은 부채를 감당할 수 있다.

그러므로 대상 기업의 비율을 계산하여 동일 산업의 다른 기업과 비교

해야 한다. 그리고 비교하면서 부채 때문에 어느 기업이 가장 큰 위험을 감수하고 있는지 확인해야 한다. 또한 각 산업마다 평균 비율을 구함으로써 당신이 원하는 기업이 그 산업 내에서 어느 수준에 속하는지 판단할 수 있다.

마지막으로 이 부채 비율을 계산한 후에는 장기간에 걸쳐 손익 계산서 상의 기업 실적을 조사해야 한다. 이때 당신은 장기간에 걸친 실적의 변동을 측정하기를 원할 것이다. 왜냐하면 전체적인 경제 상황이나 그 산업의 사업 환경에 따라 기업의 실적이 달라지기 때문이다. 기업이 수년간에 걸쳐 손실을 보아 왔다면 사업 환경이 악화되는 경우 그 기업의 주식 매수에 대해 다시 한 번 생각해 봐야 한다. 어쨌든 이 부분은 미래의 경제 상황에 관계없이 어떤 주식에 투자를 하든 매수를 하기 전에 꼭 점검해야 할 사항이다.

지금까지 우리는 과거에 발생했던 여러 가지 위기에 대해 살펴보았고 위기 상황에서 투자를 해야 큰 수익을 올릴 수 있다는 사실을 확인했다. 이제 위기 중에서도 가장 심각한 상황일 때를 살펴보고 바겐 헌터들이 그 기회를 어떻게 이용해야 하는지에 대해 알아보자.

2001년 9월 12일(세계무역센터와 펜타곤에 테러 공격이 있던 다음날) 한 기자가 바하마에 있는 존 템플턴 사무실로 전화를 걸어 테러 사건에 대해 의견을 구했다. 존 템플턴은 그 기자에게 다음과 같이 대답했다.

"저는 그 소식을 들었을 때 또 다른 날을 맞이할 준비를 하면서 사무실에서 일하고 있었습니다. 저는 인도주의적 입장에서 슬픔에 빠졌습니다. 하지만 그 공격은 재정적으로는 우리에게 아무런 피해도 입히지 못했습니다. 그 소식이 수억 명을 격분시켰으며 수많은 뉴스를 양산해 낼 것입니다. 하지만 그 영향은 오래가지 못할 것입니다. 그러한 테러 행위는 연달아 일어나지 않기 때문에 소비자나 세계 경제에 장기적인 영향을 끼치지 못할 것입니다. 재무적인 영향이나 정신적 충격 면에서 그 영향은 매우 짧을 것입니다."

테러에 대한 존 템플턴의 견해는 〈표 7-1〉에 언급한 대다수의 역사적 위기 이후 결과를 반영한 것이다. 조사 결과에 따르면 정치적 사건이나 전쟁이 있었을 때 초기에는 영향을 미쳤으나 그런 사건이 있은 후 얼마 되지 않아 정상적인 상태로 회복이 되었다. 중요한 것은 이런 사건들이 장기적으로 소비자나 경제에 큰 영향을 주지 않는다는 점이다. 이와 같은 역사적 선례에도 불구하고 일반 투자자들은 위기가 발생하면 두려움 때문에 투매를 한다.

존 템플턴의 견해와 수많은 역사적 선례에도 불구하고 연방준비제도이사회 의장인 앨런 그린스펀(Alan Greenspan)이 《격동의 시대》(The Age of Turbulence)에서 밝힌 바와 같이 그를 포함해 대부분의 투자자들은 테러로부터 경제가 크게 위협 받을 것이라고 생각했다. 하지만 얼마 후 그린스펀은 자신의 두려움이 과대평가된 측면이 있다고 발표했다. 2001년 9월 11일부터 미국 증시가 다시 개장될 때까지 테러로 인한 경기 침체의 두려움이 미국 증시를 뒤덮고 있었다. 이 경기 침체에 대한 우려는 그 당시 언론에 잘 나타나 있다. 테러가 있은 후 수일 동안 언론에 실린 기사들을 살펴보면 다음과 같다.

《뉴욕 타임스》

충격에 빠진 경제

세계무역센터를 붕괴시키고 펜타곤에 피해를 입힌 테러 공격이 미국 경제를 깊은 수렁에 빠트렸다.

《월 스트리트 저널》

테러 공격으로 위기에 처한 경제

(워싱턴) 화요일 테러 공격으로 세계 경제가 침체기에 빠질 위험에 처했다. 소비자 신뢰가 추락하고 항공 여행과 금융 시장과 같은 상업적 기능이 혼란에 빠졌다.

미국에 대한 테러 공격으로 흔들리는 아시아 경제

테러 공격으로 미국은 전시 상태에 돌입했다. 또한 부수적인 피해로 인해 세계 경제가 어려움에 처하게 되었다. 세계의 사업가들은 그날을 결코 잊지 못할 것이다.

미국에 대한 테러 공격으로 흔들리는 유럽 경제

세계의 금융 시스템이 흔들리고 있다. 미국에 대한 테러 공격으로 세계 경제가 침체기에 빠질 위험에 처했다.

《이코노미스트》

숨죽인 경제

세계무역센터에 대한 테러 공격으로 미국 자본주의의 상징이 붕괴되었다. 하지만 그것이 이미 약해진 세계 경제를 붕괴시킬 위험을 증가시켰는가? 미국 증시는 이번 주 개장을 하지 않았다. 하지만 개장된 다른 국가의 증시를 보면 잠정적으로 "그렇다."라고 할 수 있다.

언급된 기사의 제목과 첫 문장을 보면 모두 2001년 9·11 테러 직후의 기사임을 알 수 있다. 아마 이 기사들은 그 사건이 발생한 후 며칠 내에 발행된 거의 모든 인쇄물의 내용과 유사했을 것이다. 이 기사에서 알 수 있듯이 그 당시 언론은 모두 최악의 경기 침체기가 찾아올 것이라고 예상하고 있었다.

이러한 위기들이 겉으로 보기에는 과거의 상황과는 다르게 보일지 모르지만 지금까지의 경험에 비추어 볼 때 그 결과는 대체적으로 다 비슷했다고 할 수 있다. 예를 들어 9·11 테러와 유사한 사건으로 1941년 진주만 공격을 들 수 있다. 하지만 2001년 9·11 테러와 진주만 공격이나 쿠바 미사일 위기 사이의 유사성에 대해 언론에서 인터뷰를 한 대다수의 투자자들은 9·11 테러는 아주 다르며 아마도 미래에 다른 의미를 부여해 줄 것이라고 말했다. 2001년 9월 16일 《뉴욕 타임스》에 실린 '투자 위기 경고'라는 제목의 기사에서 기자들은 월 스트리트의 저명한 투자 전문가들에게 9·11 테러의 영향에 대해 물었다. 응답자들은 과거 위기 때의 경험에 비추어 답했다. 다음은 그중 한 응답자의 답변이다.

그는 충격적인 기사가 실린 후에 주가가 하락하다가 어느 정도 기간이 지난 후 다시 반등하는 모습을 자주 보아 왔다고 말했다. 진주만 공격이 있었을 때 반등은 별로 크지 않았다. 하지만 이후 다우 지수는 하루가 지난 1941년 12월 8일보다 1개월이 지난 후가 좀 더 높았다. 그리고 1942년 미국이 과달카날 전투에서 승리했을 때 바닥을 기던 다우지수가 1946년 중반 고점을 찍을 때에는 2배 이상이 오른 상태였다.

지난 주 테러가 있은 후 월 스트리트 투자 전문가들은 역사적 패턴의 의존성에 의문을 제기했다. 그들은 미국이 정말로 새로운 시대에 진입했는지 의아해 했다. 새로운 경제는 18개월 전에 시작한 나스닥 붕괴에 앞서 강세장을 이끌었던 IT 경제가 아니었다. 그것은 무자비한 정치적 적대 세력이 끝도 없는 불확실성을 야기하고 있는 경제일지도 모른다.

이 발췌 기사는 위기가 지나간 후 투자를 해야 된다는 하나의 원칙을 제시하고 있다. 각각의 위기는 과거의 위기와 다소 다르게 보일 수도 있다. 하지만 그들은 일반적으로 공통점이 있다. 예를 들어 일본이 진주만을 공격한 날을 돌이켜 본다면 과거에 그와 같은 사례가 없었다는 사실을 알 수 있다. 그래서 투자자들은 위기의식을 느꼈을 것이다. 또한 소련이 핵무기를 쿠바에 설치하려고 할 때도 그와 같은 일이 과거에 발생한 적은 없었다. 중요한 것은 각각의 위기가 다른 상황에 처해 있으며 다르게 보인다는 점과 그것이 역사적인 맥락에서 현재의 사건 해석에 혼란을 줄 수 있다는 점이다. 하지만 이 사건들을 공통적인 요소로 분해해 보면 '투자자들을 두려움으로 몰아넣는 침략이나 전쟁 행위'라고 결론지을 수 있다. 이런 유형의 사건들은 역사가 기록되기 시작한 때부터 발생했다. 이런 사건에 연루된 사람들의 반응도 동일했다. 그것은 충격, 혼란, 공황 같은 것이었다. 모두 다 인간의 주요 본성에 해당한다.

역발상 투자, 투자자가 완전히 무시하는 주식을 사라

테러 이후 2001년 9월 17일 증시가 개장되기 전까지 무수히 난무하던 부정적인 예측 속에서 대부분의 사람들은 최악의 경우를 예상했다. 어쨌든 미국 증시가 다시 개장되면 투매가 시작되고 주가가 급락할 게 확실했다. 증시에서 기회가 생기기를 학수고대하던 존 템플턴은 다른 투자자들이 불안 속에 투매할 때 매수할 준비를 하고 있었다. 하지만 문제는 어떤 주식을 사느냐 하는 것이었다. 여기에 대한 답은 다음 질문과 연관시켜 생각해 보면 아주 간단하다. 그것은 '어떤 주식의 전망이 최악인가' 하는 것이다. 2001년 9월 15일 《뉴욕 타임스》에 실린 기사를 읽어 보면 그에 대한 답을 쉽게 얻을 수 있다.

> 테러 이후의 재계의 움직임
>
> 항공 회사 파산 경고
>
> 어제 항공사 경영진과 애널리스트들은 항공 업계에 대해 깊은 우려를 표명하면서 이번 주 테러로 인한 손실이 대형 항공사를 파산으로 몰아 갈 수 있다고 경고했다.
>
> 5대 항공사 중 하나인 콘티넨털 항공의 회장이자 CEO인 고든 베튠(Gordon M. Bethune)은 한 전화 인터뷰에서 항공 업계를 언급하며 다음과 같이 얘기했다.
>
> "환자들이 죽어 가고 있다. 올해가 가기 전에 모두 파산할 것이다. 내가 아는 한 이 난관을 극복할 만큼 충분한 현금을 보유하고 있는 항공사는 하나도 없다."

이와 같은 기사를 읽지 않더라도 많은 증시 종목 중에서 항공사가 가장 큰 영향을 받을 것이라고 예상할 수 있다. 항공사는 경기가 상대적으로 좋을 때에도 경영난을 겪는 것으로 악평이 나 있다. 바겐 헌터들조차 항공사에 투자했다가 낭패를 보는 경우가 많았다. 항공사 간 경쟁이 심하기 때문에 호경기일 때에도 투자자들은 관련 주식을 회의적으로 바라본다. 석유 값 인상, 노조 파업, 규제 문제 등도 항상 걸림돌이 되었다. 특히 2001년 9월은 매출은 미약한 데 비해 하루에 1억 내지 2억 7,500만 달러에 해당하는 높은 고정비를 지출해야 했기 때문에 출혈이 심했다. 정부가 개입하여 구제해 줄 거라는 믿음이 없었다면 사람들의 두려움은 근거가 있는 것이었다. 만약 정부가 절대 항공사들의 파산을 지켜보고만 있지는 않을 것이라고 믿었다면 이런 비관적인 상황에서도 항공사 관련 주식을 매수할 수 있었을 것이다. 존 템플턴은 이런 견해를 가지고 있었기 때문에 증시가 개장할 때 항공사 주식을 투매하기 위해 줄서 있는 대다수의 매도자들과 다른 줄에 설 수 있었다.

어떤 주식을 사야 하느냐에 대한 대답은 아주 간단하다. 어떤 주식의 전망이 최악인가를 따져 보면 된다.

존 템플턴은 항공사 주식을 매수할 계획을 실행에 옮기기 위해 기업을 분석하고 가장 낮은 주가 수익률을 보이는 주식에 집중했다. 그는 자신의 낮은 주가 수익률 기준에 부합하는 항공사 주식 8종목을 찾고 9월 17일 증시가 열렸을 때 그 종목 중에서 그날 주가가 50퍼센트 하락하는 종목을 매수하라고 증권 회사에 주문을 냈다. 앞서서 우리는 공황 상태에 있을 때 매수를 하고 5년간 보유를 했을 때 수익을 얼마나 올릴 수 있는지 살펴보았다.

대부분 장기적인 안목에서 보면 그 결과를 쉽게 알 수 있지만 존 템플

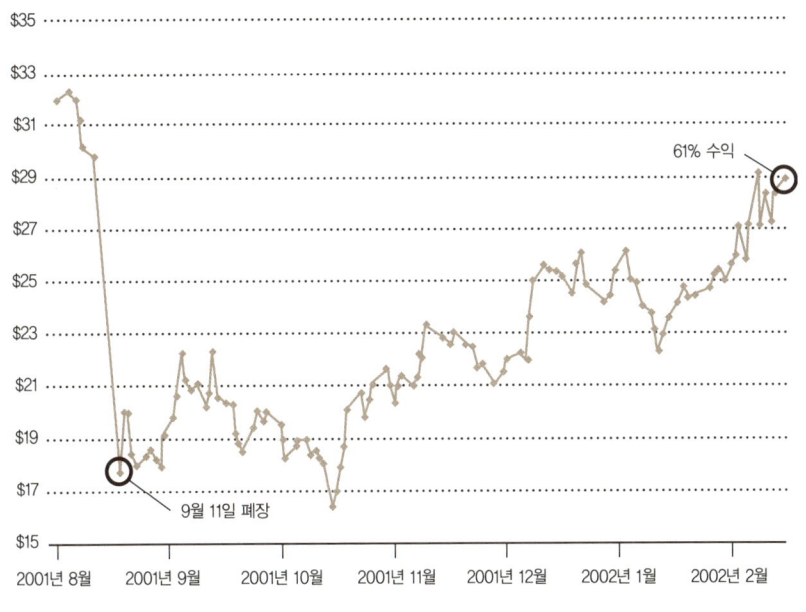

〈그림 7-1〉 아메리칸 항공 주가

턴은 항공사의 경우에서는 단기간에 수익을 올리고자 했다. 그는 투자할 때 항상 비교 매수법을 사용했다. 그 분석 결과에 따르면 항공사 주식은 당시 공황 상태를 이용해 단기에 수익을 올릴 수 있는 가장 좋은 종목이었다. 그는 비교 매수법을 사용하여 장기적으로 보유했더라면 한국 주식 투자에서 훨씬 더 나은 수익을 올렸을 것이라고 생각했다. 이때의 매수는 처음부터 단기 투자를 의도한 것이었다. 그는 매수한 항공사 주식을 6개월 정도만 보유할 작정이었다.

9월 17일 거래가 시작되었을 때 예상대로 투매자들이 시장에 모여들었

〈그림 7-2〉 콘티넨털 항공의 주가

다. 모든 주요 지수가 급락했다. 그날 다우 지수는 7.1퍼센트 하락했고 S&P 500지수는 4.9퍼센트 떨어졌다. 나스닥 지수도 6.8퍼센트나 하락했다. 하락폭을 키운 것은 항공사 관련 주식들이었다.

존 템플턴이 매수 주문을 낸 8종목의 항공사 주식 가운데 3종목의 매입이 완료되었다. 즉 8종목 중 3종목이 그날 거래 가운데 50퍼센트 이하로 하락한 것이다. 존 템플턴이 매수한 종목은 AMR(아메리칸 항공의 모회사), 콘티넨털 항공 그리고 유에스 에어웨이스였다. 〈그림 7-1〉부터 〈그림 7-3〉까지는 9월부터 6개월간 주가의 흐름과 그 기간 동안의 수익률을

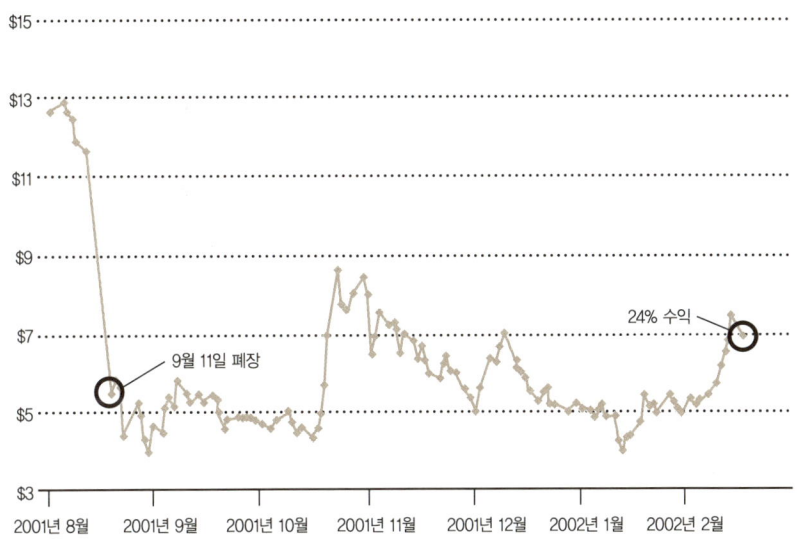

〈그림 7-3〉 유에스 에어웨이스 주가

보여 준다.

 이 그래프에서 알 수 있듯이 이 주식들이 6개월 동안 창출한 수익은 놀라웠다. 아메리칸 항공은 61퍼센트, 콘티넨털 항공은 72퍼센트 그리고 유에스 에어웨이스는 24퍼센트의 수익을 올렸다. 이런 수익은 존 템플턴이 예측한 대로 연방 정부가 구제 조치를 취했음을 알려 주고 있다. 구제 조치는 2001년 9월 22일 미 의회에서 96대 1의 투표로 가결되었다. 9·11 테러로 전 세계가 불황의 늪에 빠지지는 않았다. 하지만 그로부터 훨씬 후에 미국 국립경제연구국(National Bureau of Economic Research)은 미국이 2001년 3월부터 2001년 11월까지 불경기에 처해 있었다고 발표했다.

9·11 테러 이후 불경기가 그렇게 빨리 끝났다는 것은 이 사건이 경제에 큰 영향을 미치지 않았다는 걸 의미했다.

위기에 처했을 때 증시가 어떻게 반응을 하는가에 대한 수많은 역사적인 사례에서 투자 결과를 미리 예측해 볼 수 있다. 하지만 과거의 선례가 있다고 해서 투자자들이 두려움을 쉽게 떨쳐 버릴 수는 없다. 일반 투자자들에게는 그 위기가 과거의 것과 달라 보여서 정확하게 비교하는 게 쉽지 않다. 그래서 일반 투자자들은 혼란에 빠진다. 비교가 쉬우면 증시를 급락으로 이끄는 투매 현상은 발생하지 않을 것이다. 하지만 현명한 바겐 헌터들은 역사를 통해 열심히 배우는 우등생들이다. 바겐 헌터들은 '위기가 곧 기회'라는 불멸의 교훈을 역사로부터 배우고 있다.

존 템플턴의 가치 투자 전략

1. 위기가 곧 기회임을 분명히 인식하라.
2. 대부분의 투자자들이 두려움 속에서 매도할 때 매수하라.
3. 증시가 급락할 때는 스스로에 대한 확신과 용기가 필요하다.
4. 복리의 힘을 무시하지 마라.
5. 주식을 매수하기 가장 좋은 시점은 증시에 피가 낭자할 때다.
6. 약세장에서 승부를 걸어라.
7. 위기를 이겨내는 유일한 방법은 스스로의 능력을 믿고 자신의 행동이 옳다고 확신하는 것이다.
8. 매수 결정을 하기 위한 가장 적절한 타이밍은 자신의 판단이 사사로운 일에 영향을 받지 않을 때다.

INVESTING THE

TEMPLETON WAY

제**8**장

역사의 리듬을 익혀라

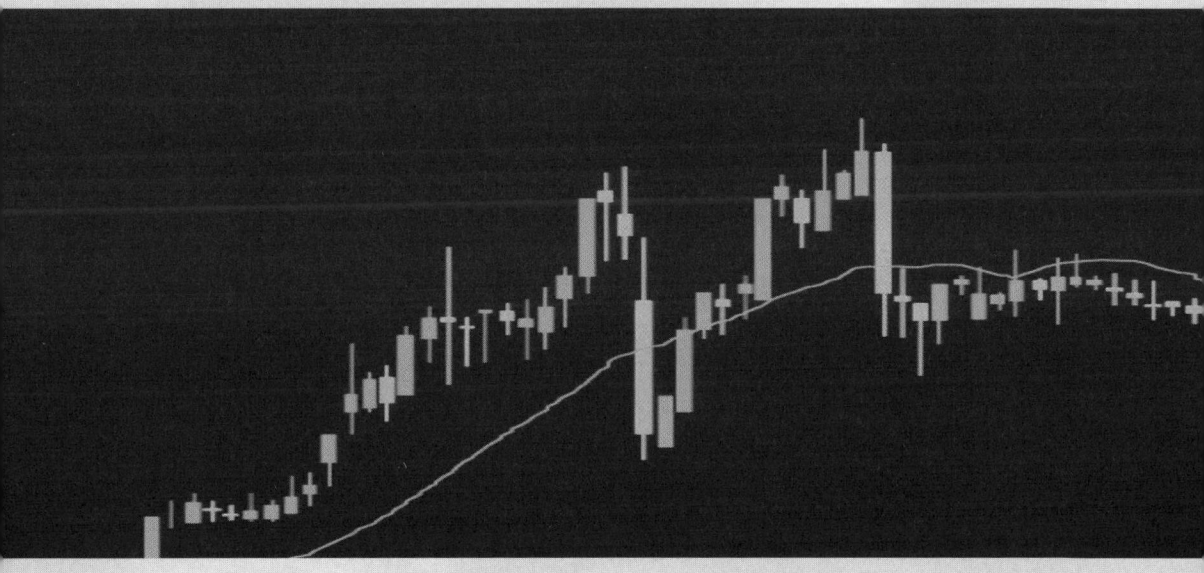

역사는 똑같이 되풀이되지 않는다. 하지만 거기에는 일정한 리듬이 있다.
- 마크 트웨인

전 세계 투자자들은 1997년에 불어닥친 아시아 금융 위기로 큰 충격을 받았다. 전 세계 외환 시장과 증권 시장에 영향을 미친 금융 위기였다. 그로 인해 아시아 여러 국가의 경제는 큰 위기에 맞닥뜨리게 되었다. 많은 국가가 엄청난 부채를 갚지 못해 긴급 구제를 받아야 했고 상황은 매우 긴박했다. 위기에 처한 국가의 여러 금융 기관들은 도산했고 현지 화폐는 가치가 50퍼센트 이상 하락했다. 이러한 일련의 사건을 겪으면서 주식 투자자들은 '완전히 빈 유리잔'을 보게 되었다. 하지만 그 상황에서 존 템플턴은 '가득 채워지기를 기다리고 있는 유리잔'을 보았다.

아시아의 기적, 금융 위기를 맞다

아시아 금융 위기를 아직까지 생생하게 기억하는 투자자도 있겠지만 어떤 사람들은 전혀 기억하지 못할지도 모른다. 당신의 기억을 환기시키기 위해 간략하게 배경 설명을 하려고 한다. 하지만 금융 위기를 가져온 원인에 대한 전문적인 설명은 생략하겠다. 그 원인에 대해 학계와 경제계에서는 아직까지도 논쟁이 계속되고 있기 때문이다.

아시아 금융 위기를 촉발시킨 원인에 대해서는 크게 두 가지 관점, 즉 펀더멘털이 약한 탓이라는 주장과 금융 공황(金融 恐慌) 때문이라는 주장이 맞서고 있다. 펀더멘털이 약하다는 이론을 펴는 사람들은 근본적으로 아시아 경제에 거시 경제와 금융 펀더멘털에 결함이 있다고 주장한다. 금융 공황 이론은 투자 심리의 갑작스런 변화('공황' 상태에 의한 자본 이탈)에 의한 대규모 투매 현상을 그 원인으로 내세운다.

> 아시아 금융 위기를 겪으면서 주식 투자자들은 '완전히 빈 유리잔'을 보았고, 존 템플턴은 '가득 채워지기를 기다리고 있는 유리잔'을 보았다.

두 가지 관점은 모두 각각 지지하는 사람들이 있고 반대하는 사람들이 있다. 여기에서는 이런 위기가 저가 주식을 매수할 수 있는 절호의 기회라는 맥락에서 아시아 금융 위기를 다루고자 한다.

아시아 금융 위기는 1997년 7월 태국 화폐(타이 바트화)의 가치가 평가 절하되면서 본격화되었다. 태국은 달러화에 대해 고정 환율제를 시행했다. 이 말은 두 화폐를 고정된 비율로 환전할 수 있다는 의미이다. 이 시스템에서 태국은 미국의 화폐와 비례하는 수준으로 자국 화폐의 공급을 통제해야 한다. 물론 달러와 고정 환율제를 적용하는 다른 나라들도 마찬가지다. 그것은 외채를 합리적인 수준으로 유지해야 한다는 사실을 의미했다. 이런 까닭에 미국 달러의 보유액 이상으로 외채를 끌어들일 수 없었다.

두 화폐의 양이 지나치게 많이 차이가 나면 정부에 외채를 제공한 기관들은 해당 국가가 더 이상 화폐를 환전할 능력이 없다고 판단하게 될 것이다. 그렇게 되면 외채 제공 기관들은 앞다투어 외채를 회수하려고 들 것이고 태국의 화폐로 투자한 투자자들은 바트화를 팔고 달러로 환전하길 원할 것이다. 정부가 환전할 능력이 없으면 화폐의 가치가 '평가 절하'되거나 고정 환율제가 폐지될 것이다. 이 경우 1달러와 동일한 가치를 가진 현지 화폐 10장을 가지고 있지만 정부가 시장에 통용할 수 있을 정도로 달러를 충분히 가지고 있지 않은 경우 1달러를 현지 화폐 20장으로 사게 되는 상황에 처할 수도 있다.

이 말은 곧 달러를 사기 위해 더 많은 현지 화폐가 필요하게 된다는 뜻이다. 이것은 정부가 과거의 환율을 고수하기를 바라는 사람들에게는 달갑지 않은 소식이다. 또한 정부가 환전해 줄 능력이 없다는 사실을 시장이 알게 되면 정부가 환율을 조정하기도 전에 너도나도 환전하려고 몰려들 것이다. 그 결과 현지 화폐의 투매로 이어져 현지 화폐의 가치를 급락시키고 주식과 같이 현지 화폐로 책정된 자산의 가치가 폭락하게 된다.

이와 같은 상황에서 태국 은행은 최악의 상황에 처하게 된다. 저금리로 달러를 빌려 대출 준비금으로 현지 화폐를 보유하고 있기 때문이다. 현지 화폐의 가치가 하락하면 달러로 빌린 외채의 규모가 그만큼 더 커지게 된다. 달러화 외채가 지나치게 증가하면 은행이 파산할 수 있다. 이런 이유로 태국 정부가 '금융 질서가 무너지고 고정 환율제 적용이 불가능하다'고 공식적으로 발표했을 때 바트화 매도는 태국 바트화의 가치뿐만 아니라 바트화로 책정된 모든 자산 가치를 큰 폭으로 하락시켜 엄청난 손실을 야기했다.

태국에서 외환 위기가 불거진 지 얼마 되지 않아 투자자들은 고정 환율제를 사용하면서 외채가 많은 다른 아시아 국가들까지도 회의적인 시각으로 바라보았다. 태국에서 촉발된 외환 위기로 인해 '아시아의 기적'이라고 불리던 다른 국가들까지도 경계의 대상이 되었으며 그 국가들의 현지 화폐에도 대량 매도 사태가 번지게 되었다. 한 국가의 재정이 그렇게 허약할 수 있느냐고 반문할지 모르지만 보기 드문 일은 아니다.

아시아의 경우 아시아의 기적이라고 불리는 국가들이 장기간 높은 경제 성장률을 보이면서 투자자들에게 매력적인 투자처로 여겨졌다. 그 결과 해외에서 많은 돈이 유입되었고 일부 산업은 지나치게 개발되기도 했다. 과잉 개발이 채권자나 투자자들에게 지불을 하기 위해 필요한 수익을 창출할 수 있었던 것도 아니었다. 어떤 측면에서 보면 이 국가들은 스스로 '성공의 희생물'이 되었던 것이다. 그럼에도 불구하고 투자자들은 해외로 달러를 빠르게 회수하기를 원했기 때문에 이들 국가에서 현지 화폐 매도는 끊임없이 지속되었다. 현지 화폐 매도에 대한 연쇄 반응이 태국에서 말레이시아로 그리고 인도네시아, 필리핀, 싱가포르 그리고 마침내 한국에까지 이르렀다. 수년 후 이와 유사한 외환 위기가 러시아, 브라질, 아르헨티나 등에도 닥쳤다.

한국은 기회의 땅, 기회를 잡다

외환 위기를 경험했던 여러 나라 중 한국은 바겐 헌터인 존 템플턴이 가장 관심을 가졌던 곳이다. 실제로 그의 관심을 끈 것은 수십 년간 꾸준한 경제 성장을 통해 펀더멘털이 튼튼하다는 점이었다. 존 템플턴을 소개하고 있는 책 《템플턴 터치》(The Templeton Touch, 1983)에는 1960년대 일본 투자에 대한 그의 인터뷰 내용이 실려 있다. 존 템플턴은 인터뷰에서 '일본 다음으로 투자를 생각하고 있는 나라는 어디인가?'라는 질문에 조금의 망설임도 없이 '한국'이라고 답했다.

존 템플턴은 일본 투자 초기에 고객의 돈을 투입하지 않았다. 투자 수익 회수에 제약이 있었기 때문이다. 한국도 외국 투자자들이 투자 자금을 회수하는 데 제약을 가하는 정책을 펴고 있었다. 하지만 존 템플턴은 당시 한국의 투자 환경과는 관계없이 한국도 가까운 장래에 일본처럼 해외 송금 규제를 완화하게 될 것이라고 확신했다.

> 존 템플턴은 인터뷰에서 '일본 다음으로 투자를 생각하고 있는 나라는 어디인가?'라는 질문에 조금의 망설임 없이 '한국'이라고 답했다.

존 템플턴이 한국을 일본 다음의 투자 대상국으로 고려한 이유는 경제적 관점에서 비슷한 점이 아주 많았기 때문이다. 제2차 세계대전으로 황폐화된 일본이 경제 강국으로 부상한 것처럼 한국도 한국전쟁으로 폐허가 된 상태에서 눈부신 경제 성장을 이룩했다. 자리를 잡는 데 좀 오래 걸리기는 했지만 한국은 빈곤에서 벗어나 경제 성장을 이룩한 가장 훌륭한 사례로 손꼽히고 있다.

그럼 여기서 한국과 일본이 고도 경제 성장을 이루기 위해 공통적으로 사용한 방법이 무엇이었는지를 살펴보자. 첫째, 경제 성장을 위한 투자 자금의 대부분을 국내 저축액으로 충당했다. 둘째, 두 나라 모두 매우 의욕적인 수출국이었다. 일본은 제2차 세계대전 이후 경제를 일으키기 시작할 때 단순하고 값싼 제품을 생산하는 나라였다. 한국도 섬유 제품을 포함하여 주로 값싼 상품을 수출했다. 예를 들어 1963년 한국의 세 번째 수출품은 가발이었다. 어쨌든 그 당시 한국은 산업화의 길을 걷고 있었고 GDP 성장률로 평가할 때 세계에서 가장 빠른 경제 성장을 이룩했다. 물론 아시아의 금융 위기를 주도한 나라 중 하나지만 지난 27년간 이룩한 경제 성장은 놀라운 것이었다. 수출 주도적인 경제 성장을 목표로 한 한국은 섬유와 가발 생산에서 벗어나 고도의 산업화를 지향하면서 모든 자원과 자본을 전자와 자동차 부문에 투입했다. 하지만 한국은 1980년 석유 파동 때문에 장기간 지속해 오던 고도성장을 멈추어야 했다(〈그림 8-1〉 및 〈그림 8-2〉 참조).

1980년대 한국이 더욱 발전된 경제 국가로 성장하면서 보여 준 하나의 특징은 외채 의존도를 줄이고 국내 저축액에 의한 투자에 비중을 두었다는 점이다. 일본이 제2차 세계대전의 폐허로부터 부상한 것처럼 한국도 대규모 외채보다는 국민의 높은 저축률로 눈부신 경제 성장을 이룩할 수 있었다. 두 나라 모두 처음에는 해외 원조(일본은 제2차 세계대전 이후, 한국은 한국전쟁 이후) 덕분에 경제 성장을 이룰 수 있었지만 그 의존도를 점차 줄여 나갔다(〈그림 8-3〉 및 〈그림 8-4〉 참조).

일본처럼 한국도 저축률이 세계 평균을 크게 앞질렀다. 실제로 한국의 저축률은 2000년대까지 30퍼센트를 상회했다.

일본과 한국의 이러한 유사성에도 불구하고 존 템플턴은 한국에 투자하지 않고 있었다. 당시 한국은 자본 규제가 심하기로 악명이 높았기 때문이다. 예를 들어 외국 투자자들의 한국 내 투자가 허용된 것은 1992년이었다. 그전까지는 외국인들의 주식 투자가 법적으로 금지되어 있었다.

한국인들조차도 해외에서 자유롭게 돈을 빌리지 못했다. 심지어 달러를 자유롭게 해외로 송금하지도 못했다. 또한 외화를 국내로 들여오는 기업이나 개인은 즉시 원화로 환불해야 했다. 외국인에게 주식 투자를 허용했을 때 이런 규제가 한국 경제의 걸림돌이 되었다. 이러한 법적 규제의 영향으로 외화가 부족했기 때문에 기업들 간에 달러 수요가 급증했다. 하지만 정부의 혜택을 받던 대기업(한국의 대기업은 '재벌'이라고도 불린다)들은 특권을 누리고 있었다. 당시 재벌들은 거래를 하는 데 필요한 달러를 쉽게 구할 수가 있었고 그 덕분에 그들의 영향력은 막강했다.

재벌들은 원하는 만큼 외화를 사용할 수 있었다. 정부의 특혜 덕분에 그들은 채권자들의 통제 없이 투자하고 성장할 수 있었다. 반면 일반 중소기업들은 채무가 많은 경우 금융 기관에서 대출받기가 어려웠다.

하지만 재벌들의 과도한 부채가 한국 경제에 부정적인 영향을 미쳤고 한국을 외환 위기로 이끈 하나의 원인이 되었다. 수년 후 일부 기업에 대한 정부의 편파적인 조치와 부패가 밝혀졌을 때 여러 대기업의 부패도 모두 드러났다. 이런 일련의 사태로 인해 외국인 투자자들은 한국 기업의 주식에 투자하기를 꺼렸고 주가는 하락세를 면치 못했다.

일본의 사례에서와 같이 건실한 경제적 성장에도 불구하고 1997년 말 한국은 아시아 금융 위기 때 매우 약한 모습을 보였다. 이후 한국은 외부에서 금융 지원을 받아들이는 조건하에 전례 없던 수준으로 시장을 개방하는 데 동의했다.

전쟁의 폐허에서 빠른 경제 성장을 보이던 한국은 1997년 말 다시 과거로 돌아가는 것처럼 보였다. 당시 대부분의 재벌들이 지나치게 차입 자본을 이용했기 때문에 국가가 위기에 처한 것이다.

기아 자동차, 진로, 해태와 같은 일부 재벌들이 1997년 여름 대출 원리금 상환에 실패하면서 파산 보호 신청을 했을 때 외국인 투자자들은 한국

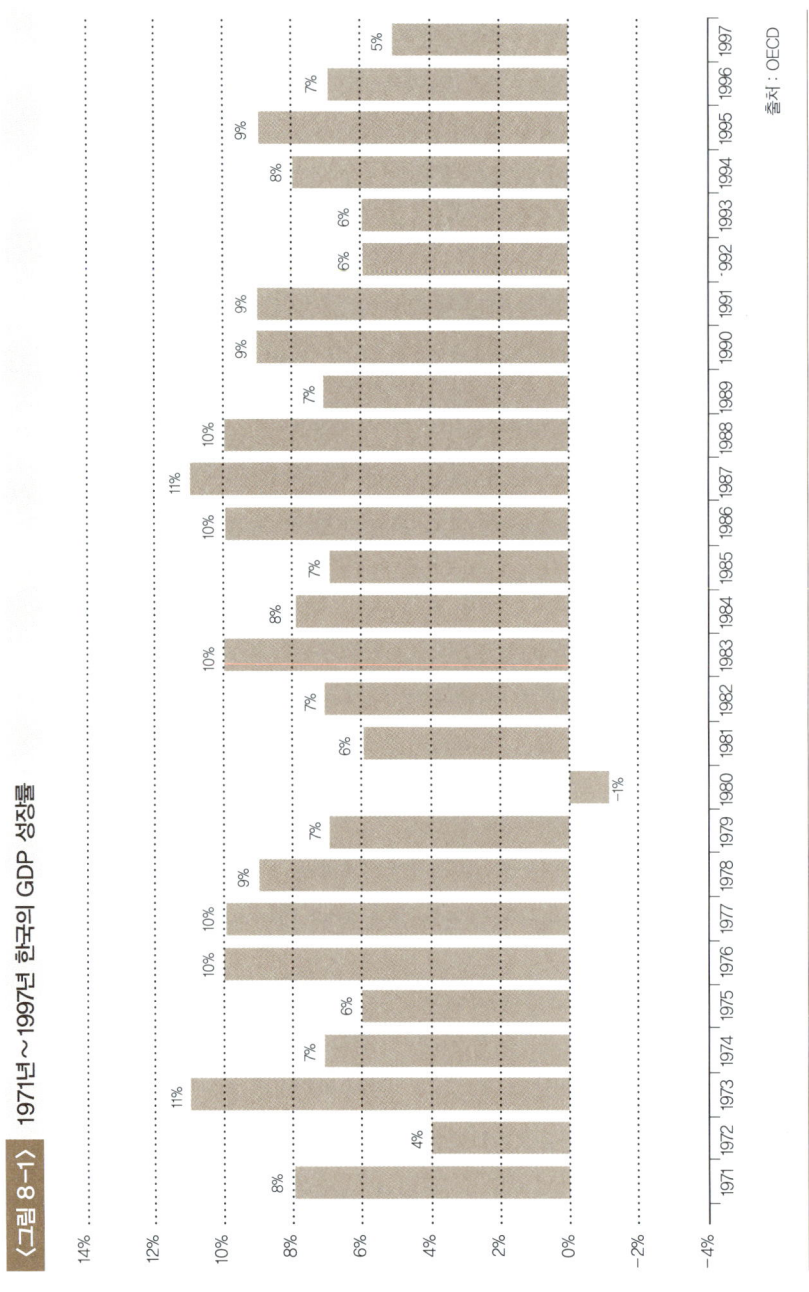

〈그림 8-1〉 1971년~1997년 한국의 GDP 성장률

출처 : OECD

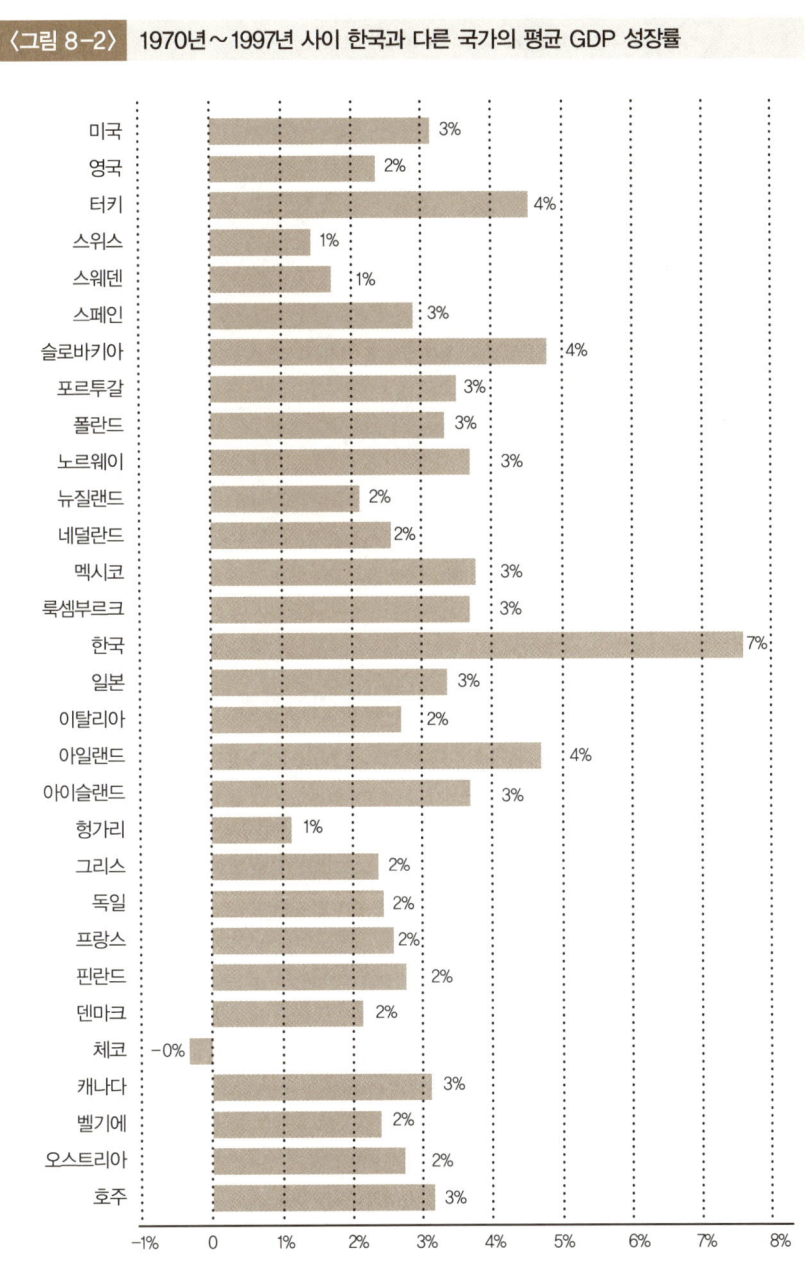

〈그림 8-2〉 1970년~1997년 사이 한국과 다른 국가의 평균 GDP 성장률

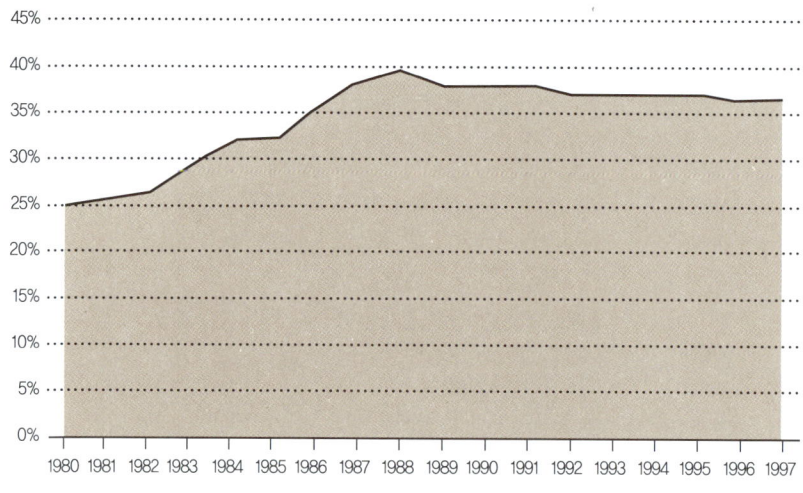

〈그림 8-3〉 1980년~1997년 한국의 저축률

과 한국의 금융 상황을 비판적인 시각으로 바라보았다. 그러한 파산 보호 신청과 그 뒤를 이어 발생할지도 모르는 파산이 금융계까지 파급될 것이라는 두려움이 확산되었다. 게다가 외화 부채 규모가 커 위기의식이 더욱 팽배해 있었다. 하지만 외국인 투자자들의 경우 문제의 심각성을 정확하게 파악할 수 있는 방법은 없었다. 기업의 정보 공개가 정부에 의해 통제되고 있었고 은행 역시 정부의 통제하에 있었기 때문이다. 그럴 경우 투자자들은 최악의 경우를 생각해야 했다.

외환 위기가 닥치기 전 한국 정부의 외채는 GDP의 20퍼센트 이하로 비교적 적당한 수준이었다. 하지만 외채 대부분이 정기적으로 되풀이해서 만기 연장을 해 온 단기성 외채들이었다. 문제는 정부 부채의 대부분이 외환 위기의 와중에 만기 연장이 이루어져야 했다는 점이다. 또 한국의 외환 위기는 태국과 말레이시아의 외환 위기와 맞물려 더욱 악화되었다.

한국과 이들 국가들과의 공통적인 문제점은 주요 채권국이 일본이라는 사실이었다. 일본이 여러 국가의 채무 불이행과 파산에 노출되어 있다는 사실을 깨닫자마자 투자자들은 한국에 대한 대출 규제를 시작했다. 당시 한국의 상황이 다른 국가들처럼 그렇게 심각한 것은 아니었지만 규제가 시작되면서 한국은 큰 타격을 받았다. 환투기꾼들은 금융 시장이 더욱 악화될 것을 염려해 원화를 차입해 달러를 사들이기 시작했다. 이런 상황에서 한국은 귀중한 외환 보유액을 사용해 달러를 사들임으로써 원화의 가치를 끌어올리려고 노력했다. 하지만 소용없었다. 결국 시장에서 원화의 가치를 끌어올리기 위해 달러를 사용함으로써 외환 보유고가 급격히 감소하여 큰 어려움을 겪게 될 게 분명했다. 한국이 외환 시장에서 더 이상 원화를 방어할 여력이 없어진 1997년 말 원화 가치는 붕괴하고 말았다. 증시를 포함해 원화로 표기되는 모든 자산의 가치가 함께 폭락했다.

한국이 경제를 살리기 위해 IMF에 구제 금융을 신청한 것은 1997년 말이었다. IMF는 가맹 국가가 금융 위기에 처했을 때 구제 금융을 제공해 주는 조건으로 일정한 할당액에 따라 자금을 출자한 국제 금융 기구다. IMF는 구제 금융을 제공해 주는 대신 그 국가의 경제 정책의 변경을 요구할 수 있었다. 1997년 11월 유동성 위기를 벗어나기 위해 IMF에 구제 신청을 한 한국이 이 경우에 해당되었다.

한국은 IMF로부터 585억 달러를 지원 받았고 그 대가로 IMF는 많은 조건을 제시했다. 그중 하나가 한국이 외국 투자자들에게 금융 시장을 개방하고 비능률적인 기업들을 시장에서 과감하게 퇴출하라는 것이었다. 처음 한국 정부는 그런 개혁에 거부 반응을 보였지만 1998년 초부터 변

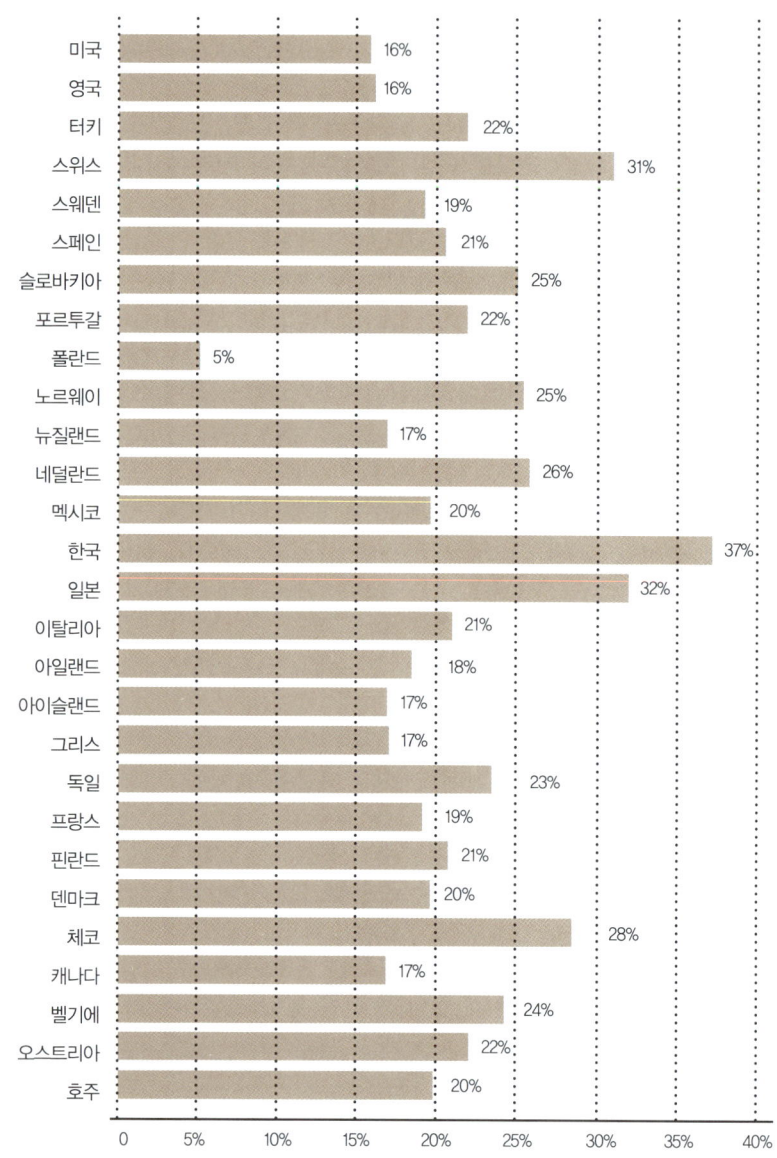

〈그림 8-4〉 1987년~1997년 사이 한국과 다른 국가의 평균 저축률

하는 모습을 보였다.

한국은 과거의 경제 성장을 매우 자랑스럽게 생각하고 있었고 위기가 일시적인 것이라고 판단했다. 그래서 '비능률적인 기업들'이 문을 닫아야 한다는 데 동의하지 않았다. 한국인들은 실적과는 관계없이 고용이 계속 유지되어야 한다고 생각했다. 그 배경에는 그들을 지지해 주는 노동조합이 있었다.

한국 사람들은 기업이 문을 닫고 노동자들을 해고해야 한다는 생각에 익숙지 않았다. 그리고 과거 식민 지배를 당했던 경험을 가진 한국인들에게는 외국인들이 그들의 경제에 관여한다는 사실 또한 달갑지 않았다. 따라서 외국인에게 시장을 개방해야 한다는 사실을 좋아할 리가 없었다. 한국인들은 IMF를 '해고'라는 단어와 동일한 것으로 간주했다. 어쨌든 외국 투자자들은 한국에서의 그러한 조치를 매우 긍정적인 변화로 받아들였다.

하지만 문제는 또 남아 있었다. 불경기가 계속되었고 보호주의와 외환 규제가 심했던 것이다. 한국은 IMF 통제하에 있는 동안 더 이상의 원화 가치 하락을 방지하기 위해 금리를 크게 올렸다. 금리가 오르자 경제 성장이 둔화되었고 경기 침체를 피할 수 없게 되었다.

경기 후퇴와 잦은 정책 변화를 지켜보던 투자자들은 한국의 경제 전망에 대해 매우 회의적인 반응을 보였다. 이와는 반대로 1998년 1월 존 템플턴은 본격적으로 한국에서 저가 주식을 찾을 준비를 했다. 《월 스트리트 저널》은 그의 투자 활동과 관련하여 다음과 같은 기사를 실었다.

한국 증시에 투자를 시작한 존 템플턴
-1998년 1월 2일, 카렌 다마토

투자의 달인이자 바겐 헌터인 존 템플턴이 폭락한 한국 증시에 관심을 갖기 시작했다. 바하마에 사무실을 두고 있던 그는 지난 달 여러 종목의 한국 주식을 매수했다고 발표했다. 그 주식 중에는 샌프란시스코의 뮤추얼 펀드 '매튜스 코리아 펀드'(Matthews Korea Fund)도 포함되어 있었다. 화요일에 64퍼센트나 급락한 이 펀드는 1997년 미국에서 가장 실적이 저조한 펀드로 기록되어 있었다.

85세의 존 템플턴은 수요일 본지와의 전화 인터뷰에서 다음과 같이 밝혔다. "한국 증시가 거의 바닥까지 내려왔다고 생각한다. 나는 지금까지 항상 가장 비관적인 시점에서 주식을 매수하려고 노력해 왔으며 지금 한국 증시가 바로 그 시점에 다다른 것으로 판단한다."

존 템플턴은 템플턴 펀드를 설립한 해외 투자의 개척자로 후에 그 펀드를 프랭클린 리소시스(Franklin Resources)에 매각했다. 그는 한국에 얼마를 투자했는지 정확히 밝히지는 않았지만 전체 포트폴리오 규모로 볼 때 아주 소규모라고만 전했다. 하지만 매튜스 코리아 펀드에 대한 투자는 수백만 달러가 넘는 것으로 알려졌다.

존 템플턴은 계속되는 한국의 경기 침체와 한국 정부가 증시 개방 정책을 철회할지도 모른다는 불안감에도 불구하고 가장 비관적인 시점이 되었으며 증시가 완전히 바닥을 쳤다고 판단했다. 또 정치 면에서는 한국이 외환 시장 개방 정책을 계속 유지할 것이라고 확신했다.

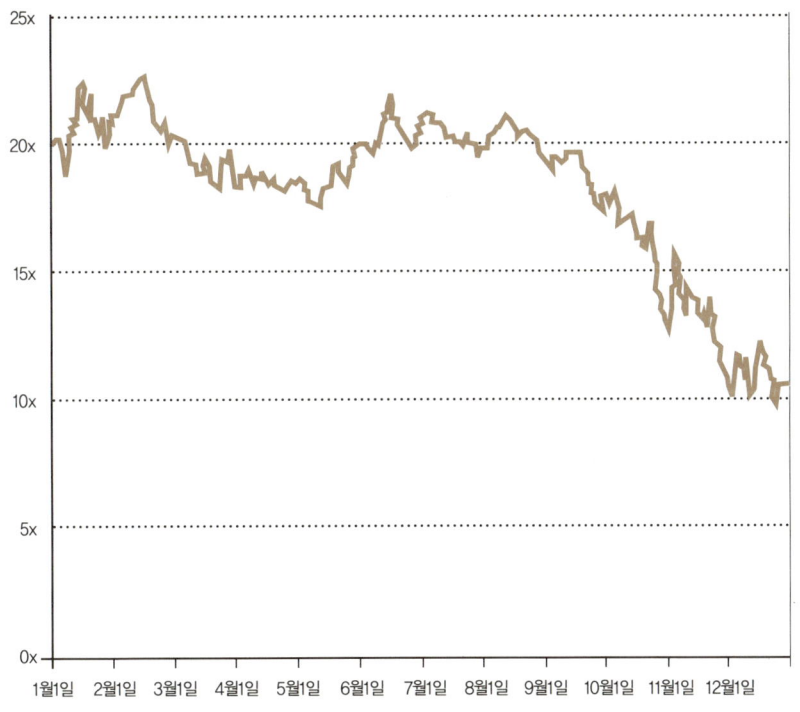

〈그림 8-5〉 1997년 한국 증시의 주가 수익률

　그래서 대부분의 투자자들이 한국 시장에 등을 돌리고 떠나는 시점에서도 존 템플턴은 한국의 두 가지 긍정적인 면을 발견하고 투자를 계속했다. 하나는 한국이 공정 거래를 추구하고 자본 통제를 하지 않는다면 증시는 외국 투자자들에게 훨씬 더 우호적일 거라는 사실이었다. 또 하나는 두 달 동안 주가가 수익률에 비해 지나치게 하락하여 주가 수익률이 증시 사상 가장 낮은 수치를 보였다는 점이다. 만약 수년 후에 경제가 과거처럼 건실한 성장을 보인다면 높은 수익을 가져다 줄 종목이 많았다. 근시안적 견해에서 벗어날 수만 있다면 장기적으로 볼 때 한국의 미래가 밝다는 사실을 쉽게 알아차릴 수 있었다. 주가는 정말 저렴했다. 바겐 헌터들에게는 절대 놓칠 수 없는 기회였다. 〈그림 8-5〉에서 볼 수 있듯이 한국 증시의 평균 주가 수익률은 20 × EPS(주당 순이익)에서 10 × EPS 이하로 급락했다. 주가 수익률이 그렇게 하락한 것은 투자자들이 근시안적인 판단으로 투매를 했기 때문이다.

뮤추얼 펀드 투자의 기본

《월 스트리트 저널》에서 발표한 바와 같이 존 템플턴은 폭락한 한국 증시에 투자하는 방법으로 뮤추얼 펀드를 선택했다. 이 전략은 모든 바겐 헌터들에게 시사하는 바가 크다. 존 템플턴은 편안한 마음으로 종목을 선택한 후 매수했다. 일반 투자자와 현명한 투자자 사이에 존재하는 차이는 천재적인 종목 선정 능력에 있지 않다. 현명한 투자자는 다른 사람이 매수하지 않는 주식을 사들인다. 당신이 이런 사고방식을 가지고 있고 증시의 상황이 좋지 않을 때 피한다는 생각을 떨칠 수만 있다면 다른 투자자들과의 싸움에서 승리를 할 수 있다.

뮤추얼 펀드 같은 다른 투자처에 주식 선정 작업을 의뢰한다고 해서 그들에게 모든 것을 전적으로 맡겨서는 안 된다. 일단 고용된 바겐 헌터들의 투자 방식에 대해 사전 조사하는 것이 중요하다. 뮤추얼 펀드를 조사하는 한 가지 방법은 당신을 대신해 대리인으로 활동할 펀드 매니저를 조사하는 것이다. 당신이 투자에 관해 어떤 신념이 있다면 당신과 비슷한 투자 이론을 가지고 있는 펀드 매니저를 찾아야 한다. 당신은 장군이고 그들은 전투 현장에서 싸우는 장교들이다. 예를 들어 존 템플턴이 외환 위기가 있은 후 매튜스 코리아 펀드에 투자할 때 자신과 비슷한 투자 성향을 보이는 사람에게 자신의 돈을 맡겼다. 그것이 뮤추얼 펀드 투자의 기본이다. 하지만 대부분의 뮤추얼 펀드 투자자들은 단지 최근의 실적을 조사하고 실적이 가장 좋은 펀드에 투자하는 경향이 있다.

그들은 일반적으로 인기주나 화제주에 투자한다. 실적이 좋은 뮤추얼 펀드에 가입하는 것은 수익률이 좋은 주식에 투자하는 것과 다를 바 없다. 이 경우 가격이 계속 오르기 때문에 진정한 바겐 헌터라면 주식을 사는 것은 어리석은 행동이다. 그와 마찬가지로 단지 가치가 오르기 때문에 뮤추얼 펀드에 투자하는 것도 매우 위험하다. 또 현재 실적이 좋다고 해서 무조건 투자 대상에서 배제하는 것도 무모한 짓이다. 어쨌든 투자의 목적은 돈을 버는 데 있다. 올바른 결정을 내리는 유일한 방법은 펀드 매니저들이 적용하는 방법과 과정을 조사하는 것이다. 우리의 경우는 '바겐 헌팅' 방법을 적용하는 펀드 매니저를 찾아 장기적인 관점에서 기업의 가치를 평가하고 주가가 하락하는 것을 기다렸다가 매수하도록 했다.

매튜스 코리아 펀드의 경우를 살펴보면, 1997년 말 존 템플턴은 자신이 평소 가지고 있던 아이디어를 하나의 투자 수단으로 결집시켰다. 첫째, 존 템플턴은 한국 증시 투자에 전념했다. 거의 모든 투자자들이 시장을 빠져나오고 있었기 때문에 수익과 미래의 성장 잠재력을 고려해 보면 지나치게 주가가 하락하고 있었다. 둘째, 그 당시 매튜스 코리아 펀드는 미국 내에서 전적으로 한국 시장을 위해 설립된 유일한 펀드였다. 셋째, 존 템플턴은 펀드 매니저 폴 매튜스(Paul Matthews)와 면담을 한 후에 그가 오랫동안 자신의 투자 방법을 연구하고 자신과 유사한 방법으로 투자해 왔다는 사실을 알았다. 그 펀드의 투자 안내서는 폴 매튜스와 그의 동료들이 주식 선정과 아시아 증시에 대해 존 템플턴과 동일한 투자 철학을 가지고 있음을 잘 보여 주었다. 예를 들어 당시 미국 내 많은 투자자들은 대부분의 아시아 국가가 시장을 개방하지 않을 것이라고 믿었지만 매튜스와 존 템플턴은 조만간 시장이 개방될 것이라고 확신했다. 존 템플턴은 일본에 처음 투자할 때와 1998년 초반 한국 상황이 같다고 믿었다. 매튜스 펀드 매니저들도 그와 생각이 같았다.

이렇듯 중요한 것은 당신과 같은 투자 철학을 가진 뮤추얼 펀드 매니저를 찾는 일이다. 이 말은 곧 당신의 투자 철학을 먼저 확립하고 매니저들에게 주식 선정을 의뢰해야 한다는 뜻이다. 최근 실적에만 너무 초점을 맞추면 펀드를 너무 늦게 사거나 너무 빨리 파는 대다수의 뮤추얼 펀드 투자자들과 함께 행동을 하게 될 뿐이다. 이런 유형의 투자가 인기주를 너무 늦게 사고 비인기주를 너무 빨리 파는 것처럼 보인다면 당신은 뮤추얼 펀드를 위한 바겐 헌터가 될 준비가 된 것이다. 진정한 바겐 헌터가 되고 싶다면 펀드의 실적이 좋았을 때가 아니라 나빴을 때 뮤추얼 펀드를 사라!

매튜스 코리아 펀드의 실적만을 고려한 투자자들은 1998년 초 한국 투자를 기피했을 것이다. 1997년 펀드에 투자한 투자자들은 외환 위기가 한국을 강타했기 때문에 큰 손실을 보았을 것이다. 실제로 매튜스 코리아 펀드는 1997년 미국에서 가장 실적이 저조한 펀드 중의 하나였다. 실적이 나빴지만 사실 이것은 펀드 매니저들의 잘못은 아니었다. 다른 투자자들이 한국 주식을 투매

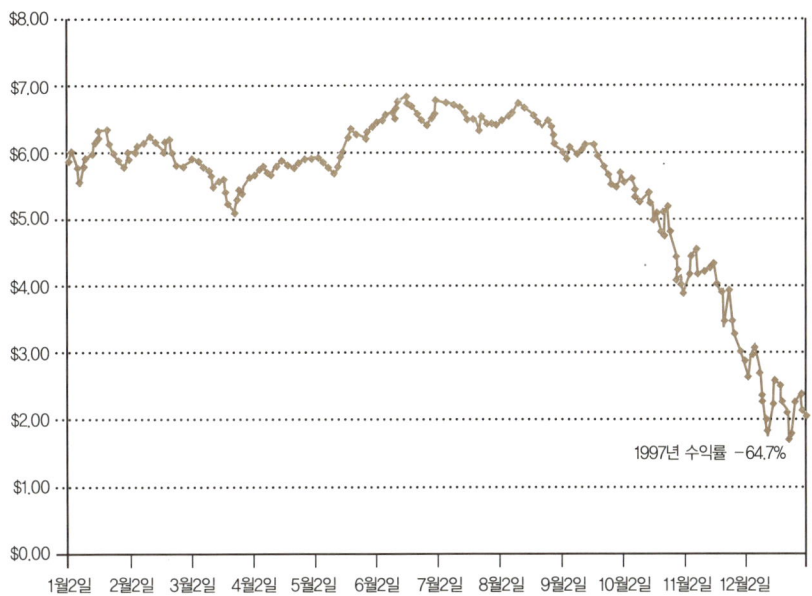

〈그림 8-6〉 1997년 매튜스 코리아 펀드 순자산 가치

1997년 수익률 -64.7%

했기 때문에 가격이 하락하여 실적이 부진했던 것이다(〈그림 8-6〉 참조).

〈그림 8-6〉을 잘 살펴보면 하락장에서의 실적을 볼 수 있다. 성공적인 투자를 원한다면 이 관계를 이해하고 미래를 예측하는 것이 중요하다. 개별 주식을 매수하는 것과 마찬가지로 상황이 최악일 때 펀드에 가입해야 한다. 뮤추얼 펀드 투자도 개별 주식 매수와 다를 바 없다. 둘 다 모두 조사와 연구, 노력이 필요하다. 하지만 그중 연구 결과가 긍정적으로 나온다면 뮤추얼 펀드가 됐든 개별 주식이 됐든 다른 투자자들이 매도를 할 때 확신을 가지고 매수할 수 있다.

뮤추얼 펀드를 조사할 때 가장 중요하게 고려해야 할 사항은 그들의 투자 방법이다. 주식을 내재 가치 이하로 사는 게 목적이라면 돈을 관리하는 펀드 매니저도 같은 생각을 하고 있어야 한다. 펀드 매니저들은 주식의 정당한 가치를 어떻게 계산하는가? 주식이 가치가 있다는 것을 그들은 어떻게 결정하는가? 만약 당신이 기업의 분기 수익을 보고 투자 결정을 하는 게 무의미하다고 생각한다면 당신의 펀드 매니저도 같은 생각을 하고 있는지 점검하라. 그리고 그들이 매수한 주식을 얼마 동안 보유하는지도 확인해야 한다. 투자자들이 주식을 아주 저렴하게 사서 수년 동안 보유해야 한다고 생각한다면 당신의 매니저가 주식을 평균 얼마 동안 보유하는지 점검해야 한다. 펀드 매니저가 낮은 주가 수익률의 주식을 매수해야 한다고 주장하면 뮤추얼 펀드의 보유 주식들을 조사하고 평균 주가 수익률을 계산하라!

펀드 매니저의 투자 철학을 확인하는 데는 다양한 방법이 있지만 그중 상식적인 질문으로 시작하는 것이 중요하다. 뮤추얼 펀드와 펀드 매니저들에 대해 전문적으로 조사하는 회사도 많이 있다. 그런 회사를 이용하면 그들이 준비한 분석 내용을 검토하고 펀드 매니저들에게 당신이 하고 싶은 질문만 던지면 된다. 모닝스타(Morningstar)가 그런 서비스를 제공하는 대표적인 회사다.

1997년 말 존 템플턴은 매튜스 코리아 펀드에 투자했다. 이후 그 결정은 아주 적절한 투자처와 적절한 시점에 투자한 것으로 판명이 났다. 한국이 1997년 말 외환 위기에서 벗어나는 데는 불과 10개월에서 11개월밖에 걸리지 않았고 증시도 뒤를 이어 되살아났다.

〈그림 8-7〉을 보면 존 템플턴이 단 2년 만에 펀드 투자액을 267퍼센트

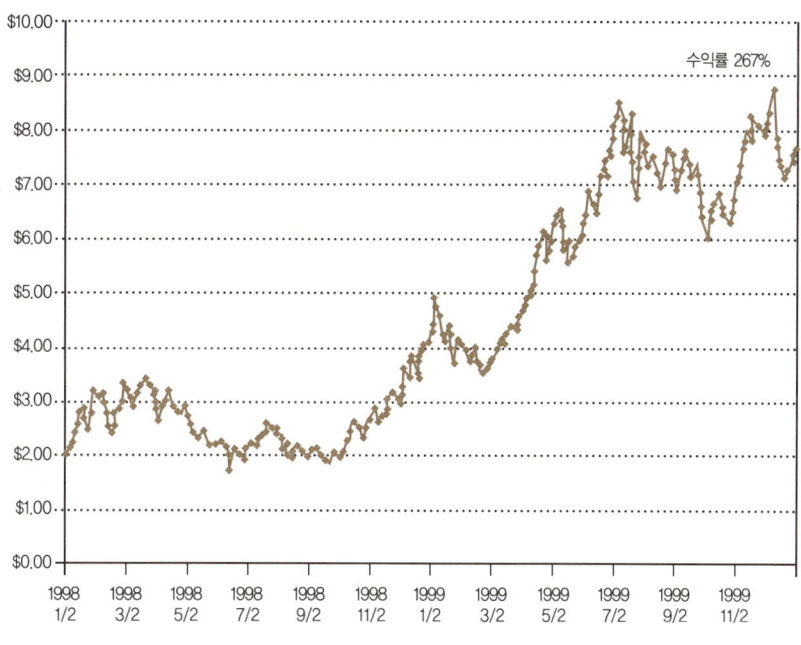

<그림 8-7> 1998년~1999년 매튜스 코리아 펀드의 순자산 가치

수익률 267%

로 불려 놓았음을 알 수 있을 것이다. 존 템플턴 덕분에 이 펀드는 1997년 최악의 실적에서 1999년 최상의 실적을 올린 펀드로 발돋움할 수 있었다.

1999년 7월 《월 스트리트 저널》은 매튜스 코리아 펀드를 그해 가장 우수한 실적을 올린 펀드로 선정했다. 다음은 기사의 일부이다.

　아시아, 가치 그리고 성장 펀드
　- 1999년 7월 6일, 다니엘 세사

매튜스 코리아 펀드는 아시아 국가 한 곳에 집중하여 278.5퍼센트라는 경이적인 실적을 올리면서 지난 분기 선두 주자였던 인터넷 펀드(Internet Fund)를 앞섰다.

1년간 최고의 수익을 기록하다

세 자리 수익률을 달성한 펀드를 찾고 있는가? 인터넷 펀드는 잊고 한국에 집중하자. 폴 매튜스가 운영하고 있는 매튜스 코리아 펀드는 한국에 투자해 1년간 엄청난 수익을 올렸다. 하지만 매튜 인터내셔널의 5개 아시아 펀드 중 하나인 매튜스 코리아 펀드 앞에 항상 장밋빛 청사진만 펼쳐졌던 것은 아니다. 1995년 초 한국에 이 펀드가 설립된 직후 한국 경제는 경기 침체기로 접어들었다. 그리고 2년 후 아시아 전체가 외환 위기를 겪었다.

매튜스 코리아 펀드는 1997년 65퍼센트 손해를 본 것을 포함해 처음 3년간 막대한 손실을 보았다. 1980년대 홍콩에 살았으며 샌프란시스코에서 이 펀드를 운영하고 있는 매튜스는 여기에 대해 다음과 같이 말했다. "확실히 우리는 펀드를 시작하자마자 이렇게 손실을 보리라고는 예측하지 못했다."

투자의 대가 존 템플턴이 매튜스 코리아 펀드에 투자하기로 결정했다는 기사가 1997년 말 신문 헤드라인을 장식했다. 이 펀드의 대변인은 존 템플턴이 여전히 이 펀드에 가입되어 있다고 발표했다.

저가 주식 비교 매수법으로 글로벌 시장을 개척하다

미국 내 대부분의 가치 투자자들이 인터넷 거품으로 격분해 있을 때 존 템플턴만은 최고의 수익을 올리고 있었다. 해외 시장에서 저가 주식을 사들였기 때문에 가능한 일이었다. 바겐 헌터라도 미국 내에서만 투자를 했다면 별 재미를 보지 못했을 테지만 존 템플턴처럼 세계 시장에서 저가 주식을 찾았다면 아주 뛰어난 실적을 보일 수 있었을 것이다.

아시아에 외환 위기가 닥친 후 한국에서 초기 투자로 엄청난 수익을 올린 존 템플턴은 그 후로도 오랫동안 한국에서 저가 주식을 매수했다. 그 대표적인 경우로 2004년 8월의 일을 들 수 있다. 존 템플턴은 자동차를 생산하는 기아 자동차에 관심이 많았다. 그는 과거에 사용하던 저가 주식 비교 방법을 적용하여 기아 주식을 매수했다. 기아와 관련해 여러 가지 호조건들이 그의 관심을 끌었다. 특히 기아의 주가 수익률은 매우 낮았다. 주가 수익률을 기아의 장기적인 주당 순이익(EPS)과 비교했을 때 아주 훌륭한 저가 주식임을 알 수 있었다. 기아는 2004년 8월 말 주가 수익률이 4.8 × EPS였다. 그 당시 주가 수익률이 5.9 × EPS였던 미국 기업 GM과 유사했다. 특히 기아의 장기 주당 순이익 성장률이 연평균 28퍼센트에 달했다. 하지만 그와는 대조적으로 당시 GM의 주당 순이익 성장률은 5년간 계속해서 하락하고 있었다. 존 템플턴은 기아가 GM보다 3배 이상의 수익을 올리면서 저렴한 가격에 좋은 차를 판매함으로써 고객들에게 큰 가치를 제공해 주고 있다고 판단했다. 그는 기아가 아주 저렴한 저가 주식임을 확신했기 때문에 5,000만 달러라는 거금을 투입해 매수를 시작했다. 2005년 12월 말이 되자 기아 자동차 주식은 174퍼센트까지 급등했다.

존 템플턴과 기아 자동차와 관련해 한 가지 흥미 있는 에피소드가 있다. 2005년 기아 자동차의 주가가 상승하고 있을 때 존 템플턴은 기존에 타던 차를 새 차로 바꾸어야 할 때가 됐다고 생각했다. 바하마에서는 날씨와 소금기 때문에 자동차의 수명이 그리 길지 못했다. 그래서 오래된 링컨 타운 카(Lincoln Town Car)를 새 차로 바꾸어야겠다고 마음먹었다. 평소 기아 차에 관심이 많던 존 템플턴은 기아 자동차 영업소를 방문하여 여러 차를 둘러본 다음 구매하지는 않고 사무실로 돌아갔다. 그러자 그의 조수 매리 워커(Mary Walker)가 이유를 물었다. 그는 짧게 "차가 너무 비싼 것 같아."라고 대답했다. 후에 매리는 존 템플턴을 설득하여 기아 차를 사도록 했다. 그녀는 "그가 사고 싶어 한다는 것을 알고 있었지만 그는 돈을 쉽게 써 버리는 사람이 아니었죠."라고 말했다.

존 템플턴은 엄청난 부를 축적했지만 결코 자신의 검소한 생활 태도를 바꾸지 않았다. 한 번 바겐 헌터는 영원한 바겐 헌터였던 것이다.

기아에 대한 이 투자 사례는 존 템플턴이 40여 년 전 일본에서 투자했던 상황과 비슷했다. 우연의 일치가 아니었다. 두 나라는 경제 구조 면에서 서로 닮아 있었다. 또 산업 강국이 되기 위해 같은 전략을 사용했다. 그 가운데는 높은 저축률, 자본 통제, 산업 제품의 수출 등이 포함되어 있다. 대다수의 투자자들은 이 두 나라의 경제가 일시적으로 어려움에 빠졌을 때 모두 등을 돌렸다. 하지만 두 나라 모두 장기적으로는 건실한 경제 성장을 이루어 냈다.

역사를 이해하고 장기적인 전략을 세우며 최악의 비관적인 시점에서 매수를 하는 바겐 헌터들은 이러한 상황이 되풀이해서 반복된다는 사실을 잘 알고 있다. 즉 시간과 장소는 다르지만 같은 이야기와 같은 결과가 초래된다는 사실을 말이다.

일시적으로 어려움을 겪더라도 미래의 산업 강국으로 부상하게 되는 환경이 어떻게 반복되는지 정확하게 확인할 수 없을지는 모르지만 그런 상황이 되풀이 된다는 사실만은 잘 알 수 있을 것이다.

존 템플턴의 가치 투자 전략

1. 역사의 리듬을 이해하고 다른 투자자들이 관심을 두지 않는 기업의 주식을 매수하라.
2. 현 상황에 개의치 말고 장기적인 안목으로 투자 대상을 결정하라.
3. 당신과 동일한 투자 철학을 가지고 있는 펀드 매니저에게 돈을 맡겨라.
4. 펀드의 실적이 좋았을 때가 아니라 나빴을 때 뮤추얼 펀드를 사라.
5. 겸손한 마음가짐이야말로 지혜를 얻는 첫걸음이다.
6. 증시가 극도로 비정상적일 때 이 비정상적인 견해를 이용해 투자하라.

사람들에게 진정으로 봉사할 수 있는 일을 하라.
그것은 수천 달러를 주고도 결코 얻을 수 없는 즐거움을 준다.
– 존 템플턴

INVESTING THE

TEMPLETON WAY

제**9**장

채권으로 수익 올리는 비법

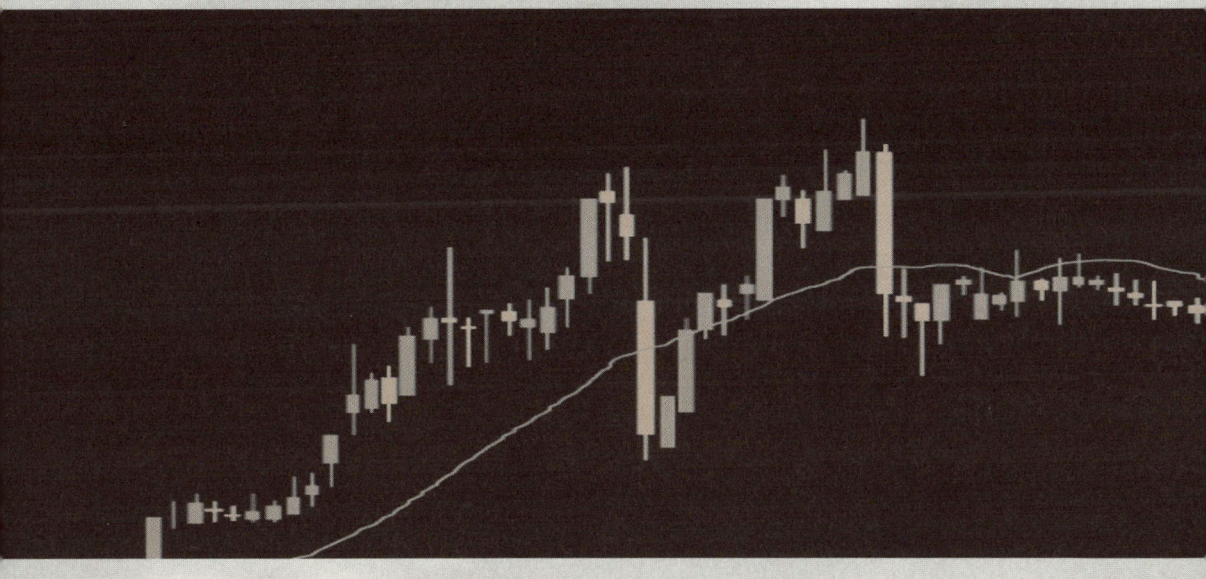

지식에 대한 투자야말로 언제나 가장 높은 수익을 가져다준다.
- 벤저민 프랭클린

존템플턴은 2000년 3월 초 닷컴 열풍이 끝나면서 나스닥이 최고점을 찍고 붕괴하기 1, 2주 전 잡지 《에퀴티스》(Equities) 편집자와 인터넷 버블의 붕괴 위험에 대해 장시간 인터뷰를 했다.

그때 존 템플턴은 19세기 미국 철도와 20세기 전자, 자동차, 항공기, 라디오, 텔레비전 등의 사례를 들어가며 인터넷 버블에 대한 자신의 의견을 피력하면서 그중 현재의 인터넷 버블이 가장 심각하다고 주장했다. 존 템플턴이 아는 이와 가장 유사한 규모의 주식 투자 열풍은 1980년대 일본의 증시 버블이었지만 인터넷 버블보다 규모가 작았고 그 버블이 20년이라는 장기간 동안 형성되었다는 점이 달랐다.

인터뷰는 자연히 증시의 위기에 직면한 독자들을 위한 투자 조언 쪽으로 넘어갔다. 우리는 앞서 인터넷 버블을 소개한 제6장에서 존 템플턴이 많은 기술주들을 공매도한 후 큰 수익을 올렸다는 사실을 알 수 있었다. 하지만 이런 이야기는 독자들에게 너무 위험한 조언이 될 수도 있다.

존 템플턴은 다른 투자자들에게 조언할 때나 투자자들의 자금을 다룰 때는 대단한 주의를 기울였다. 다음은 존 템플턴의 인터뷰 내용 중 일부를 인용한 것이다.

《에퀴티스》편집자 : 편집자로서 독자들에게 어떤 조언을 해주는 게 좋을까요?

존 템플턴 : 그렇게 어렵지 않습니다. 독자들에게 채권을 사라고 하십시오. 전통적으로 채권은 장기 투자자가 투자하는 아주 바람직한 방법입니다. 주가가 아주 낮았던 20세기에는 채권보다 주식 매수를 더 선호하게 되었지만 지금 같은 상황에서는 채권을 사는 게 더 낫습니다.

채권, 또 다른 투자 상품

훌륭한 주식 선정 방법을 찾는 투자자라면 이 인터뷰 내용을 읽고 실망했을지도 모른다. 대부분의 투자자들은 '채권'이라는 단어를 듣자마자 흥미를 잃고 하품을 할지도 모른다. 이들에게 채권은 관심 대상이 아니다. 당시 대부분의 투자자들은 채권을 은퇴 후 소일거리로 할 만한 소소한 수입원 정도로만 생각했다. 하지만 2000년 3월 채권은 훌륭한 투자 대상으로 급부상했다.

여기서는 우선 채권과 존 템플턴이 채권 시장에서 적용한 전략에 대해 살펴보도록 하자.

채권이란 채권 보유자에게 일정한 이자를 지급받을 권리와 일정한 기한까지 원금을 상환받을 권리가 주어져 있는 유가 증권이다. 상환을 하는 채무자는 기업, 정부, 정부 산하 기관 또는 모기지론을 상환하는 주택 소유자들과 같은 채무자 집단이나 신용카드 대금을 상환하는 채무자일 수 있다. 중요한 것은 거의 모든 종류의 차입이 채권 시장에서 거래되는 채권으로 바뀔 수 있다는 사실이다.

가장 전통적인 형태인 채권은 액면가액 예를 들면 1,000달러로 발행된다. 이것은 투자자로서 당신이 채권이 발행될 때 채권 1매에 1,000달러를 지불한다는 것을 의미한다. 채무자는 채권을 팔고 그 돈을 사용한다. 그 대신 채무자는 투자자인 채권자에게 원금과 이자를 지불할 것에 동의한다. 채권 이자가 7퍼센트라고 가정해 보자. 이 경우 채권의 유효한 기간 동안 당신은 연간 7퍼센트의 이권(interest coupon)을 받게 될 것이다. 즉 1,000달러에 대해 연간 70달러의 이자를 받게 된다. 채권자는 6개월마다 이자를 받을 수도 있다. 이 경우 당신은 35달러씩 1년에 두 번 이자를 받을 수 있다. 만기가 될 때까지 이 채권을 보유하면 만기 때 이자와 원금 1,000달러를 상환받게 된다.

이것이 채권의 개념이다. 채무자는 자금을 얻고 일정한 시일이 지난 후 상환을 한다. 주식과 마찬가지로 채권도 채권 시장에서 거래된다. 그리고 채권 투자자들은 꼭 만기가 될 때까지 채권을 소유할 필요는 없다. 채권 투자자들도 주식의 바겐 헌터들처럼 좀 더 싼 채권을 찾아다닐 수 있다.

> 주식과 마찬가지로 채권도 시장에서 거래된다. 채권 투자자들도 주식의 바겐 헌터들처럼 좀 더 싼 채권을 찾아다닐 수 있다.

그럼 이제 채권의 가격 결정 요인에 대해 알아보자. 채권에 대해 한 가지 알아두어야 할 점은 채권 가격과 이자율이 서로 다른 방향으로 움직인다는 사실이다. 이자율이 오르면 채권 가격은 내려간다. 반대로 이자율이 내리면 채권 가격은 오른다. 이 관계를 이해하기 위해서는 먼저 이자율이 형성되는 원리를 알아야 한다.

이자율은 하나의 숫자로 표현된다. 그것은 실제로 세 가지 다른 숫자들의 합을 나타낸다. 먼저 채권의 이자율은 '무위험 이자율'로 알려져 있다. 그것이 첫 번째 고려해야 할 숫자다. 무위험 이자율은 채무 불이행의 위험이 없는 채무자에게 주어지는 이자율을 의미한다. 채무 불이행을 하지 않는다고 100퍼센트 주장할 수 있는 유일한 채무자는 바로 정부다. 그러므로 무위험 이자율은 보통 정부가 발행하는 채권에 주어지는 이자율과 동일하다. 하지만 그 용어는 학술용으로만 사용된다. 왜냐하면 앞서 언급한 바와 같이 정부도 채무 불이행을 할 가능성이 있기 때문이다. 그럼에도 불구하고 투자자들은 미국 재무부를 채무 불이행 위험이 전혀 없는 채무자로 간주한다. 미국 재무부의 5년 또는 10년 만기 채권에 주어지는 이자는 무위험 이자율로 간주된다. 미국 정부가 채무 불이행을 하지는 않을 거라는 의견이 지배적이기 때문이다(미국 재무부는 언제든지 달러를 더 발행할 수 있다).

이자율을 구성하는 두 번째 숫자는 예상 인플레이션이라 불린다. 이 숫자는 이자율에 이미 포함되어 있다. 채권 보유자가 직면하는 위험 중 하나가 인플레이션의 상승이다. 당신이 5년부터 30년이라는 기간 동안 고정 이자율을 받는 경우 인플레이션의 증가가 달러의 구매력을 약화시킬 게 분명하다. 예를 들어 향후 30년간 매년 고정적으로 500달러씩 받는다면 인플레이션이 크게 상승하는 경우 500달러의 가치는 시간이 갈수록 감소할 것이다. 물가가 오르고 오른 물가에 비해 달러의 구매력이 점차 약해지기 때문이다. 그러므로 고정 이자율을 받는 채권자는 이자율에 인플레이션을 반영시켜 자신을 보호하게 된다.

이자율에 포함되어 있는 세 번째 숫자는 채무자의 신용도다. 채권 보유자들은 그들의 위험과 상환받지 못할 가능성에 대해 어떤 식으로든 보상받기를 원한다. 그래서 재정적으로 기반이 약한 기업에 주어지는 이자율은 채무 불이행 가능성이 전혀 없는 미국 재무부와 같은 채무자에 주어지는 이자율보다 훨씬 더 높을 수밖에 없다.

채권 위험을 판단하는 기초가 되는 게 신용 스프레드(credit spread, 회사채 신용 등급 간 금리 격차―옮긴이)다. 예를 들어 미국 재무부의 5년 만기 채권 이자율이 5퍼센트고 우리 회사의 5년 만기 채권 이자율이 8퍼센트인 경우 그 3퍼센트의 차이는 우리 회사의 채무 불이행에 대한 위험을 보상해 주는 것이 된다. 더 큰 위험을 안고 있는 기업의 경우 채권 발행 시 9퍼센트의 이자율을 적용해야 할 경우도 있다.

이러한 사전 정보를 가지고 채권에 대해 좀 더 살펴보자. 우리는 채권의 첫 번째 규칙으로 채권 가격이 이자율과는 다른 방향으로 움직인다는 사실을 이미 알고 있다. 만약 인플레이션이 1년에 2퍼센트에서 3퍼센트 정도 상승한다면 어떤 일이 벌어질까? 분명히 이자율이 증가할 것이다. 그리고 앞서 언급한 다른 두 가지 조건이 동일하다면 채권 가격은 하락할 것이다. 이와 비슷하게 애널리스트가 채권 보유자들에게 상환할 수 없는 기업이라고 판단하는 기업의 채권을 보유하고 있다면 채무 불이행의 위험과 신용 스프레드가 상승하고 채권 가격은 하락할 것이다. 미국 연방준비제도이사회가 금리를 올리는 조치를 취하면 무위험 이자율은 상승하고 채권 가격은 하락할 것이다.

지금까지 언급한 세 가지 요인들이 이자율에 영향을 미친다. 그리고 이

제 우리는 그 요인들이 동시에 채권 가격에 영향을 미친다는 사실을 알게 되었다.

채권과 관련하여 한 가지 더 언급한다면 다음과 같다. 존 템플턴이 투자 전략의 일환으로 채권을 매수하기로 결정했을 때 그는 미국 재무부에서 발행한 장기 채권인 무이자 채권(zero coupon bond)을 구입했다. 즉 이 채권은 일정한 기간마다 이자를 지급하지 않는 대신에 액면가액 이하의 가격으로 발행이 되며, 시간이 지날수록 이자의 누적을 반영하며 채권 가격이 상승한다. 이런 종류의 채권은 지난 수십 년간 유행했다. 그들은 국채인 경우 종종 미국 재무부 스트립 채권(Treasury strip)이라고 불렀다. 이런 명칭은 채권에서 이자 쿠폰을 떼어 주는 것에서 유래되었다(채권이 원금 부분과 이자 부분을 분리하여 뗄 수 있도록 되어 있다). 무이자 채권의 근본 원리는 액면가액에서 할인을 하여 채권을 사는 것이다. 예를 들어 액면가액이 1,000달러인 경우 장기간에 걸쳐 채권 가격이 상승하여 만기에 1,000달러가 되는 것이다. 그래서 연간 5퍼센트 이자로 계산되는 30년 만기 무이자 채권의 경우 투자자는 227달러에 채권을 사서 만기가 됐을 때 1,000달러를 받게 되는 것이다. 227달러와 이자가 축적되는 1,000달러 사이의 차이는 '귀속 이자'(imputed interest) 또는 '만기가 되었을 때 받는 이자'로 알려져 있다. 채권 보유자가 1,000달러를 받을 때까지 30년 동안 무이자 채권을 보유하면 그는 매년 5퍼센트의 수익을 보증받게 된다.

이자율에 영향을 주는 환경이 바뀌면 채권 시장에서의 채권 가격도 변할 것이다. 투자자는 채권 가격의 변화를 이용할 수 있다. 예를 들어 5퍼센트의 수익을 제공하는 채권을 샀을 경우 1,000달러를 상환받는 만기 때까지 채권을 보유하면 그 수익을 보장받게 된다. 하지만 채권을 보유하고 있는 동안 이자율이 내리고 채권 가격이 오르면 가격 인상 시 채권을 시장에 팔 수 있다. 이런 이유로 무이자 채권이 채권 시장에서 더 큰 변동성을 보이며, 주식 보유자가 주가 상승 시 매도를 하고 수익을 챙기는 것처럼 그 변동성이 채권을 매도하고 수익을 창출할 수 있는 여건을 제공한다. 즉 이자율이 하락하고 채권 가격이 상승할 때 자본 이득을 창출할 수 있는 것이다.

금융 시장에서 가치 있는 상품을 지속적으로 찾아라

2000년 3월 채권을 매입하라는 존 템플턴의 조언을 다시 생각해 보자. 그가 이런 추천을 한 데에는 두 가지 이유가 있었다. 첫 번째는 '바겐 헌팅'을 할 때 적용하는 비교 분석 방법과 관계가 있다. 존 템플턴의 근본 원칙은 '보유한 주식보다 50퍼센트 더 저렴한 주식을 발견하면 보유 주식을 매도하라'는 것이었다.

당신이 2000년대 초 미국에서 활동하던 투자자고 그 당시 한국과 같이 몇 안 되는 저가 주식 시장에서 활동하지 않았다면 선택할 수 있는 폭은 그리 넓지 않았을 것이다. 존 템플턴은 전 세계 대부분의 주식 시장의 주가가 주식 가치를 평가하는 데 사용되는 수익률이나 성장률 등에 비해 너무 높게 책정되어 있다고 판단했다.

그래서 존 템플턴은 세계 증시의 주가가 크게 하락하고 가치를 잃게 될 것이라고 판단했다. 2000년 초 존 템플턴은 앞으로 3년 내에 나스닥이 최고점에서 50퍼센트 정도 하락할 것으로 생각했다. 그렇게 되면 다른 증시의 주가도 끌어내릴 가능성이 컸다. 그런 손실을 고려할 때 6.3퍼센트의 수익을 가져다주는 무이자 채권은 50퍼센트의 저가 주식 기준에 들어맞는다는 사실을 쉽게 알 수 있다. 그 채권은 만기 때까지 보유하면 손실을 보지 않는다는 보장이 되기 때문에 훨씬 더 안전했다.

성공적인 '바겐 헌팅'의 열쇠는 금융 시장에서 가장 가치 있는 상품을 계속해서 찾아다니는 것임을 기억하라! 이런 시장 조사를 할 때는 전 세계의 모든 증시와 모든 채권 시장을 포함해야 한다. 인터넷 버블과 같은 특별한 상황에서는 이와 같은 조사 결과를 통해 상대적으로 안전한 방법으로 고정된 수익을 확보할 수 있다. 상식적으로 생각한다면 어렵지 않게 이런 판단을 내릴 수 있을 것이다.

> 성공적인 '바겐 헌팅'의 열쇠는 금융 시장에서 가장 가치 있는 상품을 계속해서 찾아다니는 것임을 기억하라! 이런 시장 조사를 할 때는 전 세계의 모든 증시와 모든 채권 시장을 포함해야 한다.

2000년 미국 증시에 투자하고 있었다면 50퍼센트의 손실을 볼 가능성이 컸고, 정부 채권을 매입했다면 6.3퍼센트의 수익을 올렸을 것이다. 이것은 쉽게 예상할 수 있는 상황이었다.

이 시점에 채권을 매입하겠다고 결정을 한 것은 손실을 보지 않겠다는 단순한 목적 때문이다. 하지만 진정한 바겐 헌터라면 수익을 올리기 위한 목표를 세울 줄 알아야 한다. 이러한 관점에서 장기 정부 채권을 매입하라고 추천한 것은 단순히 방어적인 조치 이상이었다. 그것은 30년 만기 무이자 미국 재무부 채권이 제공하는 6.3퍼센트의 이자 이상의 수익을 올릴 기회이기도 했다.

이외에 채권이 갖는 또 다른 매력은 미국 경제에 위협이 되는 모든 상황에 대해 연방준비제도이사회가 기민하게 대응한다는 점을 들 수 있다. 2000년 3월 인터넷 버블이 최고점에 달했다. 그 당시 인터넷 버블이 장기간 지속되면서 미국 소비자들의 소비 습관에 큰 영향을 미쳤다. 문제는 인터넷 버블이 붕괴하자 증시에 투자했던 많은 미국 소비자들이 소비를 줄이기 시작했고, 그로 인해 경기가 침체기로 들어선 것이다.

존 템플턴은 연방준비제도이사회가 개입해 금리를 낮추는 조치를 취할 것으로 판단했다. 이자율을 낮춰야 돈을 구하거나 쓰기가 쉽고 그래야 경제가 살아날 수 있기 때문이다.

그럼 여기서 이 투자 전략과 관련해 연방준비제도이사회의 역할이 무엇인지 살펴보자. 금리를 통제하는 연방준비제도이사회의 역할을 살펴보기 위해서는 이 은행이 취할 수 있는 두 가지 조치와 그 조치에 대한 결과를 먼저 생각해야 한다.

첫째, 연방준비제도이사회는 금리를 낮출 수 있다. 이 조치는 팽창 정책(expansionary policy)의 일환이다. 상대적으로 돈을 값싸게 만들어 돈의 수요를 자극하는 것이다. 연방 정부의 팽창 정책은 연방준비제도이사회에 의해 주도된다. 연방준비제도이사회는 금융 기관들 간의 최단기 금리인 연방기금 금리를 낮추면서 팽창 정책을 시작한다. 이 금리는 시장에서 재무부 증권을 환매하는 연방공개시장위원회(Federal Open Market Committee)에 의해 설정된다. 그렇게 함으로써 저렴한 이자율로 더 많은 현금을 대출하여 부채를 갚을 수 있게 된다. 이 조치는 당신이 만약 차를 몰고 가는 중이라면 가속 페달을 밟아 속도를 올리는 것과 같은 이치다.

둘째, 연방준비제도이사회는 긴축 정책(contractionary policy)을 시행할 수 있다. 이 정책은 재무부 증권을 매각함으로써 시행할 수 있다. 그래서 시중에 유통되고 있는 현금을 거두어들이고 그 부채를 장기간에 걸쳐 갚아 나간다. 이 경우 연방준비제도이사회는 금리를 목표 수준으로 끌어올리기 위한 조치를 취할 것이다. 즉 금리가 올라 돈을 구하고 사용하기가 더욱 어렵게 되는 것이다. 이 조치는 당신이 차를 몰고 있는 중이라면 브레이크를 밟아 감속하는 것과 같은 이치다.

전형적으로 연방준비제도이사회는 경기가 후퇴하거나 침체기에 들어서면 팽창 정책을 시행하고, 경기가 과열되거나 인플레이션의 조짐이 보이면 긴축 정책을 시행한다.

연방준비제도이사회는 한 명의 의장과 저명한 경제학자들을 이사로 하는 위원들로 구성되어 있다. 그들은 업무 결과를 의회에 보고하며 불경기를 조장하거나 수동적으로라도 허용하는 정책은 피한다. 어느 나라라도 가끔은 불경기가 오긴 하지만 연방준비제도이사회는 불경기를 예방하기 위해 사전에 노력한다. 그들은 인플레이션의 위험을 야기하지 않으면서도 불황에서 경제를 지키기 위해 힘쓴다. 이런 사실을 알고 있는 존 템플턴은 증시가 붕괴되면 어떤 일이 발생할지 쉽게 예측할 수 있었다.

증시 버블이 붕괴하면 연방준비제도이사회와 다른 국가의 금융 감독기관들은 금리를 내리는 조치를 단행할 것이다. 금리가 내려가면 장기 채권 가격은 오르게 된다.

향후 수개월 또는 수년 후에 발생할 일에 대한 존 템플턴의 견해는 역사적 전례에 근거를 둔 것이었다. 주의 깊은 바겐 헌터들은 과거에 발생했던 유사한 사례들을 참고한다. 그렇게 함으로써 연방준비제도이사회가 과거에 불경기를 맞아 금리를 내리고 팽창 정책을 시행했던 사례를 발견할 수 있다. 특히 앨런 그린스펀 의장 시절의 연방준비제도이사회는 금융 시장 문제에 대해 금리 인하와 수용적 정책(accommodative policy)으로 대응했다.

실제로 금융 시장은 어려움에 직면할 때마다 그린스펀 의장의 금리 인하 정책에 매우 익숙해져 있었다. 금융 시장 전문가들이 '그린스펀 풋'(Greenspan Put, 앨런 그린스펀의 이름을 딴 1998년 경제 정책－옮긴이)이라는 신조어를 만들어 낼 정도였다. 이 용어는 증시가 항상 팽창 정책에 의해 구제될 수 있다는 신념을 반영한 것이다.

그럼에도 불구하고 많은 사람들은 연방준비제도이사회가 소비 감소, 실업, 인플레이션과 같은 경제 현상에만 조치를 취해야 한다고 믿고 있다. 하지만 연방준비제도이사회의 역할이 주식을 포함해 여러 문제점에서 모든 금융 시스템을 보호하는 것이라고 주장하는 사람들도 있다. 그들의 말대로라면 주식과 채권 시장에서 발생하는 문제들이 포함되어야 할 것이다. 그린스펀은 증시 붕괴와 같은 금융 위기가 닥칠 때마다 연방준비제도이사회를 개입시켜 왔다.

주식이 하락할 때 채권을 사라

바겐 헌터들은 나스닥의 붕괴와 유사한 두 가지 사례를 조사해 보아야 한다. 첫째는 1987년 10월 증시 붕괴다. 둘째는 1998년 러시아의 채무 불이행 선언과 악명 높은 헤지펀드 롱텀 캐피털 매니지먼트(Long-Term Capital Management)의 파산이다. 두 경우 모두 연방준비제도이사회는 금융 시장 위기를 맞이하여 금리를 낮추고 통화 정책을 완화했다. 나스닥 버블과 버블의 붕괴를 예상하면서도 존 템플턴은 연방준비제도이사회가 금리를 낮추기 위해 조치를 취할 것으로 생각했기 때문에 별로 걱정하지 않았다.

이제 우리는 채권이 돈의 가치를 보호하는 좋은 방법일 뿐만 아니라 연방준비제도이사회가 금리를 낮추면 수익을 올릴 수도 있는 방법임을 분명히 알게 되었다. 불경기에서 경제를 보호하려고 하는 연방준비제도이사회의 의지로 인해 채권은 인터넷 버블이 붕괴된 후 수년 동안 다른 투자 방법에 의한 수익을 능가할 게 확실했다. 즉 연방준비제도이사회가 금리를 내리기 시작하자마자 30년 만기 미국 재무부 무이자 채권의 가격이 급등할 것이 틀림없었다.

존 템플턴의 예측 자체보다 더 흥미를 끄는 것은 그 예측의 정확성이었다. 그는 나스닥이 40퍼센트 정도 하락하면 장기 채권의 가격이 오를 거라고 확신했다. 중요한 것은 존 템플턴은 이미 나스닥이나 인터넷 버블이 붕괴하기 전부터 그런 판단을 했다는 것이다. 그는 여기에 대해 다음과 같이 말했다.

"투자자들이 실의에 빠지고 장기 채권이 오르기 시작했을 때는 주요 증시의 지수가 40퍼센트 하락할 것이다. 지수가 하락하면 많은 투자자들이 투매를 할 것이고 많은 주식들의 주가가 '0'에 가깝게 폭락할 것이다."

2000년 3월 15일 고점을 찍은 후 나스닥은 그해 12월 말 40퍼센트 이상 하락했다. 그 후 일주일도 되지 않아 연방준비제도이사회는 금리를 낮추기 시작했다. 2001년 1월 3일부터 금리를 낮추기 시작해 그해 내내 지속적으로 금리를 인하했다(〈그림 9-1〉).

〈그림 9-1〉에서 보는 바와 같이 금리가 계속 하락했기 때문에 진정한 바겐 헌터라면 미국 재무부의 무이자 채권 가격이 오르고 있다는 사실을 직감적으로 알아챘어야 한다. 채권 가격의 상승은 채권 보유자가 수익을

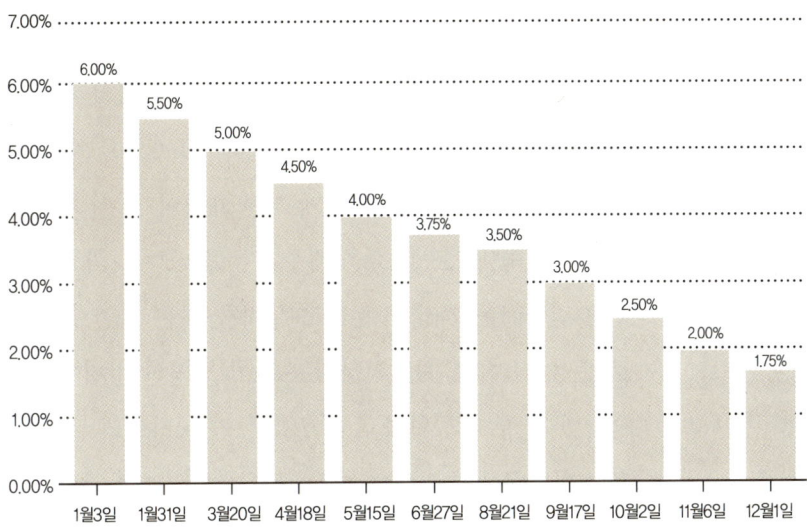

〈그림 9-1〉 2001년 금리 변경 내역

출처 : 연방준비제도이사회

올리고 있다는 것을 의미한다. 하지만 이 같은 투자 전략으로 존 템플턴이 창출한 수익에 대해 논의하기 전에 한 가지 더 확인할 사항이 있다. 먼저 "존 템플턴이 무위험 채권에 자신의 돈을 묶어둘 것이라고 생각하는가?"라는 질문에 답해 보자.

대답은 "아니다."이다. 이 투자 전략에 대해서는 독자들도 이미 사용한 적이 있거나 들은 적이 있거나 언론을 통해 접해 본 적이 있을 것이다. 존 템플턴은 캐리 트레이드(carry trade)라는 전략을 사용했다. 캐리 트레이드는 아주 낮은 이자율, 예를 들어 자신은 1퍼센트에 돈을 빌려 아주 높은 이자율, 예를 들면 5퍼센트에 돈을 빌려 주는 것을 말한다. 이 경우 수익은 1퍼센트와 5퍼센트의 차액이다. 당신이 1년에 1퍼센트의 이자율에 1,000달러를 빌렸다면 이자 비용은 1년에 10달러다. 차입한 1,000달러를 매년 5퍼센트의 이자를 지불하는 차용자에게 대출을 하면 1년에 50달러의 이자 수입이 발생한다. 10달러의 이자를 지불한 후 50달러의 수입이 발생하면 40달러의 수익이 발생한다(50달러 − 10달러 = 40달러). 싸게 빌려서 비싸게 대출을 해주는 게 기본 개념이다. 이 개념은 은행이 저축액으로 대출을 해주고 돈을 버는 것과 같다.

> 캐리 트레이드는 아주 낮은 이자율, 예를 들어 자신은 1퍼센트에 돈을 빌려서 아주 높은 이자율, 예를 들면 5퍼센트에 돈을 빌려 주는 것을 말한다.

존 템플턴은 자신의 돈으로 투자를 하는 한편 저금리로 돈을 빌려 투자를 확장하는 것이 현명한 방법이라고 생각했다. 투자를 위해 돈을 빌리는 경우 타인의 돈을 사용하기 때문에 수익이나 손실 규모는 더 커진다. 예를 들면 당신이 소유하고 있는 자본의 2배를 빌려 10퍼센트의 수익을 올리는 투자처에 투자를 하면 수익은 20퍼센트(10% × 2) 증가하게 된다. 투자자의 위험은 투자가 잘못될 경우 손실이 배가될 수 있다는 것이다. 이 경우 존 템플턴이 큰 부담 없이 자본을 차입한 까닭은 이자 비용이 아주 저렴하고 이자를 체불할 위험이 전혀 없는 채무자에게 그 자본을 빌려 주기 때문이다. 존 템플턴은 캐리 트레이드를 위해 가장 저렴한 이자 비용을 지불하는 일본에서 자금을 빌려 왔다.

일본에서 돈을 빌린 것은 결과적으로 최고의 선택이었다. 당시 존 템플턴이 일본에 지불한 이자율은 0.1퍼센트에 불과했다. 일본은 증시 침체와 부동산 버블로 경제 불황이 계속되고 있었기 때문에 이자율이 매우 낮았다. 일본은 1990년 경제 붕괴 이후 경제 성장을 촉진하기 위해 매우 낮은 수준의 이자율을 유지해 왔다.

투자 이익은 극대화하고 위험은 최소화하는 법

당시 일본에서 0.1퍼센트의 금리로 차입을 해서 6.3퍼센트의 금리로 빌려 주면 6.2퍼센트의 수익을 올릴 수 있다. 하지만 그 과정에는 수익에 영향을 미치는 결정적인 위험이 존재했다. 우선 0.1퍼센트의 금리로 엔화를 빌려 미화로 환전을 한다. 이 미화로 30년 만기 미국 재무부 무이자 채권을 산다. 하지만 미국 재무부 채권을 팔 때 미화로 받아 원금을 상환하기 위해 그 미화를 엔화로 다시 환전해야 한다. 여기에 잠재적 위험이 도사리고 있다. 엔화로 표기된 원금을 상환할 때 엔화를 빌렸을 때보다 엔화 가치가 상승했다면 어떻게 될까? 결론은 엔화를 빌려서 다른 화폐로 된 상품을 매입하는 경우 환위험에 노출될 수 있다는 것이다. 존 템플턴은 미화의 가치가 하락할 가능성이 높았기 때문에 유형적 위험이 도사리고 있다고 판단했다.

이 위험을 상쇄하기 위해 존 템플턴은 미국 재무부의 스트립 채권 대신 무이자 채권을 선택했다. 앞에서 환위험에 대해 언급한 바와 같이 존 템플턴은 무역 흑자를 보이거나 재정 흑자를 기록하거나 아니면 재정 적자의 규모가 아주 미미하거나 GDP에 비해 외채 규모가 아주 작은 나라의 화폐를 선호했다.

여러 나라를 검토한 결과 미국은 부채가 많아 이 기준에 부합되지 않았다. 하지만 미화보다 훨씬 더 좋은 화폐들이 많이 있었다. 존 템플턴은 미국을 대체할 수 있는 나라가 캐나다라고 판단하고 캐나다 장기 무이자 채권을 매수했다. 또 호주와 뉴질랜드의 무이자 채권도 선호했다. 존 템플턴은 이 나라의 화폐가 미화보다 훨씬 더 안전할 것이라고 확신했다.

이러한 투자가 어떠한 수익을 가져다주는지 자세히 알고 싶다면 캐나다 시장의 무이자 채권에 대해 살펴보자. 2000년 3월 존 템플턴이 캐나다 채권을 매수하라고 권장할 당시 캐나다 30년 만기 무이자 채권은 5.3퍼센트의 수익을 보장했다. 실제로는 경기가 둔화되면서 수년간에 걸쳐 금리가 떨어졌기 때문에 만기에 주어지는 5.3퍼센트의 수익보다 훨씬 더 큰 수익을 가져다주었다.

예를 들어 미국 증시가 장기간의 약세장에서 2003년 초 상승세로 돌아섰던 기간인 3년 동안 채권을 보유했다면 2000년 3월 매수한 채권의 수익은 5.3퍼센트에서 4.9퍼센트로 떨어졌을 것이다. 큰 변화가 아닌 것처럼 보이지만 수익률은 빠르게 증가하였다. 예를 들어 이 수익률을 적용함으로써 증시에서 무이자 채권의 가격에 대한 수익을 계산할 때 캐나다 달러의 수익은 31.9퍼센트였다. 캐나다 달러로 31.9퍼센트의 보유 기간 수익은 연간 9.7퍼센트였다. 무위험 수익으로는 괜찮은 편이지만 존 템플턴이 기대했던 것처럼 미화의 가치가 하락할 것을 고려하고 캐나다 달러의 수익을 미화의 수익으로 환산하면 그 수익은 43.4퍼센트에 다다르며 연간 수익률은 12.8퍼센트가 된다. 이것은 미화가 보유 기간 동안 캐나다 달러에 비해 그 가치의 11.5퍼센트나 떨어졌다는 것을 의미했다.

위험이 없는 투자인 것을 고려하면 이 수익은 매우 인상적이다. 하지만 우리는 여전히 채권을 매수하기 위해 차입한 돈을 사용하는 효과를 간과하고 있다. 2 × 레버리지(leverage)를 고려하면 미화로 환산된 보유 기간 수익은 43.4퍼센트에서 86.8퍼센트로 올라간다. 즉 존 템플턴은 빌리는 데 0.1퍼센트의 비용이 드는 돈을 사용하면서 캐나다 정부에서 발행한 무위험 무이자 채권에 투자하여 나스닥 붕괴 이후 그가 예상한 하락장 동안 86퍼센트 이상의 수익을 올린 것이다.

86퍼센트의 수익률을 같은 기간 동안 나스닥 실적과 비교하면 존 템플턴이 투자자들에게 채권을 사라고 조언하기 시작한 2000년 3월 1일부터 나스닥은 66퍼센트의 손실을 보았다. 존 템플턴이 채권 투자에서 올린 수익은 3년간 복리로 25.5퍼센트에 달했다.

여기서 우리가 관심을 기울여야 할 사항은 바겐 헌터들에게는 비교 분석 방법이 항상 효과적이었다는 사실이다. 비교 분석 방법은 채권과 같은 유가 증권에도 적용된다.

존 템플턴은 때때로 저가 주식을 찾지 못하는 극한 상황에 처하기도 했지만 채권에 투자를 함으로써 손실의 위험에서 벗어나 적지 않은 수익을 올릴 수 있었다. 그는 '남들이 하지 않는 것을 한다'는 아주 평범한 진리를 이용해 수익을 올렸다. 이 거래에 관한 그의 생각을 정리하면 다음과 같은 질문을 이끌어 낼 수 있다.

'버블이 형성되어 있는 증시에 투자해 엄청난 손실을 볼 위험을 감수할 것인가? 아니면 여러 장기 채권 시장에 투자해서 5, 6퍼센트의 수익이라도 올릴 것인가?'

누구라도 이 결정의 배경이 되는 논리를 쉽게 이해할 수 있을 것이다. 절대로 복잡한 의사 결정 과정이 아니다.

존 템플턴이 무이자 채권을 매수하기 시작할 당시 그의 계획은 나스닥 붕괴 이후 하락장에서 저가 주식을 발견하는 시점까지만 그 채권을 보유하는 것이었다. 그는 이에 대해 다음과 같이 말했다.

"현명한 투자자는 나스닥 지수가 50퍼센트 하락할 때 채권을 팔고 저가 주식으로 갈아탈 것이다."

하지만 2003년 말 그는 미국에 투자하겠다는 생각을 바꿨다. 근본적으로 미국의 재정 적자로 달러의 가치가 계속 하락할 것으로 판단했기 때문이다. 그리고 그는 미국 증시뿐만 아니라 미국 주택 시장에도 버블이 있다고 판단했다.

> "현명한 투자자는 나스닥 지수가 50퍼센트 하락할 때 채권을 팔고 저가 주식으로 갈아탈 것이다."

부동산 시장을 판단할 때 존 템플턴 사용한 척도는 자산의 대체 가치(replacement value)다. 예를 들어 미국 증시에서 '주식의 죽음'(제5장 참조)이란 이야기가 떠돌 시점에 이 방법을 적용했듯이 존 템플턴은 시장 가격과 주택 대체 가격을 비교했다. 그는 바하마에 있는 자신의 집 근처 부동산 매입자들이 주택 건축 비용의 4, 5배를 지불하는 모습을 보고 놀랐다고 말했다.

존 템플턴이 우려했던 것은 주택 가격이 언젠가는 정상으로 되돌아 올 것이라는 사실이었다. 그는 과거에 주택 가격이 건축 비용보다 더 높을 때가 있었고 건축 비용 이하로 떨어질 때가 있었음을 목격한 적이 있다. 존 템플턴은 자신이 살아 있는 동안 주택 가격이 주택 대체 비용과 큰 차이가 나지 않을 것이라고 판단했다.

존 템플턴은 1929년 대공황 때처럼 주택 가격이 90퍼센트까지 하락할 거라고는 생각하지 않았지만 50퍼센트 정도 하락할 수는 있다고 생각했다. 존 템플턴의 이와 같은 언급이 언론에 실리자 사람들은 바겐 헌터가 저가 주식을 찾을 기회는 더 이상 없을 것이라고 생각했다. 하지만 투자할 나라가 또 남아 있었다. 바로 '중국'이었다.

존 템플턴의 가치 투자 전략

1. 금융 시장에서 가치 있는 상품을 지속적으로 찾아라.

2. 경기가 장기 침체기로 들어설 때는 채권에 투자하라.

3. 바겐 헌팅은 채권 투자에도 적용된다. 좀 더 싼 채권을 찾아라.

4. 비교 분석법은 채권 투자에서도 효과적이다.

5. 하락장 속에서 저가 주식을 발견하는 시점까지만 채권을 보유하라.

6. 나스닥 지수가 50퍼센트 하락할 때 채권을 팔고 저가 주식으로 갈아타라.

INVESTING THE

TEMPLETON WAY

제 **10** 장

신대륙, 중국 시장을 공략하라

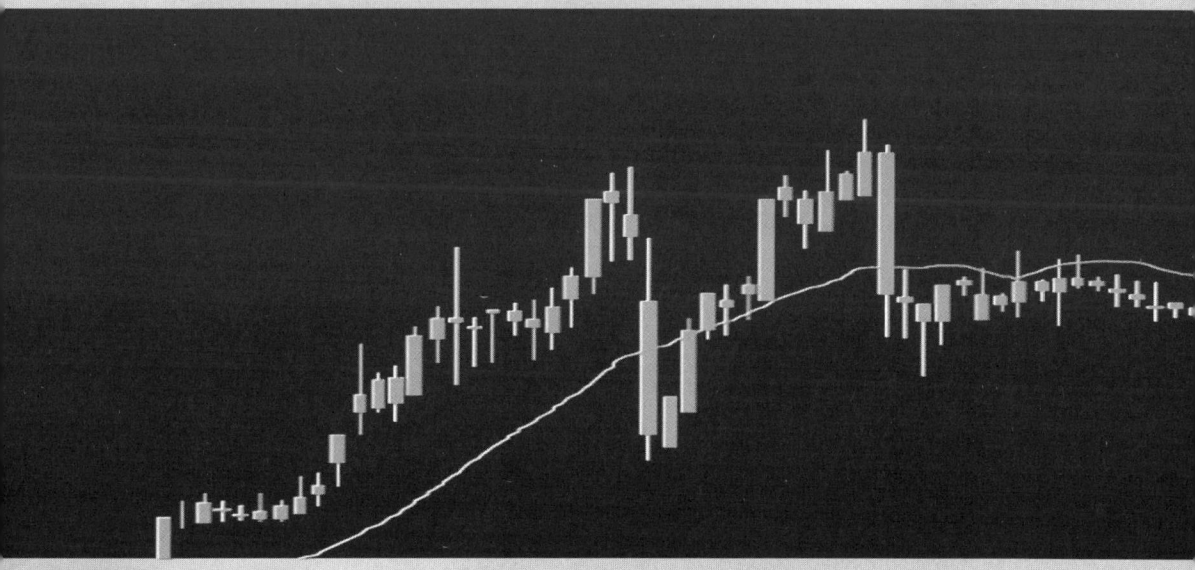

사람이 먼 일을 미리 생각하지 않으면 바로 앞에 슬픔이 닥치는 법이다.
- 공자

존 템플턴이 1988년 존 템플턴이 루이스 루케이서(Louis Rukeyser)와 함께 텔레비전 쇼 《월 스트리트 위크》에 출연했을 때였다. 한 초대 손님이 앞으로 세계에서 가장 훌륭한 투자처가 어디냐고 묻자 존 템플턴은 나라별로 과거에 가장 훌륭했던 증시 투자 사례를 나열했다. 제1차 세계대전 후에는 미국이 가장 훌륭한 투자처로 부상했고 제2차 세계대전 후에는 일본이었다고 말했다. 그리고 앞으로는 중국이 가장 훌륭한 투자처가 될 것이라고 말을 이었다. 존 템플턴은 홍콩이 중국에 반환되면 훌륭한 금융 센터로 부상할 거라고 생각했다. 수년 후 잡지 《포춘》과의 인터뷰에서 존 템플턴은 중국에 반환된 홍콩의 영향력에 대한 자신의 견해를 다음과 같이 피력했다.

홍콩에는 사업 역량이 탁월한 기업가들이 많다. 하지만 중국 본토에는 아직까지 사업하는 방법을 아는 사람들이 부족하다. 따라서 홍콩은

10억이 넘는 인구의 상업 중심지와 금융 센터가 될 가능성이 높다. 맨해튼이 2억 5,000만 명의 상업 중심지와 금융 센터가 된 것과 같은 이치다.

잠자던 용 깨어나다

오늘날 대부분의 금융 시장의 관측자들은 세계 금융계에서 중국의 중요성을 당연한 것으로 받아들인다. 하지만 존 템플턴이 거의 20년 전인 1988년 중국을 다음 세대의 세계 경제 대국으로 묘사했을 때만 해도 너무 앞서가는 생각으로 간주되었다.

하지만 앞서서 생각할 줄 아는 지혜야말로 바겐 헌터들에게 가장 필요한 조건이다. 존 템플턴이 1960년대의 일본과 1990년대 후반 한국을 매력적인 투자처로 생각한 이유를 안다면 중국을 미래의 투자처로 선택한 이유 또한 쉽게 알 수 있을 것이다. 이를 설명하려면 일본, 한국 그리고 중국 이 세 나라를 비교·분석할 수 있어야 한다.

당시 세 나라는 모두 주가가 바닥을 치고 있었다. 존 템플턴은 그 나라 국민들이 절망에서 재기할 수 있는 저력이 있다고 확신했다. 대부분의 투자자들은 제2차 세계대전에 패한 일본이 오랫동안 경제 침체에서 벗어나지 못할 것이라고 생각했다. 일본이 국가 재건에 총력을 기울일 당시만 해도 미국이나 유럽 등의 주요 산업 국가들은 별로 관심을 기울이지 않았다. 그들은 1950년대 싸구려 제품을 생산하는 일본에 어떠한 위협도 느끼지 못했다.

한국은 한국전쟁으로 폐허가 된 나라였다. 일본과 마찬가지로 한국도 선진국의 금융 지원에 의존하여 1960년대 국가 재건 사업에 몰두했다. 한국이 산업 국가가 되겠다는 목표를 세울 당시 세 번째로 대표적인 수출 상품은 가발이었다. 그런 별 볼 일 없는 나라가 비약적인 경제 성장을 이룰 수 있으리라고 믿는 사람은 거의 없었다.

중국의 경우 역사적으로 볼 때 경제를 황폐화시킬 만한 전쟁은 없었다. 하지만 좀 더 자세히 들여다보면 20세기 중반과 후반 사이에 수많은 정치적 사건들이 중국 경제의 발목을 잡고 있었다는 것을 알 수 있다. 특히 마오쩌둥(毛澤東) 정부의 대약진 운동(Great Leap Forward, 마오쩌둥에 의한 1958년~1961년의 경제 공업화 정책-옮긴이)과 문화 대혁명, 두 사건은 모두 전쟁에서 패한 것과 비슷한 결과를 초래했다.

대약진 운동은 1958년 마오쩌둥이 주도한 경제 정책으로 농업 국가뿐만 아니라 산업 국가로 성장하기 위한 정책이었다. 이 정책의 핵심은 국가가 농업의 전 과정을 관리하고 그 소득을 국가적인 산업 자본으로 사용하여 철강이나 고급 제품 등을 생산하는 산업 국가로 도약하자는 것이었다. 그 프로그램을 도입하기 위한 마오쩌둥의 첫 번째 조치는 농가의 광범위한 집단화였다(과거에는 그 집단이 소규모였다). 그것은 모든 자산의 개인 소유권이 폐지된다는 것을 의미했다. 당시 기사에 따르면 7억 명의 중국인이 공동 부락으로 이주했으며 한 부락 공동체는 5,000세대 정도로 구성되었다고 한다. 그들은 국가를 위해 강제적으로 농사를 지어야 했으며 산업화 과정에 자본을 공급해야 했다.

그 과정에서 농지든 사업체든 정부가 사유 재산을 몰수하고 국유화했기 때문에 국민들의 사기나 생산성이 크게 저하될 수밖에 없었다. 이러한 정책을 시행하는 국가들은 효과를 분명하게 하기 위해 보통 무모하게 투자를 한다. 중국의 경우 처음부터 잘못된 방향으로 나가고 있었다. 그 결과는 굶주림과 기아였다. 이것은 마오쩌둥의 정책에 반대하는 사람들을 잡아들이거나 숙청하고, 실수를 일찍이 인정하지 않는 고집 때문에 초래한 것이었다.

마오쩌둥이 농가의 집단화와 함께 국가 산업화를 동시에 추진하면서 사태는 더욱 악화되었다. 한 지방 정부 관리가 지역마다 일정한 장소에 소규모 제강로(製鋼爐)를 설치하는 게 철강 산업을 육성하는 데 가장 효과적인 방법이라고 제안하자 마오쩌둥은 모든 부락 공동체에 제강로를 설치하라고 지시했다.

마오쩌둥은 부락 공동체의 농업 생산량이 크게 증대되었다는 보고에 고무되어 대약진 운동을 적극적으로 추진하려고 결심했다. 하지만 실제 부락 공동체의 생산량은 보잘것없었다. 농민들에게는 처벌에 대한 두려움 이외에 동기 부여될 만한 것이 전혀 없었다. 게다가 농업 기술도 빈약했고 농기구도 좋지 않았으며, 품질 관리를 하는 사람도 없었다. 상황을 더 악화시킨 것은 지방 정부 관리들이 부락 공동체 생산량을 부풀려 보고한 것이었다. 생산 목표를 달성하지 못한 데 대한 처벌을 피하기 위한 거짓 보고였다.

중앙 정부의 대약진 운동을 지지하는 사람들은 그런 정보를 믿고 잉여 농산물을 수출하고 논밭에서 농민들을 차출하여 철강 산업 노동자로 투입했다. 진실을 알고 있는 중앙 정부의 관리들도 비난을 피하기 위해 진실을 숨겼다. 그래서 식량이 크게 부족하여 부락 공동체에 굶는 사람이 생겨났다.

1959년에도 식량이 부족했는데 1960년이 되자 식량 생산이 15퍼센트나 더 급감했다. 소규모 제강로 계획도 실패로 돌아갔다. 제강로의 운영 부실로 인해 생산되는 제품이 너무 약해서 건축 자재로 사용할 수 없었다. 어떤 경우에는 제강로에 사용할 원료가 없어서 주택의 문을 떼어내 원료로 쓰기도 했다. 한마디로 대약진 운동은 완전히 실패로 돌아갔다. 1960년 전국적인 기아로 국가가 어려움에 직면하자 마오쩌둥은 자신의 실책에 대한 책임을 모면하기 위해 자신의 지위를 낮췄다. 통계에 의하면 당시 3,000만 명 정도가 기아로 사망했다고 한다.

마오쩌둥은 실질적인 권력을 류사오치(劉少奇)와 덩샤오핑(鄧小平)에게 넘기고 공산당 주석직을 맡았다. 하지만 그는 얼마 후에 너무 일찍 정치 2선으로 물러난 것을 후회했다. 1966년 마오쩌둥은 정치적 영향력을 되찾기 위해 문화 대혁명을 주도했다. 문화 대혁명은 마오쩌둥이 정부에서 자신의 경쟁자를 축출하기 위해 시작한 정치적 책략이었다. 마오쩌둥은 대약진 운동에서 개혁 방향을 바꿔 자신의 인기를 회복하기 위해 문화 대혁명을 추진했다.

하지만 문화 대혁명은 다시 한 번 중국을 위기로 몰아넣었다. 문화 대혁명이 낳은 하나의 부산물로 '홍위병(Red Guards)의 마오쩌둥 지지'를 들 수 있다. 홍위병은 마오쩌둥주의를 지지하고 부르주아지의 낡은 방식을 타파하는 학생 단체에서 시작했다. 마오쩌둥은 문화 대혁명을 통해 중국 전체의 변화를 꾀하고 사회주의를 확산시키고자 했다. 그 혁명의 목적은 4가지 구습, 즉 낡은 관습, 낡은 문화, 낡은 버릇, 낡은 사고를 타파하는 것이었다. 홍위병은 이 4가지 구습 타파의 선봉에 서서 활동했으며 막강한 권력을 행사했다. 군대와 경찰도 그들을 막지 못했다. 방해하면 자본가 계급을 옹호하는 것으로 간주되었다.

홍위병은 교회, 고대 건물, 골동품, 책, 그림 등을 파괴했고 무고한 사람들을 고문하거나 죽였다. 당시 기사에 따르면 문화 대혁명 당시 50만 명 이상이 목숨을 잃었다고 한다. 1968년 홍위병의 규모가 너무 커지자 마오쩌둥도 그들에게 위협을 느끼고 결국 해산 명령을 내렸다. 문화 대혁명의 정신은 1976년 '4인방'이 체포될 때까지 계속되었다. 4인방이란 마오쩌둥 아래에서 문화 대혁명을 주도하던 주모자(마오쩌둥의 부인 포함)들이었다.

문화 대혁명은 장기적으로 봤을 때 중국 경제에 악영향을 끼쳤다. 문화 대혁명 기간에 모든 경제 활동은 중지되었고 국고는 홍위병을 지원하는 데 사용되었다. 마오쩌둥이 숙청한 두 지도자를 포함해 지식인이라는 딱지가 붙은 사람들은 모두 재교육을 위해 농촌이나 공장 등으로 하방되어 강제 노역에 처해졌다. 심지어 대학 입학시험도 폐지되었고 그 결과 교육도 정체되었다. 10년간의 교육 공백은 이후 중국의 발전에 큰 걸림돌이 되었다.

> 문화 대혁명은 중국 경제에 악영향을 끼쳤다. 그 시기에 모든 경제 활동은 중지되었고 심지어 대학 입학시험도 폐지되었다. 10년간의 교육 공백은 이후 중국의 발전에 큰 걸림돌이 되었다.

1977년 복권한 덩샤오핑은 지난 20여 년간 마오쩌둥에 의해 상처 입은 국가를 되살리기 위해 교육 시스템을 다시 활성화하고 총체적인 개혁을 단행하였다. 비록 공식적인 국가 주석은 아니지만, 1973년 병든 총리 저우언라이(周恩來)의 요청과 마오쩌둥의 동의하에 국무원 부총리로 복귀하여 중국의 CEO로서 일상적인 일을 처리했다. 1976년 마오쩌둥이 사망하자 덩샤오핑은 다시 '4인방'에 의해 숙청이 되었다. 하지만 이들이 체포된 후 정계로 다시 돌아와 마오쩌둥의 사실상 후계자로 부상했다.

1977년 덩샤오핑 복권 후 중국은 문화 대혁명과는 완전히 다른 길을 걸었다. 1979년 덩샤오핑은 "부자가 되는 것은 영광스러운 일이다."라고 말함으로써 자신의 의도를 분명히 했다. 그는 사회주의가 '가난함을 서로 공유하자는 것'이 아니라고 천명했다.

하지만 중국을 경제적 폐허로부터 재건하는 일은 쉽지 않았다. 한 가지 걸림돌은 1968년의 '하방 운동'(Down to the Countryside Movement)이었다. 이 운동에서 마오쩌둥은 지식인들이 도시에서 시골로 가야 한다고 주장했다. 이 지식인들 중에는 초등학교를 막 졸업한 아이들도 포함되었다.

덩샤오핑은 문화 대혁명으로 깊은 상처를 입은 사회를 치유해야 했다. 그는 마오쩌둥식 접근 방법과는 전혀 다른 방식을 도입했다. 중국 시장을 천천히 그리고 주의 깊게 서방 세계에 개방하기 시작하면서 중국의 오랜 이웃인 일본을 중국 경제 성장의 모델로 삼았다.

투자 전에 반드시 알아야 할 지표

앞서 일본과 한국에 대해 언급한 바와 같이 아시아 국가들은 경제 성장을 위해 추진하는 기본적인 정책이 있었다. 중국은 그것을 도입해 자신들만의 고유한 방식으로 정책을 펴 나갔다. 이때 높은 저축률은 성공적인 경제 성장의 필수 조건이었다. 존 템플턴도 해외 투자를 할 때 관심을 두는 지표가 높은 저축률이었다. 1988년 존 템플턴이 중국을 향후 투자 대상국으로 언급했을 때쯤 중국은 일본, 한국과 함께 세계에서 가장 높은 저축률을 보이는 국가 중 하나였다(〈그림 10-1〉 참조).

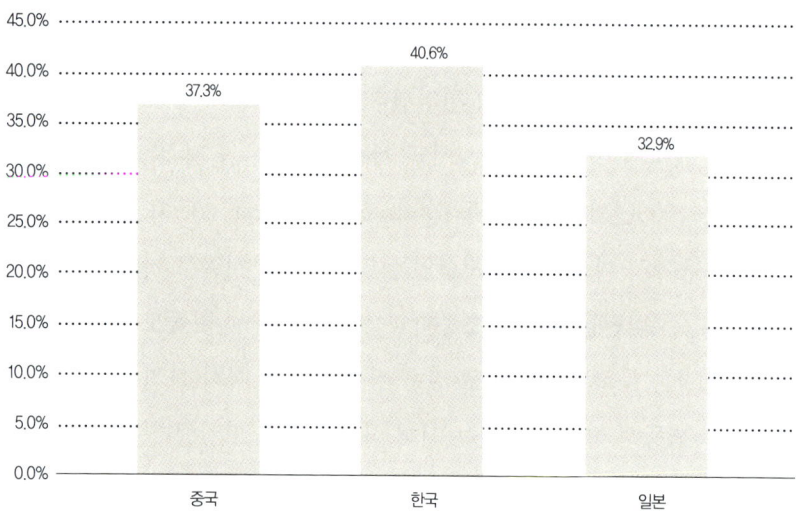

〈그림 10-1〉 중국, 한국, 일본의 GDP 대비 국가 총저축률

출처 : OECD, 아시아 개발 은행

　이러한 높은 저축률로 그들은 재정 기금을 축적하고 경제 성장에 자금을 공급하면서 일본과 한국이 사용한 것과 동일한 정책을 시행할 수 있었다. 중국은 한국과 일본이 국가 재건 과정에서 목표로 삼았던 것처럼 수출 주도적인 성장을 목표로 했다. 두 나라처럼 중국도 섬유를 포함해 값싼 제품의 수출에서 시작했다. 수출에 집중함으로써 한국과 일본은 무역 흑자국으로 발돋움할 수 있었다. 존 템플턴이 투자하기를 선호하는 유형의 국가였다. 〈그림 10-2〉는 중국의 GDP 대비 수출과 수입의 관계를 잘 보여 준다.

　중국의 수출은 급속도로 성장했다. 하지만 처음에는 한국, 일본과 마찬

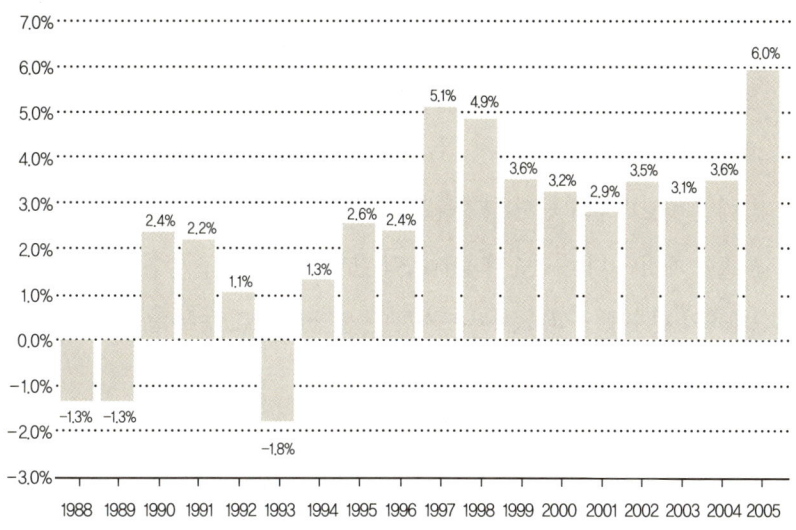

〈그림 10-2〉 중국의 무역 수지(GDP 대비 수출입 비율)

출처: 아시아 개발 은행

가지로 값싼 상품을 주로 생산했다. 다음은 중국 남부의 수출 도시 차오터우(橋頭)를 다룬 1993년 《뉴욕 타임스》의 기사 내용이다. 차오터우는 세계적으로 셔츠와 재킷 단추 생산지로 유명한 곳이다. 미국이 1950년대에 일본 수출업자를 평가했던 것처럼 그 도시에 대한 기자의 평가가 유망한 것이 아니었다는 건 놀라운 일이 아니다.

　　차오터우 : 세계 단추의 수도
　중국의 경제 성장을 살펴보겠다고 마음먹었다면 악취가 진동하는 강가에 위치한 이 초라한 소도시를 걸어 보아야 한다.

농부들은 어깨에 닭을 메고 먼지 낀 포장도로를 따라 느릿느릿 걷는다. 양쪽 길옆에는 골동품들을 쌓아 놓은 노점상들이 들어서 있고, 그 주위에는 인력거들이 손님을 기다린다. 중국의 남동쪽에 자리 잡은 이 외딴 소도시는 지난 12년간의 성장 끝에 세계적인 단추 생산지가 되었다.

매년 차오터우의 민영 공장들은 120억 개의 단추를 생산한다. 값싼 셔츠와 재킷에 다는 단순한 플라스틱 단추들이다. 지구 총인구에 매년 2개씩의 단추를 공급하는 이 도시는 논을 공장으로, 농부를 재벌로 바꿔 놓았다.

여기서 단추 제조업자에 대해 다시 한 번 생각해 보자. 한국인과 일본인들처럼 이 제조업자들도 단지 단추만을 생산하는 데 만족하지 않았다. 그들은 더 고부가가치의 제품, 예를 들면 테니스화를 생산할 준비를 했다. 다음은 단추 제조업자와의 인터뷰 내용이다.

잔(詹) 사장은 24캐럿짜리 금팔찌를 흔들어 보이며 "저는 공장을 확장하고 수출도 할 계획입니다."라고 말했다. 그가 차고 있던 팔찌는 팔뚝 무게 정도는 나갈 것처럼 보였다. 그는 6층짜리 신축 저택의 거실에 있는 가죽 소파에 앉아 있었고 집이 너무 넓어 어쩔 줄을 모르는 것 같았다. 게다가 위의 3개 층은 비어 있었다. 그는 다음과 같은 말을 덧붙였다. "저는 테니스화도 생산할 예정입니다. 10년 후에 어떻게 될지 누가 알겠어요? 더 큰 게 더 좋은 거 아닙니까?"

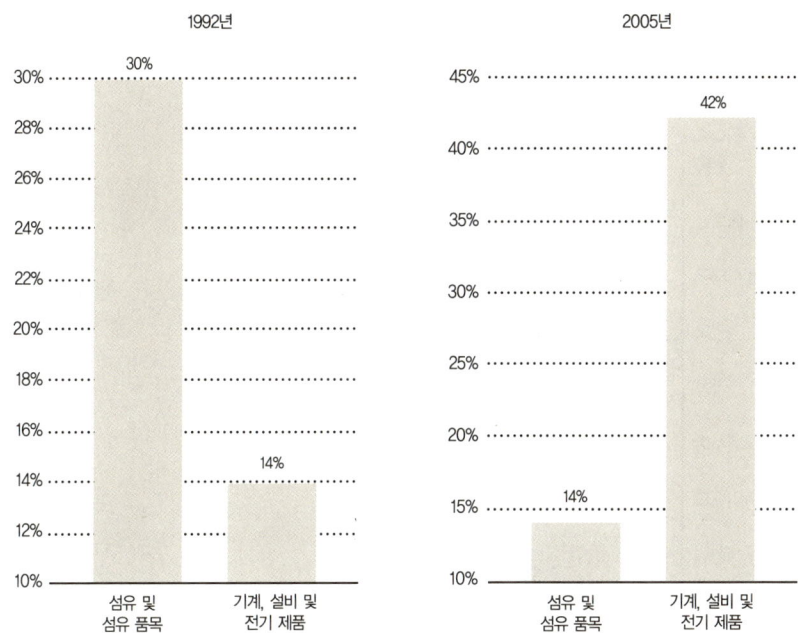

〈그림 10-3〉 1992년~2005년 섬유 제품에서 기계 설비로 바뀐 중국 수출품

출처 : 아시아 개발 은행

 이 인터뷰 기사는 중국의 현실을 잘 보여 준다. 중국은 자본주의와 사랑에 빠졌고 그들은 사업의 성공에서 얻게 될 부(富)에 심취해 있었다.
 중국인들의 야망보다 더 중요한 것은 그들이 정책을 추진하는 능력이었다. 이 나라의 수출품을 살펴보면 값싼 섬유 제품에서 산업 기계와 고부가가치 제품으로 바뀌고 있음을 알 수 있었다. 그리고 1992년과 2005년의 섬유 수출 비율을 비교해 보면 큰 차이가 있음을 알 수 있다. 그와

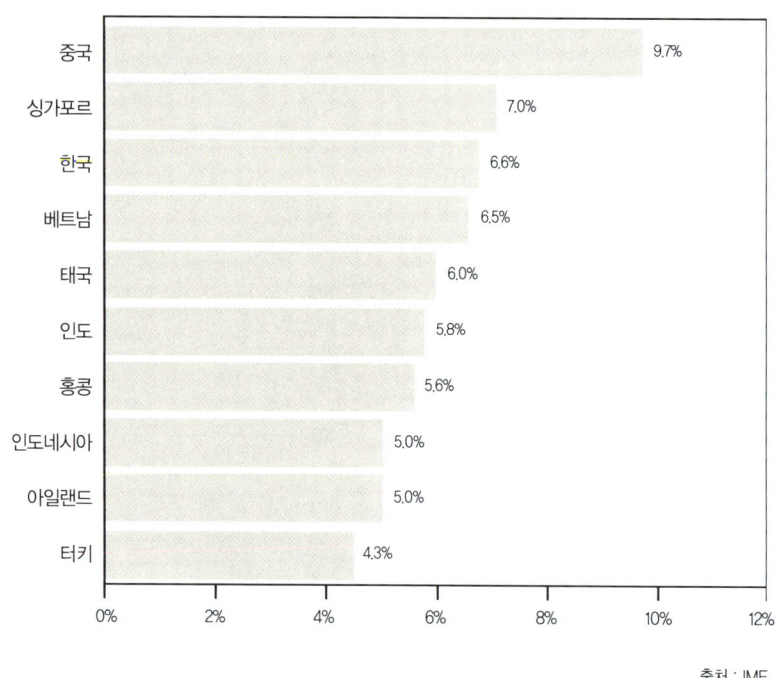

〈그림 10-4〉 1980년~2005년 GDP 대비 평균 성장률 상위 국가

출처: IMF

함께 기계, 설비 제품 그리고 전기 제품 등의 수출 비율도 큰 폭으로 확대되었다. 즉 섬유 제품은 1992년보다 50퍼센트 감소한 반면, 기계 설비 제품은 1992년 수준보다 3배나 증가했다. 한국과 일본의 경우와 매우 흡사했다(〈그림 10-3〉 참조).

중국의 높은 저축률과 산업 부문에의 투자는 수출 주도 정책과 맞물려 대부분의 국가들이 부러워할 정도로 고도의 경제 성장을 이룩할 수 있었다(〈그림 10-4〉 참조).

중국 투자, 바겐 헌터로서 원칙을 지키다

중국의 경제 성장률은 인상적이었다. 존 템플턴은 향후 30년이 지나면 중국이 미국을 따라잡고 세계에서 가장 강력한 경제 대국이 될 것이라고 확신했다. 중국은 사회주의 체제에서 자유 시장 경제 체제로 전환하는 데 성공한 것으로 평가받고 있다. 하지만 아직 완전히 전환한 것은 아니며 지금도 진행 중이다. 그중 하나가 외국인 투자에 관한 규제를 들 수 있다.

외국인 투자자들은 아직도 중국 본토의 일부 증시에서 주식을 구입하는 데 어려움을 겪고 있다. 상하이 증권거래소와 선전(深圳) 증권거래소가 바로 그곳이다. 하지만 미국 시장에서 거래되는 중국 기업용 미국주식예탁증서(American Depositary Receipts, ADR)가 따로 있다. 홍콩이나 싱가포르에도 외국인 투자자가 쉽게 접근할 수 있는 증권거래소에 상장된 중국 기업이 많다. 전통적으로 중국은 외국인 투자를 꺼렸는데 서세동점기의 외국의 자국 점령 경험 때문일 것이다. 게다가 중국인들은 자존심이 강하고 국수주의적인 성향이 강하다. 존 템플턴은 중국에 대해 다음과 같은 의견을 가지고 있었다.

"중국에 대해 가장 먼저 고려해야 할 사항은 중국 사람들이다. 절대 그들을 공산주의자나 자본주의자로 구분해서 생각해서는 안 된다. 그 이전에 그들이 '중국인'임을 먼저 깨달아야 한다. 그들도 스스로를 그렇게 생각한다."

외국인 투자자들은 중국인들의 국수주의적인 태도뿐만 아니라 시장의 불투명성, 부패에 관한 보도 그리고 손실의 위험 때문에 중국 투자를 꺼려 온 것이 사실이다.

존 템플턴은 바겐 헌터로서 원칙을 준수하면서 지난 수년간 중국에 투자해 왔다. 하지만 그의 투자는 기회 지향적이고 선택적이었으며 투자 방법도 다양했다. 2003년 초 그는 2년여 동안 세계적으로 주가가 하락하면서 저가 주식이 늘어날 무렵 여러 뮤추얼 펀드를 통해 중국 시장에 투자했다. 존 템플턴은 중국 시장을 잘 아는 펀드 매니저를 통해 투자하라고 권장했다. 이 방법은 불투명한 시장에 투자할 때 투자 위험을 줄일 수 있다. 즉 기업을 방문하고 정보를 입수할 수 있는 현지 애널리스트를 고용한 뮤추얼 펀드에 투자하는 것이 현명하다고 판단했던 것이다. 그렇게 하면 부패나 다른 관리상의 위험에서도 자유로울 수 있었다. 이와 동시에 존 템플턴은 저가 주식을 발견하면 개별 주식에도 투자했다.

해외 시장에서 100퍼센트 통하는 주식 선정 기준

2004년 9월 존 템플턴이 중국 시장에서 수익성이 있다고 판단한 주식은 중국 생명 보험(China Life Insurance)과 차이나 모바일(China Mobile)이었다.

중국 생명 보험은 중국에서 가장 큰 생명 보험사다. 2004년 여러 이유로 존 템플턴은 그 주식을 선택했다. 첫째, 프리미엄을 지불하지 않고 중국 화폐에 접근할 수 있는 수단으로 보았다. 그 주식이 뉴욕 증권 거래소에서 미국주식예탁증서로 거래되고 있었기 때문에 높은 수수료를 지불하지 않고 유동성이 높은 증권을 매수할 수 있었다. 그렇지 않으면 중국 통화인 위안(元)화를 매수해야 했다.

동시에 존 템플턴은 중국 생명 보험의 투자에도 관여할 수 있었다. 그는 고객이 내는 보험료로 투자하는 보험 회사들이 항상 환위험에서 스스로를 보호하기 위한 조치를 취한다는 사실을 잘 알고 있었다. 이런 이유로 보험 회사들은 투자하는 화폐와 거래하는 화폐를 일치시키려고 노력한다. 이렇게 함으로써 그들은 계약자에게 보험료를 지불할 때 환율의 변동이 야기할 수도 있는 위험을 낮출 수 있다. 존 템플턴은 또 보험 회사의 주식을 매수함으로써 장기적으로 매력적인 중국 화폐에 접근할 수 있었다. 여러 근거로 볼 때 당시 중국 생명 보험은 저가 주식으로 판단할 수 있었다. 존 템플턴은 미화의 가치 하락을 우려했지만 중국 경제의 성장이 위안화의 가치를 높여 줄 것이라고 판단했다.

존 템플턴이 중국 생명 보험에 적용한 투자 전략은 그가 신흥 시장에 적용했던 전략과 아주 유사했다. 존 템플턴은 해외 투자를 할 때 저가 주식은 있지만 투자를 하기에는 규모가 너무 작아 고민한 적이 있다고 말한 바 있다.

이러한 상황에서 유동성 부족을 보완하기 위해 존 템플턴은 해당 국가에서 영업하는 대형 은행 주식을 매수함으로써 위험을 피해 나갔다. 그 은행들은 대부분 존 템플턴이 관심이 있다고 밝힌 주식들을 이미 소유하고 있었다. 그 은행들이 소유한 주식의 가치가 오르면 은행 가치도 덩달아 오를 것이 분명했다. 유동성에 문제가 있는 시장에서 주식에 접근하는 이 방법은 과거에도 존 템플턴이 자주 이용하던 전략이었다.

중국 생명 보험도 앞서 언급한 은행의 사례와 유사했다. 하지만 이 경우 그는 장기적으로 미국보다 펀더멘털이 훨씬 더 좋은 화폐에 투자하는 데 관심이 있었다. 존 템플턴은 항상 대차 대조표의 실제 자산 가치를 꼼

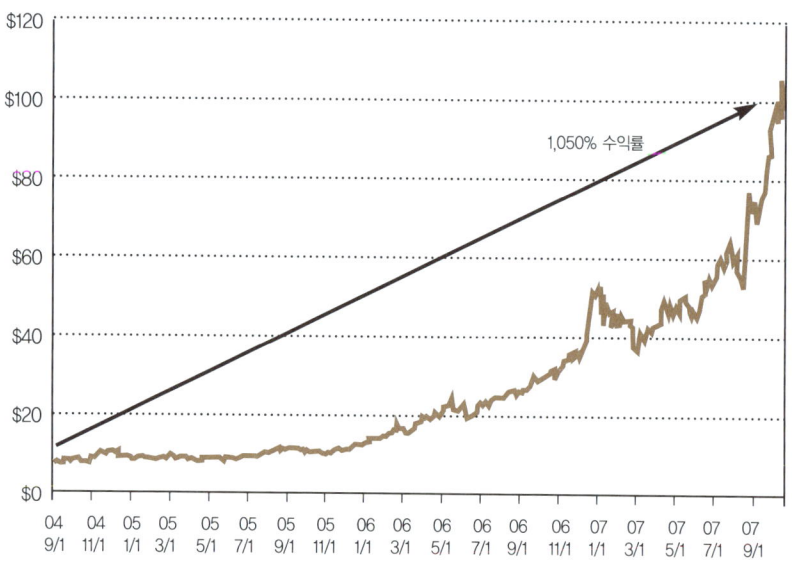

《그림 10-5》 중국생명보험 ADR 2004년 9월 이후 3년간 수익

출처: 《블룸버그》

꼼하게 조사했다. 그는 숨어 있는 가치를 찾아내는 데 전문가였다. 1960년대 상장된 일본 기업의 자회사 수익이 재무제표에 포함되지 않았던 것을 밝혀 낸 것은 그 대표적인 예라 할 수 있다. 재무제표를 검토하여 현재 불분명한 가치의 저가 주식을 찾아내는 데 성공하려면 그만한 노력이 필요한 셈이다. 이러한 투자 매력과 중국 생명 보험이 개발도상국의 장기적인 성장 사업으로 분명했기 때문에 존 템플턴은 2004년 주저 없이 이 기업의 주식을 매수하기로 결정했다.

지금까지 우리는 존 템플턴에게서 많은 것을 배웠다. 그중 가장 중요한 교훈은 그가 추천하는 주식을 사는 것이었다. 간단히 말해 그가 추천하는 주식을 매수하면 높은 수익률을 올릴 수 있었다. 〈그림 10-5〉에서 볼 수 있는 바와 같이 중국 생명 보험 투자에 대한 수익은 3년 후 약 1,000퍼센트에 달했다.

존 템플턴이 중국에 투자한 다른 기업 사례를 살펴보자. 그 기업은 차이나 모바일(China Mobile)이라는 무선통신 회사였다. 이 회사는 현재 중국 시장 점유율 68퍼센트를 기록하며 무선통신 시장을 주도하고 있다. 현재 차이나 모바일의 주가가 2004년보다 오르긴 했지만 존 템플턴의 주식 선정 기준에 부합하는 기업이었다. 이 주식도 뉴욕 증권 거래소에서 미국주식예탁증서로 거래되고 있다. 첫째, 이 주식은 주가 수익률(PER)이 11로 상대적으로 낮은 편이다. 더 중요한 것은 약 20퍼센트가 되는 주당 순이익(EPS)의 예상 장기 성장률로 인해 주가 수익률이 훨씬 더 좋게 보였다는 사실이다. 주가 수익률을 주당 순이익의 예상 장기 성장률로 나눈 수치(주가 수익 성장률, PEG) 0.55(PER 11을 예상 장기 성장률 20으로 나눈 수치)는 세계의 무선통신 산업 부문에서 가장 저렴한 주식임을 보여주었다. 즉 이 주식은 전 세계의 다른 무선통신 회사들과 비교하여 가장 싼 주식에 속한 것으로 조사되었다.

2004년 차이나 모바일 주가 수익 성장률 = 0.55
2004년 전 세계 무선통신 회사 평균 주가 수익 성장률 = 0.84

존 템플턴에게 가장 중요한 것은 이 기업의 건실한 성장률과 높은 수익 창출 능력이었다. 차이나 모바일에 투자했을 때 그는 향후 5년간 가장 수

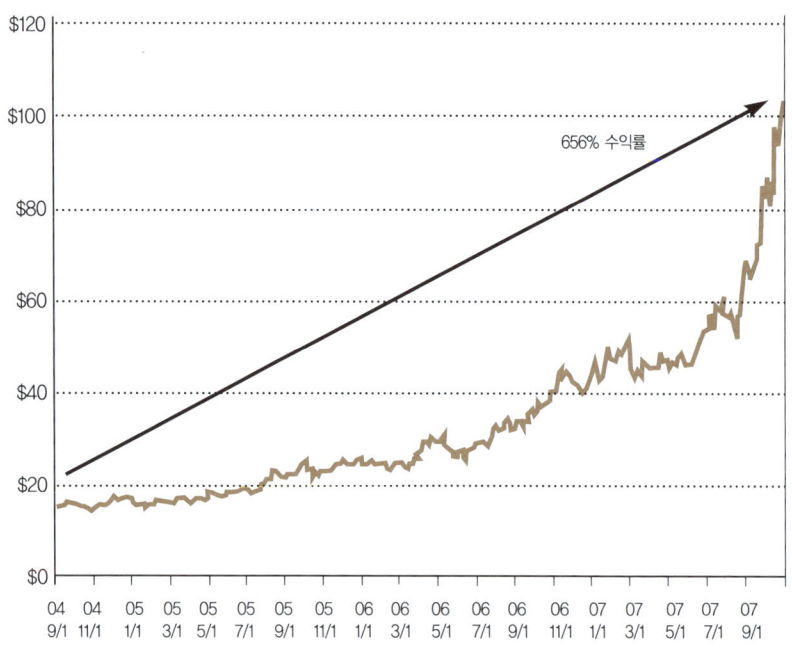

〈그림 10-6〉 차이나 모바일 ADR — 2004년 9월 이후 3년간의 수익

656% 수익률

출처 : 《블룸버그》

익 폭이 크고 가장 수익 증가 속도가 빠른 주식에 투자하는 게 중요한 투자 포인트가 될 것이라고 밝혔다. 그는 또 주식을 선정하는 데 장기적인 안목을 가지는 게 투자에 유리하다고 주장했다.

과거에 존 템플턴은 향후 5년간의 예상 주당 순이익에 의해 주가 수익률을 계산해야 한다고 주장했다. 하지만 2004년 말 그는 5년이 아니라 그보다 더 긴 10년간의 예상 주당 순이익에 의해 주가 수익률을 계산해야 한다고 강력하게 주장했다. 이 경우 5년간의 주당 순이익에 대해 5보다 작은 주가 수익률을 목표로 하기보다는 10년간의 주당 순이익에 대해 2나 2보다 작은 주가 수익률을 목표로 해야 한다. 2004년 차이나 모바일에 적용했던 것과 같은 가정을 하고 기간을 확장하면 10년간의 주당 순이익에 대해 1.8의 주가 수익률을 얻게 된다. 물론 장기적인 안목을 가지고 주식을 조사하는 것은 쉽지 않다. 하지만 그 결과로 우리는 큰 보상을 얻을 수 있다(〈그림 10-6〉 참조).

향후 10년간의 주당 순이익을 예측하라

존 템플턴은 10년 후 기업의 주당 순이익을 예상하는 것이 결코 쉽지 않다는 사실을 인정했다. 우리가 빠른 성장과 높은 수익 창출 능력을 가진 기업에만 관심을 가진다면 바겐 헌터들이 어느 기업을 목표로 삼아야 하는지 결정하는 것은 어렵지 않을 것이다. 하지만 향후 5년간의 기업 주당 순이익을 예상하는 것처럼 바겐 헌터들도 기업의 장기적인 전망을 예측할 수 있어야 한다. 다음 분기 주당 순이익이 얼마나 될까 하는 단기 전망을 하는 데 결코 시간을 낭비해서는 안 된다.

향후 10년간의 주당 순이익을 예측하라는 존 템플턴의 조언은 바겐 헌터들이 미래에 직면하게 될 기업의 경쟁적 위치까지도 고려할 줄 알아야 한다는 사실을 시사하고 있다. 즉 진정한 바겐 헌터가 되고 싶다면 경쟁 환경에서 기업의 경쟁 우위를 연구하는 데 많은 시간과 노력을 할애해야 한다. 이를 위해서는

> 진정한 바겐 헌터가 되고 싶다면 경쟁 환경에서 기업의 경쟁 우위를 연구하는 데 많은 시간과 노력을 할애해야 한다.

주식을 매수하고자 하는 기업뿐만 아니라 그 기업의 경쟁 업체까지도 연구해야 한다.

 존 템플턴은 젊은 시절에 자신이 애널리스트로 기업을 방문할 때 항상 그 기업이 아니라 경쟁 기업에게서 정보를 얻었다고 한다. 이 분석의 취지는 기업이 미래에도 충분한 흑자를 계속 유지할 수 있는지 예측해 보는 데 있었다. 10년 후 이 기업의 수익을 측정해 보고자 한다면 이것은 중요한 고려 사항이 될 것이다.

주식 투자 어떻게 할 것인가?

 모든 바겐 헌터들은 경제학의 주요 원칙 중 하나인 다음 사항을 기억해야 한다. 즉 지나친 이윤은 경쟁을 부추긴다는 사실이다. 과열된 경쟁은 이윤이 축소될 때까지 계속된다. 그러므로 진정한 바겐 헌터라면 다음과 같은 질문을 스스로에게 던질 줄 알아야 한다.

 '점차 격렬해지는 경쟁 속에서 기업은 자신의 이익률을 얼마나 잘 지킬 수 있을 것인가?'

 기업이 다른 경쟁자들이 모방할 수 없는 경쟁 우위를 유지하고 있다면 두려울 게 없을 것이다. 그런 경우 아마도 생산 단가가 아주 저렴하거나 이미 시장에서 탁월한 브랜드 이미지를 구축해 놓은 상태일 것이다. 다른 기업들이 작은 시장 점유율을 공유한 반면 높은 시장 점유율을 유지하고 있는 경우도 있을 수 있다. 또 하나의 중요한 질문은 '다른 사람이 그 사업을 쉽게 모방할 수 있느냐?'는 것이다. 만약 모방하기가 쉽다면 경쟁이 그 기업의 이익률과 성장률에 부정적인 영향을 미칠 것이다. 반대로 모방이 어렵다면 그 기업의 수익 흐름이 투자자에게 좀 더 유리하게 작용할 것이다.

2005년 중반 존 템플턴은 대학과 같은 비영리 단체뿐만 아니라 기업 간의 경쟁에 관해서도 자신의 의견을 피력했다. 그의 주장에는 미국의 부채가 증가하고 미국 주택 시장 버블 붕괴에 관한 우려가 잘 나타나 있다.

> 가속화되고 있는 경쟁으로 기업의 이익률이 계속 줄어들고 있고 일부 기업들은 적자에 허덕이고 있다. 또 과도한 부채로 인해 많은 기업들이 도산하고 있다. 일부 기업들 중에는 정부에서 보조금을 지급하거나 연방저당권협회(Fannie Mae)와 연방주택대출저당공사(Freddie Mac)의 사례처럼 정부에서 부채를 떠안아야 할 상황에 처할 수도 있을 것이다. 나는 아직까지 이익률이 크고 이윤이 빠르게 증가하는 것으로 입증된 법인에 투자하는 것보다 더 좋은 투자 방법을 발견하지 못했다. 여러 국가로 다변화하면 수익 창출력은 더욱 향상될 것이다.

존 템플턴의 이러한 견해는 미국의 주택 시장 버블과 같은 경제 상황에 대한 우려를 잘 표명하고 있다. 미국 소비자 부채 수준과 건축비를 훨씬 능가하는 주택 가격의 급상승에 대해 조사한 존 템플턴은 증시 활동도 자제하고 향후 고도성장과 높은 수익을 함께 달성할 수 있는 기업 주식만을 선별해서 투자했다. 아마도 부동산 버블에 관한 그의 견해나 고수익보다 더 중요한 것은 93세의 나이임에도 불

> 모든 것을 항상 여러 가지 관점으로 보기 위해 끊임없이 노력해야 한다. 기업의 단기적인 수익보다는 기업이 창출할 먼 미래의 수익에 관심을 기울여야 한다.

구하고 계속해서 혁신하려는 의지가 아닐까 싶다.

투자자나 바겐 헌터들이 존 템플턴에게 배울 수 있는 가장 중요한 교훈은 모든 것을 항상 여러 가지 관점으로 보기 위해 끊임없이 노력해야 한다는 것이다. 대다수의 투자자들이 기업의 단기적인 수익에만 관심을 기울일 때 존 템플턴은 기업이 창출할 먼 미래의 수익에 관심을 기울여야 한다고 조언했다. 5년 앞을 보는 것도 괜찮겠지만 10년 앞을 볼 수 있다면 더욱 좋을 것이다!

중국 시장과 관련하여 존 템플턴의 투자 전략에서 꼭 짚고 넘어갈 것이 있다. 그것은 존 템플턴이 중국의 고도 성장을 극찬하면서도 중국 시장에 무척 조심스럽게 접근하고 있다는 사실이다.

> 성공적인 투자 결과를 성취하는 유일한 방법은 다른 투자자들이 실망 속에 파는 것을 사고 다른 투자자들이 탐욕스럽게 사는 것을 파는 것이다.

존 템플턴의 가치 투자 전략은 어떤 상황에서도 저가 주식을 발견할 때에만 투자한다는 데 있다. 그것이 다른 국가이든 다른 방법이든, 다른 시점이든, 다른 수준의 낙관주의든 아니면 다른 수준의 비관주의든 항상 다른 투자자들과 다르게 투자하는 것, 이것이야말로 당신이 일반 투자자들보다 한발 앞서 나갈 수 있는 유일한 방법이다.

이제 당신은 성공적인 투자 결과를 성취하는 유일한 방법이 '다른 투자자들이 실망 속에 파는 것을 사고, 다른 투자자들이 탐욕스럽게 사는 것을 파는 것'임을 알게 되었을 것이라 믿는다.

> 다수의 투자자들보다 더 나은 실적을 달성하기를 원한다면 그들과 다르게 행동해야 한다.
>
> — 존 템플턴

존 템플턴의 가치 투자 전략

1. 향후 10년간의 주당 순이익(EPS)을 예측하라.

2. 미래에 직면하게 될 기업의 경쟁적 위치를 예측하라.

3. 기업이 창출할 먼 미래의 수익에 관심을 기울여라.

4. 독점적 위치에 있는 기업을 찾아라. 그 기업을 보면 그 가치를 알게 될 것이다.

5. 기업의 건실한 성장률과 높은 수익 창출 능력은 투자의 중요한 체크포인트다.

6. 수익 증가 속도가 빠른 주식에 투자하되 장기적인 안목을 가져라.

| 이 책을 마치며 |

　이 책이 당신에게 미약하나마 도움이 되었기를 바란다. 이 책을 쓴 우리 역시 수십 년간 성공적인 바겐 헌터로 살아온 존 템플턴의 투자 세계를 엿볼 좋은 기회를 갖게 되어 무척 즐겁다. 동시에 이 책의 모든 독자가 존 템플턴이 제안하는 바겐 헌터로서의 자질을 익혀 주식을 사기 위한 가장 적절한 타이밍과 투자 전략에 대한 힌트를 얻었으리라 믿는다.

　일부지만 금융, 회계, 경제 분야에 관한 해박한 지식 없이도 바겐 헌터의 자질을 타고나는 사람도 있다. 하지만 아무리 바겐 헌터의 자질을 갖추고 있다 하더라도 적절한 시점에 적절한 가격으로 주식을 매수하기는 결코 쉬운 일이 아니다. 이런 이유로 뮤추얼 펀드계에서 존 템플턴에 버금가는 지혜와 가치 투자 전략을 보여 준 전문 바겐 헌터 목록을 소개하고자 한다.

　이 펀드 매니저 중 누구라도 상관이 없다. 우리는 오랫동안 그들과 함께 투자를 해왔으며 그들 모두를 절대적으로 신뢰한다. 하지만 당신도 알다시피 그들에 전적으로 의존해서는 안 되고 항상 자신의 노력이 필수적으로 뒤따라야 한다는 것을 잊지 마라!

끝으로 전문 바겐 헌터를 소개하지만 그들에게서 어떤 물질적 보상도 받은 바 없음을 밝혀 둔다. 모든 독자가 현명한 바겐 헌터가 되기를 희망하며…….

도지 앤드 콕스 펀드(Dodge & Cox Funds)
프랭클린 템플턴 인베스트먼츠(Franklin Templeton Investments)
프리스 어소시에이츠 (Friess Associates, Inc.)
매튜스 인터내셔널 캐피털 매니지먼트(Matthews International Capital Management, LLC)
로이스 앤드 어소시에이츠(Royce & Associates, Inc.)
사우스이스턴 에셋 매니지먼트(Southeastern Asset Management, Inc.)
서드 애비뉴 매니지먼트(Third Avenue Management, LLC)
트위디 브라우니 컴퍼니(Tweedy Browne Company, LLC)

| 찾아보기 |

ㄱ

《격동의 시대》(The Age of Turbulence) 231
고든 베튠(Gordon M. Bethune) 235
공매도 194~198, 201~202, 206~210, 275
국내 총생산(GDP) 98, 121, 250, 252, 254, 289, 304~305, 308
국립경제연구국(National Bureau of Economic Research) 239
국제무선회사(International Wireless Company) 191
국제통화기금(IMF) 255, 257
굴리엘모 마르코니(Guglielmo Marconi) 189
귀속 이자(imputed interest) 280
그린스펀 풋(Greenspan Put) 285
기술주 153, 175~176, 185, 188~189, 194~196, 199~206, 210, 275
기업 가치 51~52, 54, 96, 111, 164, 228
기업 공개(IPO) 175
기업 인수 163~164
기회비용 91, 93
긴축 정책(contractionary policy) 283~284

ㄴ

나소(Nassau) 39, 176
나스닥 96, 194~196, 202~210, 234, 238, 275, 285~286, 290~291
내재 가치 6, 10, 40, 51, 74, 124, 164, 166, 200, 216, 226, 264
네브래스카 퍼니처 마트 28
노퍽 앤드 웨스턴 레일웨이(Norfolk and Western Railway) 76~78
뉴욕 증권 거래소 187, 310, 313
니프티 50(Nifty Fifty) 96

ㄷ

다우존스 37, 97, 99, 155~156, 162~163, 155, 169
다이와 증권 123
대공황 19, 21, 25, 30, 42, 49, 51, 71, 155, 159, 161, 182, 223, 224, 292
대약진 운동(Great Leap Forward) 299~301
《대중의 미망과 광기》(Extraordinary Popular Delusions and the Madness of Crowds) 177

대차 대조표 40, 159, 162, 164, 194,
　　227~228, 311
대체 가치(replacement value) 159~163,
292
덩샤오핑(鄧小平) 301~303
데이 트레이더(day trader) 181, 183,
　　185~186, 188, 201, 210
도요타(Toyota) 134
도쿄 증권거래소 주가 지수(TOPIX)
　　129~130, 139, 141~142

ㄹ

러디어드 키플링(Rudyard Kipling) 42
레드 햇(Red Hat Inc.) 187, 203
롱텀 캐피털 매니지먼트(Long-Term
　　Capital Management) 285
루이스 루케이서(Louis Rukeyser) 167, 297
류사오치(劉少奇) 301
리 드 포레스트(Lee De Forest) 190~191

ㅁ

마르코니 무선전신회사(Marconi Wireless
　　Telegraph Company) 190
마오쩌둥(毛澤東) 299~303
매각 제한 기간(lockup period) 201, 206,
　　208, 210
매튜스 코리아 펀드(Matthews Korea Fund)
　　258, 261~266

모닝스타(Morningstar) 264
모멘텀 투자(momentum investing)
　　187~188, 196
무위험 이자율 278~279
무이자 채권(zero coupon bond) 280~282,
　　286, 289~291
뮤추얼 펀드 35, 38, 42~43, 74, 87, 100,
　　133, 154, 200, 205, 258, 260~264, 310
미국무선전신회사(Wireless Telegraph
　　Company of America) 190~191
미국무선전화전신회사(American Wireless
　　Telephone and Telegraph Company) 190
미국주식예탁증서(American Depository
　　Receipts, ADR) 309~310
미시시피 버블(Mississippi bubble) 176
미주리 퍼시픽 레일로드(Missouri Pacific
　　Railroad) 75, 80

ㅂ

바겐 헌팅(bargain hunting) 24~25, 96,
　　180, 198, 261, 281~282
《배런스》(Barron's) 186
밴스 채핀 앤드 컴퍼니(Vance, Chapin and
　　Company) 27
밸류 라인 인베스트먼트 서베이(Value Line
　　Investment Survey) 26
밸류 라인(Value Line) 155
버니 에버스(Bernie Ebbers) 188, 193
버크셔 헤서웨이 28, 205

베일리얼 칼리지(Balliol College) 33, 71

벤저민 그레이엄(Benjamin Graham) 20, 51, 105, 157, 228

벤저민 프랭클린(Benjamin Franklin) 28, 274

벨라 핸들리 템플턴(Vella Handly Templeton) 19

브레이크어웨이 솔루션(Breakaway Solution) 207

블랙 먼데이(Black Monday) 218~219

블루 먼데이(Blue Monday) 234

비교 매수(comparison shopping) 135, 137, 237, 267

ㅅ

사우스 시 버블(South Sea bubble) 177, 182~183

산업평균지수 97, 99, 155, 163, 169

새뮤얼 월튼(Samuel M. Walton) 28

세이프웨이(Safeway) 135~136

수용적 정책(accommodative policy) 284

순운전자본 157

스트립 채권(Treasury strip) 280, 289

스프레드(spread) 229

스프린트(Sprint) 188~189

신용 스프레드(credit spread) 279

ㅇ

아메리칸 온라인(American Online Inc.) 187

아서 앤더슨(Arthur Andersen) 189

아시아 금융 위기 108, 220, 245~246, 251

아시아의 기적 245, 248

안전 마진(margin of safety) 105

앨런 그린스펀(Alan Greenspan) 231, 284~285

야후(Yahoo!) 187

약세장(bear market) 37, 98, 225, 290

에이브러햄 화이트(Abraham White) 189~193

《에퀴티스》(Equities) 275~276

엔론(Enron) 133

역발상 투자(contrarian investing) 152, 235

연방공개시장위원회(Federal Open Market Committee) 283

연방기금 금리 283

연방저당권협회(Fannie Mae) 317

연방준비제도이사회 231, 279, 282~286

연합무선전신회사(United Wireless Telegraph Company) 192

《와이어드》(Wired) 179

왓슨 템플턴(Watson Templeton) 40

워렌 버핏(Warren Buffett) 20, 39, 185~186, 205

《월 스트리트 위크》 297

《월 스트리트 트랜스크립트》(The Wall

Street Transcript) 117
유나이티드 에어라인 221, 224
유에스 에어웨이스(US Airways) 206, 238~239
이머징 마켓(emerging market) 101
이스트먼 코닥 80, 204
이토요카도(Ito-Yokado) 135~137
인플레이션 96, 107, 150, 154, 158, 161, 167~168, 278~279, 284~285
일본 경제 121, 123, 140
일본 주식 36, 97, 117~118, 123, 138, 140~141

ㅈ

자동차 산업 178~180
자유 기업 108~110
자유 시장 109, 309
장기 정부 채권 282
재무 비율(financial ratio) 162
재무부 채권 282, 289
재벌 251, 306
저축률 107, 250, 268, 303~304, 308, 256
제너럴 일렉트릭(GE) 187, 218
제이 굴드(Jay Gould) 131
조지 길더(George Gilder) 179
조지 타운(George Towne) 26
조지아 공과대학(Georgia Tech) 31
존 메이너드 케인스(John Maynard Keynes) 195, 209
존슨 앤드 존슨 203
주가 수익 성장률(PEG) 135~136, 141~142, 313
주가 수익률(PER) 37, 96, 104, 118, 123, 132, 135~141, 154~156, 163, 194, 196, 210, 236, 259~260, 264, 267, 313~315
주가 순자산 비율 158~162
주당 순이익(EPS) 37, 132~136, 165, 260, 267, 313~315
주당 장부 가치 56, 158
주디스 포크(Judith Folk) 24~25
주식의 죽음 149~151, 156, 167, 170, 186, 292
줄리안 로버트슨(Julian Robertson) 185, 205~206
중국 생명 보험(China Life Insurance) 310~313
《증권 분석》(Security Analysis) 20, 26, 51, 157

ㅊ

차이나 모바일(China Mobile) 310, 313, 314~315
취득 원가(historical cost) 162

ㅋ

캐리 트레이드(carry trade) 287~288
콘티넨털 항공 235, 238~239
쿠션(cushion) 229

ㅌ

타운, 템플턴 앤드 도브로우(Towne, Templeton and Dobbrow) 27
텐배거(10-bagger) 130
텔레포노스 드 멕시코(Telefonos de Mexico) 101
템플턴 그로스 펀드(Templeton Growth Fund) 87, 92~96, 100, 128~130
템플턴 도브로우 앤드 밴스(Templeton, Dobbrow and Vance) 27
통화(currency) 107~108, 285, 310

ㅍ

파운드리 네트웍스(Foundry Networks) 206, 208
《파이낸셜 애널리스트 저널》(Financial Analysts Journal) 123
팽창 정책(expansionary policy) 283~285
퍼블리셔스 프레스 어소시에이션 (Publisher's Press Association) 190
펀더멘털(fundamental) 74, 126, 246, 249, 311
펀더멘털 이론(fundamental thesis) 73
펀드 매니저 27, 35, 38, 43, 74, 92, 94, 106, 127, 154, 203, 206, 260~264, 310
페너 앤드 빈(Fenner and Beane) 73
폴 매튜스(Paul Matthews) 261~262, 266
《폴 몰 가제트》(Pall Mall Gazette) 183
프랭클린 리소시스(Franklin Resources) 92, 258
프레디 맥(Freddie Mac) 205
프록터 앤드 갬블(P&G) 80, 203

ㅎ

하비 맥스웰 템플턴 주니어(Harvey Maxell Templeton Jr.) 21
하비 맥스웰 템플턴(Harvey Maxwell Templeton) 19
헨리 포드(Henry Ford) 28, 58
회계 관행 163
히타치(Hitachi) 132

A~

AMR 238
EBITDA 164~165, 229
KPMG 189
MCI 월드컴(MCI WorldCom) 186~189
MSCI 세계 지수 90, 94~95, 98

>>> 1934년 로즈 장학생으로 선발되어 배를 타고 영국으로 떠나는 존 템플턴.

>>> 존 템플턴의 아버지 하비 맥스웰 템플턴.

>>> 존 템플턴의 어머니 벨라 핸들리 템플턴.

>>> 테네시 주 윈체스터의 센트럴 고등학교 시절의 존 템플턴(앞줄 왼쪽에서 세 번째).

>>> 1934년 뉴욕에서 아내 주디스와 함께. 두 사람은 1937년 4월 17일에 결혼했다.

>>> 1956년 크리스마스 때 세 자녀와 함께 한 존 템플턴. (왼쪽에서 오른쪽 방향으로) 존 템플턴 주니어, 크리스토퍼 템플턴, 존 템플턴, 앤 템플턴.

>>> 1958년 로마에서. (왼쪽에서 오른쪽 방향으로) 크리스토퍼 템플턴, 맬컴 버틀러, 아이린 템플턴, 앤 템플턴, 웬디 버틀러, 존 템플턴, 하비 템플턴, 질 템플턴, 존 템플턴 주니어, 핸들리 템플턴.

>>> 루이스 루케이서와 함께.

>>> 영국 엘리자베스 여왕과 함께 담소를 나누고 있는 존 템플턴.

>>> 1996년 7월 27일 북극에서 《월 스트리트 저널》에 실린 금융 기사를 읽고 있는 존 템플턴.

>>> 2005년 바하마 나소에서 존 템플턴 재단의 임직원들과 함께.